함석헌과 간디

평화를 향한 같고도 다른 길

함석헌과 간디
ⓒ박홍규 2015

초판 1쇄 발행일 2015년 5월 22일

지 은 이 박홍규
펴 낸 이 이정원

출판책임 박성규
기획실장 선우미정
편 집 김상진 · 구소연 · 유예림
디 자 인 김지연 · 김세린
마 케 팅 석철호 · 나다연
경영지원 김은주 · 이순복
제 작 송세언
관 리 구법모 · 엄철용

펴 낸 곳 도서출판 들녘
등록일자 1987년 12월 12일
등록번호 10-156
주 소 경기도 파주시 회동길 198번지
전 화 마케팅 031-955-7374 편집 031-955-7381
팩시밀리 031-955-7393
홈페이지 www.ddd21.co.kr

I S B N 978-89-7527-698-9 (04150)

「이 도서의 국립중앙도서관 출판예정도서목록(CIP)은 서지정보유통지원시스템 홈페이지(http://seoji.nl.go.kr)와 국가자료공동목록시스템(http://www.nl.go.kr/kolisnet)에서 이용하실 수 있습니다.(CIP제어번호: CIP2015012973)」

함석헌과 간디

평화를 향한 같고도 다른 길

박홍규 지음

들녘

봄이 왔지만 봄 같지 않다[(春來不似春)]. 계절은 봄이지만 마음이나 세상 살이는 겨울이다. 그것도 삭풍이 부는 한겨울이다. 함석헌은 생전에 "겨울이 오면 어찌 봄이 멀겠는가?"라고 끝나는 셸리의 시 「서풍」을 애송하면서 겨울의 20세기를 보내며 새봄을 기다렸다. 그의 고난으로 우리는 민주주의의 봄을 맞았지만 그가 겪은 고난의 겨울로 되돌아오고 말았다. 그래서 이 마지막 구절은 지금 우리에게도 절실하다.

어쩌면 함석헌의 시절보다 더 절실하다. 영원히 봄이 오지 않을지도 모르기 때문이다. 지구온난화 등의 생태 파괴는 함석헌에게 절실한 문제가 아니었지만 지금 우리에게는 민주주의 이상으로 심각한 문제다. 그런데 함석헌은 누구보다도 그 파국을 예견하고 우리에게 그것을 이겨낼 길을 제시했다. 바로 지금 우리가 가고 있는 자본주의와 국가주의의 길을 벗어나야 자유, 자치, 자연의 봄을 맞을 수 있다고 한 것이다.

따라서 그는 여전히 우리의 스승이다. 그러나 그가 남긴 이야기 모두가 절대적으로 옳다고 할 수는 없다. 가령 그가 젊은 시절, 일제하의 고난 때문에 우리의 역사 전체를 신의 섭리에 의한 고난이라고 본 것이나, 그 고난을 벗어나기 위해서는 만주 땅을 되찾아야 한다고 주장한 것, 기타 오리엔탈리즘, 반공주의, 엘리트주의, 성경주의, 이스라엘주의, 제도주의, 문명주의 등을 무조건 찬성할 수는 없다. 또 민중에 의한 민주화를 위한 씨알주의에 대해서도—그 소중한 의미에도 불구하고— 마찬가지다. 그 속에 애매하게 물든 전체주의적 요소를 씻어내야 하는 탓이다.

이를 위해 함석헌이 스승으로 섬긴 간디와 함석헌을 다시 비교해볼 수 있다. 두 사람의 생각은 같으면서도 달랐다. 가령 나라가 망한 이유에 대해서도 함석헌은 기독교로 나라를 구할 기회를 놓치고 지배층이 팔아먹었다고 했지만 간디는 기독교를 핵심으로 하는 서양문명을 받아들인 탓이라고 했다. 함석헌은 만주를 지배한 과거의 강대국 조선을 그리워했지만 간디는 물레를 돌리던 과거의 작은 마을공동체를 그리워하고 그것이야말로 인도와 세계가 나아가야 할 길이라고 했다. 교사였던 함석헌은 학교와 병원과 산업을 중시했지만 변호사였던 간디는 학교와 병원과 산업은 물론 자신의 일터였던 법원도 거부했다. 간디는 육식을 거부하고 소식을 했지만 함석헌은 1일1식을 했다. 무엇보다도 큰 차이는 간디가 이끈 비폭력운동이 함석헌이 이끈 한국에서는 제대로 전개되지 못했다는 점이다.

두 사람이 왜 그렇게 달랐는지에 대해서는 여러 가지 설명이 가능할 것이다. 그러나 더 중요한 것은 두 사람이 공유한 가치들이다. 즉 자유, 자치, 자연의 가르침이다. 그들은 항상 인간, 사회, 자연을 함께 생각했다. 에콜로지, 아나키즘, 세계시민주의, 비폭력주의, 생활의 절제, 평화주의, 민중민주주의, 직접행동주의, 공동체주의 등등 그들이 추구했던 가치들 가운데엔 우리가 따라야 할 것이 너무나 많다. 아니, 무엇보다도 그들이 보여준

행동하는 지성으로서의 삶 자체가 우리에게 주는 메시지다. 그들은 학자, 언론인, 지도자, 종교인의 모범이다. 인간의 모범이다.

그러므로 우리는 그들을 모범 삼아 앞으로 어떻게 살아야 할지를 고민해야 한다. 우리의 참된 봄을 맞기 위해 준비해야 한다. 그래야만 우리의 후손들이 봄다운 봄, 진정한 새봄을 기대할 수 있을 것이다.

2015. 정말 봄 같지 않은 봄에

박홍규

| 차례 |

저자의 말　5

프롤로그　12

왜 함석헌과 간디인가? | 나의 함석헌과 간디 | 비판의 의미 |
편집의 묘미인가, 진실의 곡해인가? | 정신분열증, 혹은 또라이?

1장 겨울이 오면 어찌 봄이 멀겠는가?

함석헌과 「서풍」　31

「서풍」 | 시인 함석헌이 사랑한 시 | 함석헌은 왜 「서풍」을 좋아했을까? | 서풍은 정치 해방의 상징이다 |
함석헌은 어떻게 「서풍」을 알게 되었나? | 「1819년 영국」 | 함석헌이 좋아한 셸리

「서풍」 속으로　54

「서풍」은 에콜로지 시인가? | 나도 서풍이 그립다

2장 함석헌의 삶, 간디의 삶

간디의 삶　71
런던의 간디에게 영향을 준 사람들　74

간디의 사상은 어떻게 형성되었나 | 영국의 소로 헨리 솔트 | 동양문화에 심취한 시인 에드윈 아널드 |
여성 지도자 애니 베전트 | 종교 단체 '윤리적 종교' | 시 짓는 사회사상가 카펜터

간디의 스승 톨스토이　86

톨스토이의 단순한 삶 | 「천국이 네 안에 있다」 | 톨스토이의 종교관 · 국가관 · 사회관 · 과학관 |
톨스토이, 삶의 전환점에 서다 | 「그러면 우리는 무엇을 할 것인가」 |
「인생론」으로 새로운 세계관을 확립하다 | 톨스토이, 간디를 통해 인도에서 부활하다

남아프리카의 간디에게 영향을 준 사람들　104

동료애를 강조한 사회사상가 존 러스킨 | 폴락과 칼렌바흐 | 1906년과 1909년 런던과 남아프리카의 간디

함석헌의 삶　111

함석헌의 학생기 | 함석헌의 교사기 | 함석헌의 사도기 | 함석헌의 투사기

함석헌에게 영향을 준 사상들   123

함석헌과 디오게네스 | 함석헌과 신채호 | 함석헌, 간디, 톨스토이, 우치무라 | 웰스, 함석헌, 웨브 |
함석헌과 무교회 | 함석헌과 퀘이커 | 함석헌의 미국 여행 | 테야르 드 샤르댕

3장 함석헌의 간디 수용

'한국의 간디' 함석헌   151
함석헌은 간디를 언제 어떻게 받아들였나?   156

일제하 조선의 간디 수용 | 1959년 이전 함석헌의 간디 수용 | 1959년 이후 함석헌의 간디 인식 |
함석헌이 본 한국의 '간디의 길' | 「새 인도와 간디」 | 함석헌이 이해한 인간 간디

4장 함석헌과 간디의 역사 인식

역사를 어떻게 볼까?   177
함석헌과 간디의 역사관 비교   180

함석헌과 간디의 역사관 | 간디와 함석헌의 자국사관 | 간디와 함석헌의 동서양관 |
간디와 함석헌의 동양관

함석헌과 우치무라   190

우치무라는 누구인가? | 우치무라의 역사관 | 우치무라와 함석헌

함석헌과 후지이   200

후지이의 역사관 | 함석헌과 후지이 | 함석헌과 일본 | 함석헌의 미국 사랑

함석헌의 섭리사관   209
고난의 역사 | 만주를 되찾아야 고난이 끝난다? | '삐뚤어진 역사' | 함석헌의 섭리사관 |
섭리사관이 아니라는 주장의 검토

함석헌은 한국사를 어떻게 해석했나?   222
만주를 중심으로 한 만주사관 | 종교에 대한 함석헌의 섭리적 해석 |
일제강점기 이후에 대한 견해의 변화 | 3·1운동에 대한 견해

5장 『바가바드기타』로 본 함석헌과 간디의 종교관

왜 『바가바드기타』인가?   235
간디와 함석헌은 『바가바드기타』를 어떻게 해석했나?   240
해석 방법의 비교 | 기본적 이해의 비교 | 간디가 본 『바가바드기타』의 본질 |
함석헌이 본 『바가바드기타』의 본질

『바가바드기타』 1~3장 해석   251
『바가바드기타』 1장에 대한 해석 | 『바가바드기타』 2장에 대한 해석 | 『바가바드기타』 3장에 대한 해석

『바가바드기타』 4~16장 해석   259
『바가바드기타』 4장에 대한 해석 | 『바가바드기타』 5~11장에 대한 해석 |
『바가바드기타』 12~16장에 대한 해석

함석헌과 간디의 종교다원론 비교   265

6장 함석헌과 간디 사상의 비교

민중에 대한 생각　273
민중이 무엇인가? | 함석헌의 씨알사상

문명 비판　276
국가주의 비판　280
자본주의 비판　282
자유와 민주주의에 대하여　285
자치사상　289
사회주의를 바라보는 시각　292
비폭력주의적 정치행동　295
교육사상　297

에필로그　300

함석헌과 간디 | 지금 우리에게 함석헌과 간디는 왜 문제인가?

간디 연보　308 | 함석헌 연보　311

왜 함석헌과 간디인가?

'한국의 간디'라고도 불린 함석헌(咸錫憲)은 1901년에 태어나 1989년 88세로 세상을 떠났으니 20세기의 대부분을 산 셈이다. 1934년부터 2년 정도 《성서조선》에 연재한 「성서적 입장에서 본 조선 역사」에서 비롯된 『뜻으로 본 한국역사』는 20세기에 나온 한국 책 중에서 가장 위대한 책으로 꼽힌다. 그런 책을 쓴 것만으로도 그는 우리 역사에서 가장 위대한 사람 축에 든다. 하지만 그 밖에도 1942년에서 1943년에 걸쳐 《성서조선》 사건으로 1년간 복역한 뒤 1950년대 말부터 《사상계》 등에 수많은 글을 싣고 강연을 하였으며, 1970년부터 월간지 《씨알의 소리》를 발간하여 70~80년대 한국의 비폭력 민주화에 크게 기여했다는 점에서 볼 때에도 그는 우리의 현대사를 창조했다고 해도 과언이 아닐 만큼 훌륭한 사람이었다. 게다가 그는 주옥같은 시를 많이 쓴 시인이기도 하다.

함석헌은 20대부터 평생 간디를 존경하여 그의 삶을 닮고자 했다. 그래서 1964년 63세의 나이에 간디가 쓴 방대한 『자서전』 등을 번역했는데, 당시나 지금이나 그 나이에 그런 책을 번역하기란 쉬운 일이 아닌 데다가 번역의 노고를 알아주는 세상도 아니니 그가 얼마나 간디를 존경했는지 알 수 있다(물론 간디만을 존경한 것은 아니었다).

함석헌보다 32년이나 먼저인 1869년 인도에서 태어난 간디(Mohandas Karamchand Gandhi)는 1948년 저격을 당해 79세로 죽은 인도의 민족지도자이자 사상가이다. 함석헌처럼 위대한 역사책을 쓰지는 않았지만 비폭력으로 인도를 독립시키는 길을 제시한 『인도의 자치』를 비롯해 수많은 글과 연설 등으로 인도의 비폭력 식민지 해방운동을 이끌었다. 그러니 간디를 인도의 함석헌이라고 불러도 좋을 것이다. 세계적으로야 함석헌보다 간디가 더 유명할지 모르지만 두 사람 중 누가 더 훌륭하다고는 그 누구도 말할 수 없다.

함석헌이 평생 기독인이었듯이 간디도 평생 힌두교도였다. 하지만 두 사람 모두 자신의 종교만을 좋다고 말하지 않고 다른 종교도 존중했던 다원주의적이고 세계보편주의적인 종교인이었다. 나아가 종교에 바탕을 둔 위대한 사상가이며 행동하는 지성인이자 비폭력 평화운동의 지도자였다. 또한 자연을 중시한 생태주의자이자 평화주의자이며 반국가주의의 세계시민주의자이자 민주주의 인권운동가로서 20세기를 대표하는 인물들이었고, 21세기를 사는 우리에게도 당연히 모범이 되는 위대한 스승들이었다. 우리는 그들이 고난의 20세기에 밝혀준 길을 따라 21세기를 옳고 바르고 참되게 살아야 한다.

나의 함석헌과 간디

함석헌에게 간디를 가르쳐준 로맹 롤랑의 『간디』 전기를 내가 읽은 지 어느덧 50년이 훌쩍 넘었다. 그 몇 년 뒤 함석헌의 강연을 듣고 그의 책이나 글을 읽은 지도 비슷한 세월이 되었다. 그 사이 두 사람에 대해 가끔 회의한 적도 없지 않았지만, 그 두 사람을 마음속 스승으로 모시고 살아왔다.[1] 마음대로 되지는 않았지만 어려서부터 그들을 닮고자 했고 그들의 가르침대로 살고자 했다. 물론 실천은 쉽지 않았다. 하지만 아무리 생각해보아도 그렇게 사는 길이 옳다는 생각에는 지금도 변함이 없다.

그러다 10여 년 전 출판사의 요청으로 간디의 『자서전』을 번역하면서 간디 책 출판과 인연을 맺었고, 간디에 대한 몇 편의 논문을 썼다. 함석헌이 번역한 『자서전』이 너무나 훌륭했기에 번역 요청을 처음에는 거부했지만, 원저와 대조해 읽으면서 50여 년 전의 번역인 만큼 새롭게 다시 번역하는 것도 의미 있는 작업이 될 것이라 생각했다.

2011년부터 나는 함석헌의 간디 사상 수용에 대해 연구하면서 몇 편의 논문을 썼다. 지금까지 간디는 물론 함석헌에 대해서도 수많은 글이 발표되었지만, 대부분 그들을 숭상하는 입장에서 쓴 것들이다. 나는 가능한 한 그런 것들과는 다른 새로운 비판적인 관점에서 쓰고자 노력했다. 이 책은 그런 글들을 보완하여 엮은 것인데 과연 새로운 것들인지, 게다가 그 비판이 가치 있는 것들인지에 대해서는 독자들의 판단을 기다릴 수밖에 없다.

솔직히 말해 기독교인도 어떤 종교의 신도도 아닌 나로서는 함석헌을

---

1   물론 그 밖에도 많은 스승이 있다. 가령 함석헌이나 간디와 관련되어 이 책에도 등장하는 많은 사람들은 물론, 함석헌과 같은 시대를 살았음에도 그가 자주 언급하지 않은 김구, 한용운, 신채호, 이육사 등과 같은 한국인, 그리고 마르크스나 모리스나 반 고흐처럼 함석헌이나 간디와 무관한 외국인 등등. 특히 신채호에 대해 나는 함석헌과 마찬가지로 만주 중심의 역사관에 대해 비판적이지만 그의 아나키즘과 아나키스트로서의 치열한 삶에 대해서는 함석헌 이상으로 존경한다.

이해하는 데에 한계가 있음을 언제나 자각해왔다. 힌두교도인 인도인 간디를 이해함에는 문제가 없는데 같은 한국인인 함석헌을 이해함에는 문제가 있었다. 이 책도 그런 한계와 문제를 안고, 그것을 솔직하게 고백하며 쓰는 책이다. 문제점이 있으면 책을 쓰지 않는 것이 정상이지만, 조금 다른 입장에서 함석헌을 보는 눈도 있음을 이 책이 보여준다는 점에서 의미를 찾을 수도 있겠다. 이는 거꾸로 함석헌에게 내가 이해하지 못하는 무궁무진한 것들이 숨어 있다는 뜻이기도 하다.

내가 함석헌과 간디에 대해 회의한 점들은 사실 장님이 코끼리를 만지는 형국에 불과할지도 모른다. 하지만 그것들은 나에게 오랫동안 풀리지 않는 숙제였다. 가령 원리주의적 또는 근본주의적이라고 할 정도로 절대적인 비폭력주의나 종교적 생활 태도에 대해 세속적 인간으로서 가질 수밖에 없는 거리감, 그리고 그들이 사회주의에 대해 보인 반발에 대해 나는 반발했다. 간디의 경우 그나마 사회주의적이라고 볼 요소가 많았지만 함석헌은 조금 다르다. 그는 내가 또 한 사람의 스승으로 삼아온 조봉암(曺奉巖, 1889~1959)을 비판했고, 나는 사회주의자들에게 반발했던 함석헌에게 다시 반발했다. 그리고 동학이나 3·1운동 등에 대한 부정적 평가에도 반발했다. 그러나 함석헌이 내게 던져준 가장 오랜 숙제는 그의 섭리주의적 역사관과 만주 중심의 역사관이다.

비판의 의미

이 책을 읽는 독자들에게 미리 양해를 구하고 싶은 게 있다. 우선 '비판'이라고 한 점에 대해 부디 신경질적으로 반응하지 말아달라는 것이다. 간디나 함석헌이 아무리 위대한 사람이라고 해도 그들을 무조건 숭상하면서 어떤 비판도 용납할 수 없다고 생각하는 것은 히틀러나 스탈린, 김일성이나 박정희 같은 사람들만의 사고방식이다. 그러므로 우리가 그런 독재자들을 비판하는 한 간디나 함석헌에 대한 절대적 숭배도 없어져야 한다. 내가 바라는 것은 보다 자유롭고 열린 마음으로 그들에 대해 이야기하고, 토론하는 것이다. 이렇게 할 때 그들의 사상은 더욱 발전할 터다. 우리의 젊은 세대들에게도 그들의 사상이 충분히 전해질 것이다.

함석헌도 스승인 우치무라(內村鑑三, 1861~1930)에 대해 그를 "존경하는 나머지 아주 그 숭배자가 되어버리는 경향이 있었다"고 지적하고, 스승을 무조건 모방하는 것을 "도무지 사람답지 못한 것"이라고 비판했다. 그러면서 "나는 모든 것에 있어서 우치무라가 표준이다라고 생각하는 사람보다 스스로 생각하는 내가 선생에 더 친근하다는 자신이 생겼다"고 말한 바 있다.[2] 그래서 "제자는 생각이 반드시 선생과 같아야만 되는 것이라고는 생각하고 싶지도 않고 나에 충실하는 것이 도리어 우치무라의 정신이요, 그를 스승으로 대접하는 도리"라고 말했다.[3] 나는 함석헌의 이러한 태도를 그대로 함석헌에게 적용하는 것이 그를 진정한 스승으로 섬기는 태도라고 생각한다.

또한 이 책이 함석헌과 간디의 전모나 사상 전체에 대한 종합적인 검토서가 아니라는 점에 대해서도 양해를 구한다. 이 책은 함석헌 사상의 형성

---

2 함석헌, 「하나님의 발길에 채여서1」, 『하나님의 발길에 채여서』, 함석헌저작집 7, 한길사, 2009, 37쪽.
3 같은 책, 40쪽.

에 간디 사상이 미친 영향을 탐색하는 데 있어 그 두 사람이 실제로 언급한 바를 중심으로 검토한 작은 시도에 불과하기 때문이다. 두 사람에 대한 비교는 종교나 철학을 포함한 인류사상사라는 차원에서 더욱 확대되어 심층적으로 분석될 수 있고, 또한 그렇게 되어야 할 것이지만, 이 책은 그런 분석의 기초 자료로 삼기 위한 실증적인 몇 가지 자료의 검토에 그친다.

간디나 함석헌의 사상은 인도나 한국이라는 좁은 영역을 떠나 19~20세기는 물론 인류사 전체를 아우르는 세계사상사의 차원에서 폭넓게 조명되어야 한다. 특히 함석헌은 기독교나 기독교사상의 차원만이 아니라 세계와 한국의 역사 전반, 사상사 전반, 종교사 전반, 문학사 전반, 사회사 전반의 차원에서 충분히 심도 있게 검토되어야 한다.

한국사학계에서도 함석헌 사관에 대해 적극적으로 검토해야 하고, 한국철학계에서도 함석헌의 철학을 체계적으로 연구해야 한다. 그 경우 기독교는 물론 불교나 유교 등의 수많은 종교인들, 박은식(朴殷植, 1859~1925), 신채호(申采浩, 1880~1936), 안확(安廓, 1886~1946) 같은 사학자들, 안호상(安浩相, 1902~1999), 박종홍(朴鍾鴻, 1903~1976), 박치우(朴致祐, 1909~1949), 신남철(申南撤, 1903~?) 같은 철학자들과 함석헌을 비교·검토해야 한다.[4] 물

---

4 함석헌은 안호상이나 박종홍과 같은 국가주의, 반공주의, 산업주의, 무력주의와 대립하면서 동시에 신남철이나 박치우의 사회주의와도 대립했다는 점에서 제3의 길을 모색한 철학자로 볼 수 있다. 그러나 신남철이나 박치우 등이 6·25 이후 사라진 뒤부터 지금까지 남한의 대학철학은 박종홍을 잇는 것이라고 해도 과언이 아니다. 박종홍은 함석헌과 평양고보 동기생으로 함석헌과 달리 그곳을 졸업한 뒤 경성제대를 졸업하고 해방 뒤 서울대학교 교수로 한국을 대표하는 철학자가 되었는데, 그런 그가 함석헌을 의식하지 않았을 리 없겠다. 박종홍은 1970년 12월에 대통령 교육문화담당 특별보좌관에 임명되어 1976년 죽기까지 근무했는데 그 시기는 함석헌이 정부와 가장 어려운 관계를 형성한 시기이기도 했다. 따라서 한국의 대학철학과 함석헌 철학은 대립한다고 볼 수도 있다. 1948년 4월에 쓴 시 「대학」에서 함석헌은 "연구를 자랑하는 대학은/ 박물학 교실"이라고 노래했다(함석헌, 『수평선 너머』,

론 외국의 사상가나 종교인들과의 비교·검토도 필요하다. 한국문학계에서도 함석헌의 시 작품은 물론 독특한 에세이의 문학적 가치에 대해서 논의해야 한다. 그 밖에도 함석헌은 무궁무진한 발굴 가치가 있는 광맥이다.

이 책에서도 그런 시도를—함석헌과 간디를 비교하는 차원에서— 하고 있지만, 무엇보다도 나는 함석헌과 간디 두 사람의 비교가 우열을 가리기 위한 게 아니라는 점을 강조하고 싶다. 가령 함석헌이 간디를 수용하고(그 반대가 아니라), 함석헌의 간디 이해에 문제가 있었다고 지적한다고 해서 누구의 우열을 말하는 것이 아니라는 점이다. 함석헌이나 간디만이 아니라 어느 시대 어느 나라의 누구든 다른 사람의 영향을 받는 것은 지극히 당연한 일이다. 그 영향의 수용도 제한적이고 주관적일 수밖에 없다.

나는 함석헌이나 간디가 '그 시대, 그 나라 사람'이라는 점도 강조하고 싶다. 나아가 그 시대, 그 나라에서는 대단히 중요하고 위대한 사람이었지만, 지금 우리 시대에는 반드시 그렇지 않을 수도 있고, 따라서 충분히 우리 시대, 우리나라에 맞게 재검토하고 재조명해야 한다고 믿는다. 그렇게 하는 것이 그들을 진심으로 존중하는 태도이다. 어떤 사람이나 사상을 어느 시대, 어느 나라에서나 통하는 절대 진리인 양, 혹은 모든 문제를 해결해주는 만능해결사인 양 취급하는 것은 미신에 다름 아니다.

지극히 당연한 이야기지만 비판 없이 발전 없다. 그 누구도 비판 없는 성역에 머물 수 없고 머물러도 안 된다. 이 책은 그런 취지에서 지금까지 거의 비판된 바 없는 함석헌과 간디를 비판적으로 검토하고 비교한 책이다.

간디는 자신의 생각이 고정되는 것은 물론 간디주의 같은 추종세력이

함석헌저작집 23권, 한길사, 2009, 603쪽).

18

생기는 것을 철저히 경계했다. 그래서 어제 말한 것이 오늘은 달라져도 무방할 뿐 아니라 도리어 그것이 바람직하다고도 생각했다. 그러니 그에게는 언제나 과거에 머무르려는 보수성이 전혀 없었다. 함석헌도 마찬가지였다고 나는 믿는다. 그래서 앞뒤 생각이나 말과 글, 심지어 행동이 맞지 않는 것도 두려워하지 않았을 터다. 그러나 뒤에 남은 우리는 그들의 말과 행동 등을 곰곰이 따져볼 필요가 있다. 그 어디에도 우리의 생각을 묶어두지 않은 채로.

우리도 그들처럼 넓고 깊은 마음으로 낡은 것을 부수고 새로운 것을 만들어나가야 한다. 그런 진보적인 태도가 그들의 정신을 새로 살리고 그들처럼 살아가는 길을 열어줄 것이다. 자신의 말을 금과옥조처럼 외우기만 하는 보수를 그들은 누구보다 가장 싫어했을 것이다. 특히 타고난 반항인이자 자유인이며 낭만인이자 신앙인이었던 함석헌이 그러했다. 그러니 함석헌의 제자들은 모두 그를 우상화하고 미신화하며 물신화하는 숭배의 태도에서 벗어나야 한다. 그래야만 함석헌이 참으로 부활할 수 있다. 간디도 진정으로 이 땅에서 부활할 수 있다. 지금은 그들이 살았던 시대보다 더 추운 겨울이다. 그들의 부활이 기다려지는 이유이다. 이 책이 두 사람에게 관심을 가진 사람들, 특히 젊은이들이 그들에 대해 공부하고 고민하여 그들을 본받고 넘어서는 계기가 되기를 빈다.

편집의 묘미인가, 진실의 곡해인가?

이 책을 쓰게 된 직접적인 계기는 2014년에 벌어진 문창극 사태였다. 문창극이 한 말이 함석헌이 했던 말과 다름없다는 주장을 듣고 나는 함석헌이 5·16에 대해 "올 것이 왔구나"라고 말했던 것을 떠올렸다. 내가 함석헌을 비판한 것이 악용될 수 있겠다는 생각도 들었다. 그래서 이런 책이 필요하다고 생각했다.

함석헌은 이 세상 누구보다 강력한 유신론자였다. 그는 인간의 모든 역사를 신의 섭리로 보았다. 물론 함석헌 외에도 역사를 신의 섭리로 보는 사람들은 많다. 하지만, 그들 대부분은 함석헌 같은 저항인이 아니라 도리어 순응자다. 역사는 신의 섭리이니, 신의 뜻이니 그것에 무조건 순응해야 한다는 태도를 취한다. 우리나라의 기독교인 대부분이 그렇다. 종교인 대부분이 그렇다. 아니 사람들 대부분이 그렇다. 그래서 역사는 그것을 만드는 소수에 의해 제멋대로 흘러간다. 그 결과 다수는 언제나 고난에 빠지게 된다. 함석헌도 그것이 역사라고 했다. 고난이 역사라고 했다.

왕조나 일제나 독재나 모두 고난의 역사이긴 매한가지다. 그러니 당연히 반항해야 했다. 함석헌처럼 불타는 반항정신을 소유한 자들은 지극히 당연히 반항해야 했다. 물론 함석헌도 반항했다. 그러나 다수는 반항하지 않았다. 특히 그것을 신의 섭리라고 믿는 기독교인, 종교인들은 반항하지 않았다. 하지만, 그들과 마찬가지로 역사를 신의 섭리라고 믿었던 함석헌은 반항했다. 이는 모순인가, 아닌가? 왕조나 일제나 독재는 신의 섭리가 아니라 도리어 신의 섭리에 반하는 악이라고 한다면, 그것에 대한 반항 역시 당연한 게 아닌가? 이 점이 섭리론, 특히 함석헌의 섭리론에 대해 지금까지 내가 풀지 못한 회의의 핵심이다. 이런 문제점이 터진 것이 바로 2014년 6월의 소위 문창극 사태다.

문창극이 쓴 글은 한마디로 극우의 전형적 사고를 보여준다. 문제는 그 생각이 문창극 한 사람만이 아니라 수많은 한국 극우에게서 공통적으로 드러난다는 데 있다. 그런데 그런 극우의 사고가 함석헌과 같은 역사관이라거나 19세기 영국인 비숍(Isabella Bird Bishop, 1831~1904)[5]의 말을 인용한 것이라는 주장이 제기된 것이다. 그것들에 대한 반론도 쏟아졌다. 앞의 주장들은 비숍의 묘사나 함석헌의 생각은 훌륭한 것이었으니 따라서 문창극도 훌륭하다는 것이고, 뒤의 반론들은 문창극의 비숍 인용이나 함석헌 이해가 잘못된 것이라는 논지를 담는다. 흥미로운 것은 어느 주장이나 비숍과 함석헌은 훌륭하다는 전제를 깔고 있다는 점이다. 나는 그런 전제에 의문을 제기한다. 비숍이나 함석헌에게도 문제가 있고, 그들을 따른 문창극과 문창극을 따르는 보수 우익에도 당연히 문제가 있다.

비숍은 한말의 조선이 더럽고 조선인은 게으르다고 묘사했다. 그것은 상당 부분 사실이었고, 이를 인용한 문창극이 잘못된 것은 아니었다. 문창극이 '이조 5백 년'을 허송세월이었다고 말하면서 일제강점이 당연하다고 본 것도 비숍이나 함석헌의 주장과 같다. 따라서 이런 비숍이나 함석헌을 옹호하는 자는 곧 문창극을 옹호하는 자라고 봄이 옳다. 그러나 19세기 대영제국주의 여성인 비숍이야 무시해도 좋지만, 함석헌에 대해서도 그렇게 무시할 수 있을까?

함석헌은 "뼈다귀가 빠질 대로 다 빠지고 살이 썩을 대로 다 썩은 우리나라 이씨네 5백 년"[6]이라고 했다. 또 "임진·정유의 난에 하나님이 조선

---

5   비숍은 19세기 말부터 조선을 찾은 수많은 외국인 중의 한 사람이지만 그 대부분의 생각을 대변한다고 해도 과언이 아니다. 그녀도 셸리 같은 반항적인 자국인을 좋아했을 수 있지만 당대의 영국인들이 다 그러했듯이 식민지에 대해서는 냉담한 제국주의자였다.

6   함석헌, 「들사람 얼」, 『들사람 얼』, 함석헌저작집 1권, 한길사, 2009, 28쪽.

사람에게 요구한 것도 풍신수길의 군을 이김이 아니었다. ……그 적군을 이기는 것보다도 전쟁 그것, 환난 그것을 이기는 것, 거기서 견디어 나오는 것, 그것을 삼켜 넘는 것, 그 가운데서 국민적 정신을 심화·정화하는 것을 요구하였다. 그 국난이 온 원인인 죄악의 길에서 발길을 돌려 나오는 것을 바랐다"[7]라고도 했다.

함석헌은 또한 도요토미 히데요시(豐臣秀吉, 1537~1598)를 일컬어 "세계적 영웅인지 아닌지는 단언할 수 없으나, 큰 역사적 역할을 하기 위하여 세움을 입은 사람인 것은 분명하다. 그는 역사상 가끔 보는 새 시대를 위한 청소작업을 하는 인물의 한 사람"이며, "알렉산더, 나폴레옹 하는 동류에 속하는 인물들이 공통으로 가지는 운명"을 타고났고, "일본 에도 시대 3백 년의 태평시대를 연 것도 그요, 명나라에 치명적 일격을 가하여 만주 천지에 시대 전환의 저기압을 빚어놓은 것도 그"[8]라고 했다. 함석헌은 러일·청일전쟁, 만주사변, 중국사변도 "신이 정한 일"이라고 단언했다. 그러니 그는 일본의 조선침략도 그렇듯 신의 섭리로 보았으리라. 게다가 함석헌은 임진왜란의 교훈을 일본으로부터 방어하거나 일본을 침략하는 것이 아니라 도요토미 히데요시처럼 "만주를 한 번 찾아, 거기 민족으로 갱생하자는 큰 계획을 세워"보는 것이라고 했다. 나아가 일제강점도, 6·25도 4·19도 5·16도 모두 신의 뜻이라고 했다.

1988년 서울올림픽 때 엘리자베스 영국 여왕이 노태우 당시 대통령에게 비숍의 『한국과 그 이웃나라들Korea and her Neighbours』 영문 초판본을 선

---

7   《성서조선》, 78호, 1935. 7, 3쪽. 문장은 수정됨.
8   《성서조선》, 앞의 책, 4쪽; 함석헌, 『뜻으로 본 한국역사』, 함석헌저작집 30권, 한길사, 2009, 317~318쪽.

물한 사실을 자랑스럽게 소개한 한겨레신문의 기사는 비숍이 일본의 조선 강탈을 당연시했다는 것을 밝히기커녕 조선을 높이 평가했다고 칭찬했다. 이는 거짓이다. 비숍은 19세기의 수많은 제국주의자 쓰레기 논객의 하나에 불과했다.

　문창극의 말이나 글이 그 전체로 이해되지 못하고 편집된 탓에 오해를 불러일으켰고, 그런 오해는 함석헌의 글을 편집하는 경우에도 마찬가지로 발생할 수 있다는 글, 그리고 함석헌의 다른 글들을 내세워 그의 사상이 문창극과는 본질적으로 다르다고 주장하는 글도 본 적이 있다. 이런 식의 논쟁은 참으로 무익하다. 문창극의 경우도 함석헌의 경우도 비숍의 경우도 정직하게 밝혀져야 한다. 잘못 쓴 것이 있으면 잘못이라고 해야 한다. 그렇다고 해서 함석헌의 위대함이 없어지는 건 아니잖은가? 누구에게나 잘못은 있다. 잘못이 있으면 있다고 인정하는 것으로 충분하다. 그것이 함석헌을 진정으로 존경하는 사람들이 취해야 할 태도이다.

정신분열증, 혹은 또라이?

5·16 직후 김종필은 5·16을 비판하는 글을 쓴 함석헌을 '정신분열증에 걸린 노인'이라고 욕했다.[9] 아무리 쿠데타를 한 간 큰 군인이라고 해도 그렇

9　장준하, 「사상계지 수난사」, 『장준하 문집』 3권, 사상계, 1985, 32쪽; 김삼웅, 『저항인 함석헌 평전』, 현암사, 2013, 12쪽, 158쪽. 김종필과 박종홍을 같이 볼 수는 없겠지만 5·16 직후부터 죽기까지 15년을 군사독재정권을 위해 살았을 뿐 아니라 1944년 조선총독부에 '촉탁'을 지내기도 하여 함석헌과 너무나도 대조적이었던 박종홍은 박정희나 김종필과 크게 다르지 않았다.

지 어떻게 자신들을 비판했다고 해서 저토록 심한 말을 할 수 있을까? 20세기 초 간디를 '벌거벗은 노인'이라고 말한 처칠보다 더 심한 소리를 한 것이 아닌가? 함석헌은 그런 처칠마저도 간디가 죽었을 때는 머리를 숙이고 조문했다고 하지만 그것은 사실이 아니다. 함석헌이 죽었을 때 김종필이 고개를 숙이고 조문을 했다는 이야기도 들어본 적이 없다. 원수의 적대국인 대영제국의 수상도 아닌 동족의 젊은이가 평생 조국을 위해 살아온 자신에게 '정신분열증에 걸린 노인'이라고 했으니 얼마나 마음이 아팠을까? 일제 때에도, 소련 치하에서도, 이승만 독재 시절에도 그런 소리를 들어본 적이 없지 않았던가?

그 뒤 반세기가 지난 최근 어느 공개 석상에서 교학사에서 나온 한국사 교과서 대표 집필자인 한국학중앙연구원 한국학대학원장이라는 자가 한국학의 최고 선배 학자인 신채호를 '정신병자' 또는 '또라이'라고 했다 한다. 신채호가 일찍 죽어 망정이지 함석헌처럼 살아생전에 그런 소리를 들었다면 얼마나 마음이 아팠을까?

함석헌과 신채호는 상당히 다르게 산 사람들이기는 하지만 한국고대사를 보는 눈은 비슷했다. 그러니 함석헌도 그렇게 부를지 모른다. 인도에서도 간디를 비판하는 사람들이 있지만 '정신병자' 또는 '또라이'라고 부르는 사람을 보지 못했다. 우익은 물론 사회주의자, 공산주의자도 그렇게 부르지 않았다. 함석헌이나 신채호보다 간디가 더 훌륭한 사람이어서 그럴까? 아니다. 나는 그렇게 생각하지 않는다. 나는 함석헌이나 신채호도 간디만큼 훌륭한 사람이라고 본다. '정신병자' 또는 '또라이'라는 말을 함부로 하는 자들이 문제다. 그런 자들이 대단한 정치가이고 학자라니 참으로 황당한 나라다. 최소한의 기본조차 안 된 나라다.

그러나 김종필이 함석헌의 『뜻으로 본 한국역사』를 읽었는지 아닌지 알 수 없지만 혹시 읽었다면 절대로 '정신분열증에 걸린 노인'이라고 하지 않았을 것이다. 신채호에 대해서도 마찬가지다. 그런데 한국학대학원장이 신채호를 그렇게 불렀다니, 함석헌에 대해서도 그렇게 부를 수 있을 것 같다니, 군인 출신 정치인보다 학자의 자질이 더 의심스럽다.

함석헌이 『뜻으로 본 한국역사』를 쓰기 시작한 1934년의 약 20년 전부터 신채호는 한국사에 대한 글을 발표했다. 신채호는 함석헌보다 21세나 더 위였다. 특히 1931년부터 〈조선일보〉에 연재한 「한국상고사」를 함석헌도 읽었으리라. 함석헌은 그의 글에서 신채호를 한 번밖에 언급한 적이 없지만 말이다. 그 자신 선배에 대한 예의를 강조하며 간디가 그러했다고까지 강변했으면서도 신채호에 대해 그리 언급하지 않은 것이 놀랍다. 두 사람의 고대사 설명은 함석헌의 섭리를 빼면 거의 유사하다.

함석헌은 『뜻으로 본 한국역사』에서는 5·16도 신의 섭리라고 했다. 그렇다면 5·16을 비판하는 것이야말로 신의 섭리에 도전하고 이를 부정하는 짓이 아닌가? 물론 5·16을 '필연적인 선'이 아니라 '필연적인 악'이라고 했지만 말이다.[10] 그러니 함석헌은 임진왜란 때와 마찬가지로 우리가 그 "원인인 죄악의 길에서 발길을 돌려 나오는 것을 바랐을까?" 도대체 그것은 어떻게 하는 것일까? 그냥 참아낸다는 것일까? 그냥 우는 것일까? 기독교인인 양 그냥 기도하는 것일까? 불교도인 양 그냥 천 배 만 배 절을 하면서 도를 닦는 것일까? 물론 함석헌도 5·16에 대해서는 그렇게 말하지 않는다. 적어도 5·16을 비판하는 글을 쓰긴 했다.

---

10   함석헌, 『뜻으로 본 한국역사』, 앞의 책, 479쪽.

간디나 신채호도 무조건 참자고 말하지는 않았을 것이다. 맞서 싸우라고 했을 것이다. 글을 쓰기보다 더욱 적극적으로 싸우라고 했을 것이다. 신채호는 일제에 대해서 맞서 싸우다가 10년 형을 받고 감옥에 갇혔다가 옥사했다. 함석헌은 일제 때 열심히 기도했을 것이고, 많은 글을 썼으며, 감옥에도 몇 차례 갔다 왔다. 그 사유는 불분명하지만 어쩌면 자신의 소신이라고 믿었던 "원인인 죄악의 길에서 발길을 돌려 나오는 것"이었는지도 모르겠다. 누가 더 훌륭하게 살았다고 단정 지을 수는 없지만, 지금 나에겐 함석헌보다 신채호나 간디에게 더 관심이 가는 게 사실이다.

신채호는 중이 된 적이 있었다. 하지만 신이나 신의 섭리를 믿는 사람은 아니었다. 함석헌은 그와 반대인 독실한 기독교도였다. 비록 무교회주의자인 적도 있었지만 기독교를 버린 적은 없었다. 나는 기독교도는 물론 어떤 종교도 믿지 않는 무신론자이지만 그의 종교를 존중하고 그의 믿음을 존중한다. 그러나 역사를—어떤 의미에서든— 섭리로 보지 않는다. 따라서 이 책에서도 그런 입장을 취하지 않을 것이다. 신채호도 간디도 그런 입장이 아니었다.

기독교도 중에는 이 세상의 모든 일—특히 인간들이 빚어내는 일, 더욱이 나쁜 일—을 모두 신의 섭리라고 보지 않는 사람들도 많다. 간디는 독실한 힌두교도였는데 어떤 세상사나 역사적 사실에 대해서도 신의 섭리 운운한 적이 없다. 간디와 함석헌의 다른 점 중에서도 가장 큰 차이가 드러나는 지점은 바로 이것이다.

독재도 신의 섭리이고, 침략도 신의 섭리이고, 억압도 신의 섭리라고 한다면 이 세상을 살아갈 수 없다. 특히 함석헌이 고난의 역사라고 부르는 한 많은 우리 민족의 역사를 모두 신의 섭리라고 부른다면 나는 그 신도,

그 민족도, 그 역사도 거부하겠다. 신의 섭리여서 거부할 수 없다고? 무슨 소리? 도망칠 수도 있고 자살할 수도 있지 않은가? 그것은 나의 선택이지 신의 섭리 따위와는 무관하다.

1장 겨울이 오면 어찌 봄이 멀겠는가?

셀리, 간디, 함석헌은
살았던 시대와 나라는 달랐지만
세 사람 모두 위대한 생태주의자이자 혁명가였다.
인류의 스승이자
미래의 예언자였다.

함석헌과 「서풍」

「서풍」

1
오 거친 서풍, 가을의 숨결이여,
보이지 않는 네 앞에서 죽은 잎새들이
마술사에게서 달아난 유령들처럼 휘날리는구나,

누렇고, 검고, 희멀겋고, 불그레한,
염병 맞은 무리처럼 도망가는 오 너는,
나래 달린 씨앗을 어두운 지하 겨울잠자리로

몰고 가니, 무덤 속 시체처럼
저마다 싸늘하게 누워 있다가, 마침내
네 파란 봄 누이가
꿈꾸는 대지 위에 나팔을 크게 불어

(양떼처럼 달가운 새싹들을 대기 속에서 기르고)

산과 들을 생기로 가득 차게 만든다.

거센 정신이여, 너는 어디서나 움직인다.

파괴하면서 보호하는 자여, 들어라, 오 들어라!

2

무서운 하늘의 격동 속에서 흘러가는 네 힘에 의해

대지의 죽어가는 잎새처럼 하늘과 대양의 엉클어진

가지에서 떨어져 흩어진다, 느슨한 구름들이

비와 번개의 천사들이 네 가벼운 물결의

파란 표면 위에 어느 사납기 짝 없는

미내드[11]의 머리로부터 위로 나부끼는

빛나는 머리칼처럼, 지평선의 희미한

가장자리에서 하늘 꼭대기에까지

휘몰아치는 폭풍의 머리타래가 흐트러진다.

너, 저무는 해의 만가(輓歌)여, 어둠의 이 밤

---

11 미내드는 그리스 신화에 나오는 초목의 신인 디오니소스의 여사제다. 디오니소스는 가을에 죽었다가
    봄에 부활한다.

네가 모든 증기의 모든 힘으로써 이룬

둥근 지붕과 돔의 거대한 무덤이 될 것이고

짙은 대기를 뚫고 내리는 검은 비와

번개 우박이 폭발하리라. 오, 들어라!

3

너는 푸른 지중해를 흔들어

그 여름날 긴 꿈에서 깨웠구나,

수정 같은 흐름의 돌아드는 노래를 들으며,

베이만[12] 부석 섬 가에서 자며

해묵은 궁전과 누각이 파도에

더욱 반짝이는 햇빛 속에 떨고 있음을 보았다,

아름다운 하늘색 이끼와 꽃들로 뒤덮인

그 향기, 생각만 해도 아찔하다! 네

가는 길 위해 대서양 위 펼쳐진 힘도

갈라져 이랑 되고, 바다 깊은 곳에서는

대양의 수액 없는 잎새의 질척한 나무들과

---

12   베이만은 로마 황제들이 건립한 웅장한 저택들이 있는 나폴리 서부이다.

바다 꽃들이

네 목소리 알아듣고 갑자기 낯빛 변해
무서워 떨며 넋을 잃나니, 오, 들어라!

4
만일 내가 붙어가는 죽은 나무 잎새라면
너와 함께 나는 한 점의 빠른 구름이라면
그대의 힘 밑에 불리는 대로 날뛰는 물결이어서,

한 조각의 파도라면, 물론 너만큼
자유롭진 못하나, 제어할 수 없는 자,
만일 내가 내 어릴 적 시절과 같다면

하늘을 방랑하는 네 벗이 되었으련만
너의 하늘의 속력을 이겨내는 것이
결코 공상만이 아닌 그때 같기만 하면

나는 이렇듯 기도하며 겨루지 않았으리.
오, 나를 파도, 잎새, 구름처럼 일으켜다오!
나는 가시밭 인생에 쓰러진다! 피 흘린다!

시간의 중압이 사슬로 묶고 굴복시켰구나.

너처럼 멋대로고, 빠르고, 거만한 나를.

5
나를 저 숲처럼 네 풍명금(風鳴琴)¹³으로 만들어라,
내 잎새가 숲 잎처럼 떨어진들 어떠랴!
너의 힘찬 조화의 난동이 우리에게서

슬프지만 즐거운, 깊은 가을 곡조를 얻으리,
너 거센 정신이여, 내 정신이 되어라!
네가 내가 되어라, 강렬한 자여!

내 꺼져가는 사상을 온 우주에 휘몰아라!
새 생명을 재촉하는 시든 잎새처럼!
그리고 이 시를 주문(呪文) 삼아

꺼지지 않는 화로의 재와 불꽃처럼
인류에게 내 말을 널리 퍼뜨려라!
아직 깨지 않는 대지에 내 입술로

예언의 나팔을 불어라! 오오, '바람'이여.
겨울이 오면 어찌 봄이 멀겠는가?

13 　바람의 압력으로 현이 반응하여 소리를 만들어내는 악기.

시인 함석헌이
사랑한 시

앞의 시는 셸리(Percy Bysshe Shelley, 1792~1822)의 「서풍Ode to the West Wind」
이다. 함석헌이 좋아한 시다.[14] 그는 시인이었다.[15] 그에게 붙는 수많은 수식
어 중에서 무엇보다 중요한 것이 바로 '시인'이다. 그는 시인으로서 많은 시
를 썼지만, 다른 사람의 시도 즐겨 읽었다. 특히 「서풍」을 사랑했다.[16]

　　반면 간디는 시인이 아니었다. 그가 평생 사랑한 인도의 고전 『바가바
드기타Bhagavadītā』[17]를 시라고 볼 수도 있지만, 간디가 그렇게 생각한 것은
아니었다. 간디가 셸리의 시, 그중에서도 「서풍」을 좋아했는지 확인할 길은
없지만, 적어도 영국인 중에서 간디와 같은 시대를 살면서 그와 친했던 사
람들은 대부분 셸리를 좋아했다. 그런 점에서 세 사람은 통했다. 즉, 모두
셸리주의자였다. 그들은 자본과 권력의 독재에 반대하고 노동과 자유의 새
로운 세상을 만들고자 하는 열망으로 가득 찬 사람들이었다.

　　간디는 시를 쓰지 않았지만 타고르를 비롯한 수많은 당대 시인들이나

14　함석헌이 좋아한 시인은 많다. 그중에서도 두 권의 책을 번역한 칼릴 지브란이 두드러진다. 《문학사
　　상》 1975년 1월호에 쓴 「하늘을 거니는 마음으로」에서 그는 "문학가 중에서 칼릴 지브란을 가장 좋아
　　합니다"라고 하고 6·25 피난 시절에서 부산에서 고향 후배로부터 『예언자』를 선물 받고 그에 대해 알
　　았고 그 책을 번역하여 한국에 처음 소개했다고 했다. 그 밖에 좋아한 작품이 헉슬리의 『멋진 신세계』
　　와 헤밍웨이의 『노인과 바다』라고 했다(함석헌, 「하늘을 거니는 마음으로」, 『하나님의 발길에 채여서』,
　　앞의 책, 104쪽).

15　함석헌은 간디보다도 타고르를 먼저 알고 좋아했다.

16　함석헌이 쓴 시를 인용하지 않고 외국인의 시를 인용하는 것에 대해 못마땅하게 생각할 사람도 있을
　　수 있겠지만, 이는 셸리를 통해 함석헌과 간디를 설명하기 위해서이지 그들 시의 우열을 가리자는 의
　　도 따위와는 전혀 무관한 것이다.

17　함석헌도 『바가바드기타』에 대한 책을 썼다. 『바가바드기타』에 대한 간디와 함석헌의 이해는 조금 다
　　르다. 이에 대해서는 이 책의 5장에서 다루었다.

예술가들과 친분을 가졌고 그들의 작품을 좋아했다.[18] 간디와 함께 인도를 대표하는 타고르(Rabindranath Tagore, 1861~1941)는 간디를 존경하여 그를 '마하트마'로 불렀고, 함석헌도 타고르를 사랑했다. 타고르는 16세 때 낸 처녀시집 『들꽃』으로 벵골의 셸리라 불리기도 했다. 그런 점에서 타고르도 셸리주의자였다. 우리에게는 타고르가 그렇게 알려져 있지 않아 유감이지만 말이다.

함석헌이 창간한 《성서조선》 107호(1937. 12)에도 그가 직접 번역한 「서풍」[19]이 실려 있는데, 위에서 읽은 시는 내가 새로 번역한 것이다(함석헌의 번역은 약 80년 전의 것이다). 영문학자들이 번역한 것들도 많지만 어느 것이나 마음에 들지 않아 새롭게 번역할 수밖에 없었다. 그만큼 난해하다는 이야기인데 내가 한 번역에 대해서도 불만을 가질 사람들이 당연히 있을 것이다. 특히 원래의 시에서 표현된 영어의 교묘한 운율을 살리지 못했는데 이는 영어와 한글의 차이에서 나오는 근본적인 문제로 시의 번역이 사실상 불가능한 것임을 보여준다. 위의 번역에 만족하지 못하는 사람들은 책이나 인터넷 등에서 쉽게 찾을 수 있는 원문을 참고하여 스스로 번역해보기 바란다. 인터넷 유투브에는 여러 사람의 아름다운 원시 낭독도 있으니 천천히 들어볼 일이다.

그 밖에 미리 양해를 구하고자 하는 점이 또 하나 있다. 이 시에 자주 나오는 '잎새'라는 말의 문제점이다. 어릴 때 오헨리(O. Henry, 1862~1910)

---

18 간디는 타고르가 쓴 다음 시를 애송했다; "그들이 너의 부름에 답하지 않으면, 혼자 걸어라. 그들이 무서워하며 몰래 얼굴을 벽에 대고 숨으면, 오, 불운한 자여, 너의 정신을 열고, 크고 높은 소리로 말하라."

19 함석헌, 「서풍의 노래」, 《성서조선》 107호(1937. 12), 12쪽, 《성서조선》, 영인본, 5권 276쪽. 수정된 것은 함석헌, 「서풍의 노래」, 『오늘 다시 그리워지는 사람들』, 함석헌저작집 10권, 한길사, 2009, 269~273쪽.

의 소설 「마지막 잎새*The Last Leaf*」를 읽은 기억으로 잎사귀를 시적으로 옮긴답시고 사용한 것이지만, 국어사전에서는 그 말을 사투리라고 지적한다. 나는 시골사람이라서 사투리에 개의치 않고 사용했고, 셸리도 그럴 것 같다고 짐작하지만, 그렇게 생각하지 않는 사람에겐 미안한 일이 될지도 모르겠다. 그러나 시에서조차 표준어만을 사용해야 한다면 이 얼마나 건조할 것인가!

내가 함석헌을 좋아하는 이유 중 하나는 그가 자주 고향의 사투리를 구사했고, 그것이 우리말을 무척이나 풍성하게 해주었다는 점이다. 그런 사투리가 아니면 자신의 생각이나 느낌을 핍절하게 표현할 수 없었기에 그렇게 했을 것이다. 그 사투리는 그와 함께 그의 고향에서 그의 시대를 살지 않은 우리에게는 생경하지만, 그의 문장을 살아 있게 하는 데에는 절대로 빠뜨릴 수 없는 요소다. 사투리가 거의 사라지고 있는 지금, 특히 북한 사투리를 거의 모르고 있는 지금, 함석헌의 사투리 구사는 더욱 빛난다.

사투리만이 아니라 그의 독특한 구어체 문장 역시 살아 있는 우리말 구사의 가장 뛰어난 보기이다. 그 누구도 감히 흉내 낼 수 없다. 그것은 아름다운 웅변이기도 하지만 통렬한 시이기도 하다. 함석헌은 무엇보다도 시인이다. 그러나 세상은 그가 아름다운 시만을 쓰도록 내버려두지 않았다. 그는 해방 후 몇 년 사이에 시를 집중적으로 썼고, 그 전후에는 쓰지 않았다. 그 점이 나에게는 그의 생애에 관련된 최대의 미스터리다. 함석헌은 시만이 아니라 그림에도 재능이 뛰어나 화가가 되고자 했을 정도였다. 하지만 그의 그림은 남아 있지 않아 본 적이 없을뿐더러 시와 마찬가지로 그림도 계속 그리지 않은 듯하여 안타깝다.

시인으로서의 함석헌. 이 사실은 곧 그가 뛰어난 감수성으로 세상을 보고 느낄 수 있었기에 다른 사람들과 달랐다는 점에서 우리에게 너무나 소중한 유산이다. 하지만 그와 동시에 바로 이 점 때문에 그의 생각에 특성과 한계가 있었음을 시사해준다.

함석헌은 왜
「서풍」을 좋아했을까?

위 시에는 누구나 알고 있는 명구가 있다. 바로 마지막 구절인 "겨울이 오면 어찌 봄이 멀겠는가?"라는 것이다. 겨울로 상징되는 식민과 분단, 냉전과 독재 속에서 신음하던 민중에게 봄으로 상징되는 해방의 희망과 기쁨을 불러일으키기 위해 함석헌은 즐겨 그 구절을 되뇌었을 것이다. 충분히 이해가 된다. 2015년 지금의 나에게도 그 구절이 이토록 절실하게 다가오는데, 하물며 함석헌에게는 어떠했을까? 모진 시간을 보내는 동안 언제 어디서나 그 구절을 외우며 세월의 고통을 이겼을 터다!

함석헌은 그 구절과 함께 "너 거센 정신이여, 내 정신이 되어라!"라는 구절을 두고 셸리가 무신론자가 아니라고 말했다.[20] 셸리가 무신론자임을 함석헌이 몰랐을 리 없다. 알면서도 그렇게 말한 함석헌은 내가 '정신'이라고 번역한 것을 '영(靈)'으로 번역했으니[21] 그의 생각을 충분히 읽을 수 있다. 나는 셸리가 무신론자라는 이유에서 '정신'으로 번역했지만, 무신론자인 셸리와 달리 유신론자인 함석헌은 서풍을 신으로 여겼을 수도 있다.

---

20 같은 책, 275쪽.
21 같은 책, 270쪽.

「서풍」은 1819년 10월, 셸리가 피렌체 부근 아르노 계곡에 갔다가 서풍이 부는 것을 보고 쓴 시이지만 당대 시인들의 일반적인 경향처럼 그리스로마 신화에 나오는 서풍의 의미를 자연 묘사에 그대로 담았을 수도 있다.

그리스로마 신화에서 북풍은 삭풍의 거친 바람이고, 동풍은 변덕의 바람이며, 남풍은 따뜻하지만 질병을 가져오는 바람인 반면, 서풍은 가장 자비롭고 봄에 불어 눈을 녹이며 비를 가져와 꽃을 피우고 작물을 자라게 하는 생명의 바람이었다. 게다가 셸리의 서풍은 라틴어의 'spiritus'로서 바람, 호흡, 영혼, 영감, 가을의 존재의 숨결이며, 가을의 존재란 땅, 하늘, 바다에서 봄의 소생을 재촉하기 위해 가을에 파괴를 하는 존재를 뜻했다.

그래서 함석헌은 「서풍」을 신의 노래로 생각했을지도 모른다. 물론 함석헌 자신이 그렇게 분명히 말한 것은 아니다. 단지 서풍이 셸리의 인생처럼 자유분방하기 때문에 좋아한다고 했을 뿐이다.[22] 사실 함석헌은 누구보다 자유분방한 기질을 지닌 사람이었다. 그는 타고난 종교인이었지만 어떤 종교인보다 독실하면서도 자유분방했다. 그런 모순을 일반인들은 잘 이해하지 못했다. 비단 종교의 영역에서뿐만이 아니라 모든 영역에서 그는 자유분방했다. 타고난 시인이었고 예술인이었다(38쪽 참조).

함석헌은 셸리가 서풍을 '예언자의 나팔'로 맹렬하게 불다가 지중해를 흔들어 새 시대의 앞길을 연다고 하며 자기를 일으켜달라고 노래한 것이 "나를 몇 번이나 엎어진 데서 일으켜주었다"고 회상했다.[23] 특히 3연을 "그

---

22 함석헌은 한국의 문화나 역사를 "서북풍과 동남풍의 장난"이라고 하면서 서북풍을 "셸리의 말대로" 파괴자이자 보호자라고 했다(함석헌, 「생각하는 갈대」, 『들사람 얼』, 앞의 책, 38쪽. 이 글은 원래 『인간혁명』(1961)에 발표되었다). 그러나 셸리에게 서풍은 동풍에 대응되는 것이 아니라 그냥 바람일 뿐이다.

23 같은 책, 144쪽.

때 바야흐로 무르익으려는 문화에서 그것을 벗어버리고 새 시대를 바라는 혼이 얼마나 사무쳤던가를 보여주는 것"[24]이라고 풀이했다. 그 '문화'나 '새 시대'가 구체적으로 무엇을 말하는 것인지 명시적으로 말하지 않아 잘 알 수는 없지만 말이다.

그런데 함석헌이 셸리를 반항의 인간으로 이해하면서 "영국의 역사는 반항의 역사"이고[25] "하늘나라의 말은 아마 영어일 것"이며, "영어는 정신 나라의 국어"[26]라고 말한 부분을 이해하기란 더욱 쉽지 않다. 자신의 반항을 마치 영국적인 것인 양 말하는 듯해서다. 영국에 대한 반항으로 평생을 살았던 간디와 그를 이 책에서 비교하는 일 자체가 무의미하지 않을까 하는 생각마저 든다.[27]

「서풍」을 썼을 때 셸리는 노동자를 억압하는 자본가들의 영국을 저주하며 영국에서 추방당하다시피 하여 그곳을 떠나 이탈리아를 방랑하고 있었다. 그러니 영국을 지배하는 자본과 권력에 저항하면서 시를 쓴 것이었지, 영국이나 영어 자체를 사랑해서 그런 시를 쓴 것이 분명 아니다. 유럽의 낡은 전통이었던 지중해를 저주하고 영국, 그것도 대영제국, 영어제국을 새로운 시대로 맞아야 한다고 나팔을 분 것은 더더욱 아니었다. 도리어 셸리는 그런 대영제국, 영어제국이 표상하는 근대 자본주의 문명을 거부

---

24 같은 책, 145쪽.

25 같은 책, 146쪽.

26 같은 책, 148쪽.

27 뒤에서 계속 강조하는 바이지만, 함석헌에게는 영미와 영어 내지 영어문화에 대한 묘한 숭배의식이 있었다. 그는 유독 셸리를 비롯한 영미 문학인들에게 관심이 컸다. 이는 한국의 기독교, 특히 함석헌의 고향인 평안북도의 기독교가 북미 선교사들을 통해 전래된 것과 무관하지 않을 수도 있다.

한 사람이었고, 「서풍」은 그런 거부의 시라고 보는 것이 옳을 것이다.

근대에도 여전히 기독교는 중요한 요소였다. 그래서 셸리는 기독교를 철저히 거부했다. 반면 함석헌은 누구보다도 기독교에 철저했고 서양문화에 대해 믿음을 가지고 있었다. 셸리의 나팔은 반체제 혁명의 나팔이었지만, 함석헌의 나팔은 민족해방의 나팔이고 반공의 나팔이자 민주화의 나팔이고 기독교 신의 나팔이었다.

서풍은
정치 해방의 상징이다

함석헌은 셸리를 "혁명의 시인"[28]이라고 하고 서풍을 "혁명의 바람"[29]이라고도 했다. 3연의 마지막 행에 나오는 "무서워 떨며 넋을 잃나니"를 "권력의 권속들이 무서워 떠는 모양을 그린 것"[30]이라고 해석했다. 그리고 함석헌은 서풍의 의미가 '정치에서의 해방'이라고 주장했다.[31] 그는 정치를 다음과 같이 설명했다.

> 정치란 것이 무엇입니까? 따져 들어가면 한마디로 어려움을 남
> 에게 떠밀고 나만 살겠다는 것입니다. 그러므로 정치로 문제 해

---

28 함석헌, 「서풍의 노래」, 『하나님의 발길에 채여서』, 앞의 책, 121쪽. 이 글은 원래 《씨알의 소리》 1973년 11월호에 발표되었다.

29 같은 책, 122쪽.

30 같은 책, 같은 쪽.

31 같은 책, 124~126쪽.

결 절대 되지 않습니다. 정치는 욕심의 총결산입니다. 욕심 있는 사람은 문제를 바로 볼 수 없습니다. 그러므로 어리석습니다. 더구나 오늘의 정치는 점점 더 폭력주의이기 때문에 인류의 멸망을 재촉할지언정 결코 해결할 수 없습니다. 그 주도권을 쥐는 나라도 그렇거늘, 하물며 따라지 노릇을 하는 약소국가들의 정치란 참말 가엾이 어리석은 것입니다. 보십시오. 오늘날 월남처럼 세계의 비극이 어디 있습니까? 또 그처럼 미친 희극이 어디 있습니까? 정치란 참 악독한 것입니다. 남을 망하게 만들어놓고는 또 그 망하는 것을 비웃습니다. 정치만능주의로 줄달음을 쳐온 이 문명이 멸망에 빠지는 것은 당연한 일입니다.[32]

함석헌은 특이하게도 문명 멸망의 원인을 정치만능주의로 보았다. 권력만능주의에 대한 비판은 있어도 정치만능주의에 대한 비판은 보기 드물다. 그는 "민중을 희생시키면서 나라를 강하게 만들자는 이런 따위 정치 말고 새로운 정치가 나오기 위해 이것을 깨끗이 버리자"[33]고 주장하기도 하므로 정치 자체가 문제인 것이 아니라, 반민중적 정치가 문제라고 주장하고 있지만, 전체적으로는 정치 자체에 대한 혐오를 강력하게 표명하고 있다고 해도 과언이 아니다. 특히 민중이 스스로 하는 '새 정치'에 대해 구체적으로 논의하지 않기 때문에 그의 주장은 전반적으로 정치혐오 내지 정치허무를 강력하게 주장하는 것이 되어버렸다.

---

32 같은 책, 124~125쪽.
33 같은 책, 128쪽.

그러므로 우리의 첫째 할 것은 결코 정치에 기대를 걸지 않는 일입니다. 기대를 걸기 때문에 거기 종이 됩니다. 종이 돼서는 우리 거룩한 사명을 다하지 못합니다.[34]

여기서 '거룩한 사명'이란 "생각하는 이 인간의 장난 끝에 잘못하다가는 10억 년 자라서 오늘에 이른 큰 진화의 생명나무가 씨째 망해버리게" 된 것에서 "이 나라를 건져야" 하는 것을 말한다.[35] 그에 의하면 "우리는 세계사의 속죄양"[36]이다. 이를 위해서는 정치에서 떨어져야 하고, 정치에서 해방돼야 한다고 함석헌은 주장했다. 이처럼 서풍을 독특하게 이해한 함석헌의 해석은 일견 흥미롭지만, 그것이 셸리 자신의 이해와는 거리가 있는 것임을 우리는 뒤에서 살펴볼 것이다. 그 전에 함석헌이 「서풍」을 어떻게 알게 되었는지 알아보자.

함석헌은 어떻게
「서풍」을 알게 되었나?

누군가가 평생 사랑하는 시를 23세에 알게 된 사람은 어떤 생각을 할까? 함석헌은 1924년 일본 유학 시절, 경제학 수업 시간에 「서풍」을 처음 만났다. 마르크스주의자인 일본인 교수에게서 「서풍」의 마지막 구절에 대해 들

---

34 같은 책, 125쪽.
35 같은 책, 124쪽.
36 같은 책, 127쪽.

고 잊지 못하던 그는 몇 년 뒤 셸리 시집을 사보고 1937년 《성서조선》에 이를 번역해 실었다고 한다.[37] 여러 개의 시가 있었을 텐데 왜 하필 「서풍」을 선택했는지에 대한 설명은 없다. 어쩌면 그 시가 셸리의 시 중에서 가장 유명하고, 또한 가장 혁명적이기 때문에 함석헌도 그것을 선택했는지 모를 일이다. 그러나 셸리의 다른 혁명적 시와 달리 「서풍」은 여러 가지 혁명적 요소를 행간에 숨겨놓고 있다.

그런데 함석헌은 "수업 시간의 그 교수가 정말 공산주의를 선전하잔 목적에서 한 것이라면 내 경우에서는 전연 반대의 결과를 낸 셈이니 교육해서 된다 할 수도 없다"라고 회상한다.[38] 나는 이 회상을 읽고 정말 깜짝 놀랐다. 1959년에 쓴 글이라는 점을 염두에 두면 어느 정도 이해가 되지만, 셸리의 시를 그렇게 받아들일 정도로 함석헌의 반공주의가 투철한 점에 놀랐던 것이다.[39]

뒤에서 보겠지만 그는 해방 직후인 1945년 9월, 북한에서 평안북도 자치위원회 문교부장에 취임한 후 11월에 터진 신의주학생사건의 책임자로

---

37 함석헌, 「겨울이 만일 온다면」, 『죽을 때까지 이 걸음으로』, 함석헌저작집 6권, 한길사, 2009, 142쪽. 이 글은 원래 《사상계》, 69호(1959.4)에 발표되었다.

38 같은 책, 143쪽.

39 함석헌이 사회주의, 특히 영국의 페이비언 사회주의에 대해서는 공감했지만 공산주의에 대해서는 거부 반응을 보였다고 하는 것이 그의 사회주의관에 대한 일반적 인식이지만, 나는 함석헌이 페이비언 사회주의에 대해서마저도 사실은 거부한 것이 아닌가 하는 의문을 갖는다. 페이비언 사회주의란 19세기 말인 1884 영국에서 생겨 지금까지 1세기 이상 이어지고 있는 사회주의 운동의 하나로, 그 사상은 시대에 따라 변해왔으므로 한마디로 정의하기는 어렵지만, 간단히 말하자면 마르크스주의처럼 폭력적 혁명에 의한 급진적인 사회주의가 아니라, 영국과 같은 의회민주주의의 방식에 따라 점진적인 사회개량에 의해 생산수단의 공적 소유를 뜻하는 사회주의의 실현을 주장했다. 이는 1918년 영국 노동당의 정책으로 채택된 뒤 범세계적으로 러시아 등의 마르크스 레닌주의에 대항하는 유럽식 사회주의의 모델이 되어왔다.

소련군 사령부에 체포되어 50일간 구금당한다. 석방된 뒤에는 고향에서 농사를 짓다가 다시 1개월 옥고를 치른다. 하지만 자기가 가장 좋아하는 시를 알게 된 장면을 회상하면서 '공산주의 선전' 운운하는 것은 나로서 이해하기 쉽지 않다.

이는 지금도 내게 의문으로 남아 있다. 물론 19세기의 아름다운 셸리의 시를 두고 함석헌이 '공산주의 선전' 시라고 한 것은 아니다. 함석헌은 그 교수가 추천한 영화 제목이 그 시의 마지막 구절을 딴 것이라고 한 점을 두고 '공산주의 선전' 운운한 것이다. 하지만 나는 그런 설명조차도 이해할 수 없다. 함석헌이 공산주의에 반대한 것도 그 교수의 시 소개와는 무관할 터다. 자신이 그 시의 몇 구절을 공산주의 멸망의 의미로 해석한다고 해도 말이다.[40] 그는 공산주의를 막기 위한 길이 기독교 정신의 철저한 보급이라고 주장했지만, 과연 셸리의 시까지 그렇게 받아들일 필요가 있었을지 의문이다.[41]

「1819년 영국」

함석헌이 그렇게 받아들이는 것이야 그의 자유겠지만, 그 시가 마르크스

---

40 함석헌이 철저한 반공주의자라는 점은 그동안 내가 함석헌을 완전하게 받아들이지 못한 가장 중요한 요인 중의 하나였다. 함석헌이 마르크스(Karl Marx, 1818~1883)의 역사관을 비롯하여 사회주의를 비판한 것은 차치하고라도, 사법살인이라고 하지 않을 수 없을 정도로 억울하게 정치적으로 희생된 조봉암을 이승만 정권하 부정선거의 원흉으로 사형 당한 최인규(崔仁圭, 1916~1961)와 같이 "흐트러진 풀 속에 대가리 없는 귀신"이라고 저주한 것을 나는 도저히 이해할 수 없었다(함석헌, 「국민의 당 여러분께 애원합니다」, 『민중의 정부를 다스려야 한다』, 함석헌저작집 4권, 한길사, 2009, 119쪽, 203쪽).

41 함석헌, 「민주청년학생연맹사건과 우리의 반성」, 『민중의 정부를 다스려야 한다』, 같은 책, 311쪽.

나 모리스를 비롯하여 많은 사회주의자들이나 공산주의자, 특히 아나키스트들의 찬양을 받았다고 하는 점도 변하지 않는 역사적 사실이다. 1819년 셸리가 그 시를 쓴 이유도 그해 영국의 맨체스터에서 벌어진 노동자 대학살에 항의하기 위한 것이었음도 잘 알려진 바다. 시대상에 대한 셸리의 생각은 당시의 왕 조지 3세와 그의 여러 자식들을 맹렬히 비난하고 있는 다음의 시 「1819년 영국」에 잘 드러난다.

늙고 미치고 눈멀고 멸시받으며 죽어가는 왕.
진흙 샘에서 나온 진흙처럼
따분한 핏줄의 찌꺼기로
대중의 조롱 속에 흘러가는 왕자들.
힘없는 나라에 거머리 같이 달라붙어
보지도 느끼지도 알지도 못하는 지배자들.
피에 굶주린 그들은 때리지 않아도 곧 바닥에 떨어진다.
버려진 들판에서 굶주리며 칼에 찔려 죽어가는 인민.
자유를 죽이며 먹이를 구하는 군대가
휘두르는 칼은 모두가 양날의 칼.
유혹하고 학살하는 황금빛 검붉은 법전.
그리스도도 신도 없는 종교-봉인된 성경.
의회-폐지 안 된 시대의 악독한 사생아,-
모두가 무덤, 거기서 영광의 환영이 나와
우리의 폭풍의 나날을 비추리라.

셸리는 「맵 여왕Queen Mab」에서 "복종은/모든 창조적 재능과 미덕, 자유, 진리의 독으로/인간을 노예로 만들고, 인간의 몸을/기계화된 자동장치로 만든다"고 노래했다. 그 후 셸리는 그의 혁명적 성격이 더욱 뚜렷이 부각된 장시 「해방된 프로메테우스」나 「무질서의 가면」, 「영국의 남자들」과 같은 작품을 썼다. "고귀한 영혼의 인간은/통치하지도, 복종하지도 않는다"고 노래한 「해방된 프로메테우스」 3막 4장에서 그는 다음과 같이 노래한다.

증오스러운 가면은 벗겨졌다. 인간은
홀(忽)[42]도 없고 자유로우며, 제약에서 벗어나
평등하고, 계급이나 파벌도 없고 국가도 없으며,
경외감, 숭배감, 지위로부터 면제되어 자신의
왕이 되고, 정의롭고, 친절하며, 현명하게 된다.

셸리 만년의 10여 년(1812~1822) 동안 영국에서는 노동자 파업이 극심하게 발생했다. 1812년에 흔히 기계파괴운동으로 번역되는 러다이트(Luddites) 운동을 시작으로 「서풍」을 쓰기 직전인 1818년 맨체스터에서 시작된 파업은 1819년 8월 피터 평원에서 선거권 확대를 요구한 6만 명 노동자의 집회는 11명이 죽고 412명이 크게 다친 피털루(Peterloo, 나폴레옹에게 승리한 워털루 전투를 비꼰 말) 대학살로 이어졌다. 따라서 "겨울이 오면 어찌 봄이 멀겠는가?"에서 겨울은 자본과 권력의 폭압을 의미했고, 봄은 노동자 해방을 상징한 것이었다. 그러니 그 시의 서풍이란 무엇보다도 억압자

---

42 '홀'이란 고관대작이 왕을 만날 때 손에 쥐던 물건을 말한다.

의 횡포를 파괴하는 무서운 겨울바람이자 고통 당하는 피억압자를 따뜻하게 감싸주는 사랑의 봄바람이라고 볼 수 있다.

그러니 당연히 사회주의자들의 사랑을 받은 셸리가 사회주의자만이 아니라 성해방주의자나 채식주의자 등 여러 측면의 해방자로서의 위치를 가지며, 그 누구보다도 셸리를 중심으로 근대 서양의 반체제사상사가 전개되어 왔다는 것은 주지의 사실이다. 다만, 우리나라에서는 그것이 제대로 이해되지 못했을 뿐이다.[43] 함석헌이 한국을 대표하는 사상가이면서도 사회주의자나 성해방주의자 또는 채식주의자가 아니라는 것은 두말할 필요가 없는데, 그런 그가 셸리를 사회주의자도 성해방주의자도 채식주의자도 아닌 단순한 반항인 정도로 이해한 것은 매우 흥미로운 일이자 조금은 유감스러운 일이다.

함석헌이 좋아한
셸리

김삼웅의 『함석헌 평전』은 함석헌이 좋아한 야인 셸리에 대한 이야기로 시

---

43 1975년에 나온 셸리 시집 『시인의 꿈』에서 당시 서울대 교수였던 강대호는 영국에서 셸리에 대한 혹평으로 인해 "우리의 셸리에 대한 관심은 대학의 영문학사 내지 영문학 개관의 강의 시간에 「서풍」, 「종달새에게」, 「구름」 등의 비교적 짧은 몇 편의 시를 읽는 것으로 그치고 만다. 그렇지 않으면 기껏해야 극히 피상적인 사실 ……만을 기초로 인간성을 단죄하려 든다"고 하면서 이를 당시 영미의 신비평(New Criticism) 탓이라고 했다(P. B. 셸리, 강대호 역주, 『시인의 꿈』, 민음사, 1975, 8쪽). 신비평이란 1920년대부터 등장한 것으로 그 전의 역사적, 정치적, 사회적 비평에 반기를 들고 작품 자체에 비평의 핵심을 두는 태도를 말했다. 우리나라에서도 「황무지」 등으로 유명한 T. S. 엘리엇이 그 대표자였다. 함석헌이 셸리를 이해한 것이 '신비평' 식이었다고 볼 수는 없지만, 적어도 그 시에 대한 사회주의자들의 사랑에 대해서는 반감을 가졌을 수도 있었을 것으로 짐작된다.

작된다. 그러나 함석헌과 셸리의 다른 점에 대해서는 말하지 않는다.[44] 함석헌은 무신론자인 셸리와 달리 유신론자이고 기독교인이었다. 그가 무교회주의자에 퀘이커교도였다고 해도 평생 기독교인이었다는 것만은 틀림없다. 그는 간디를 매우 좋아했지만, 누구보다도 좋아한 사람은 단연코 예수였다.

앞에서도 보았듯이 함석헌은 자기가 셸리를 좋아하는 이유를 그의 불타는 반항정신 때문이라고 했다.[45] 셸리가 29세에 죽은 이유도 그런 정신 때문이 아니었을까? 그는 영국의 소위 명문가에서 태어나 명문교라는 이튼과 옥스퍼드를 다녔지만 대학에서 무신론자라는 이유로 퇴학을 당한 뒤 명문이라는 분위기에서 완전히 벗어났다. 당시에 쓴 「무신론의 필요성 *The Necessity of Atheism*」에서 그는 신을 '앙심 깊고 가혹한 전능의 마귀'라고 표현했다.

셸리는 그 뒤 19세에 16세 소녀와 결혼하여 딸을 두었지만 5년 뒤 아내는 임신한 채로 자살했고, 아내의 자살 한 달 뒤 다시 16세 소녀와 결혼했다. 아내가 살아 있을 때부터 다른 소녀를 사랑했고 두 아들까지 둔 것이었다. 그때 셸리는 두 여인과 함께 셋이서 같이 살자고 말하기도 했지만, 아내는 이를 거부하고 자살을 택했다. 셸리는 사랑 없는 동거는 부도덕이

---

44 함석헌의 경우 평생 가정을 지켰지만, 스승이었던 유영모와도 결별하게 한 불륜 사건이 있었다. 함석헌에 대한 저질의 비판서까지 나오게 한 그 사건에 대해 함석헌이 상세히 말하지 않았기 때문에 그 내용을 잘 알 수 없지만, 셸리처럼 재혼을 하지 않은 것은 물론이다. 만일 함석헌이 그 새로운 여성을 정말 사랑했다면 그녀와 재혼하는 것이 셸리를 사랑한 반항인 함석헌의 옳은 태도가 아니었을까? 이 점을 전혀 언급하지 않은 김성수는 셸리와 함석헌의 다른 점을 "함석헌의 아내와 가족들은 이 문제를 공개적으로 확대시키지 않았다는 점"이라고 한다(김성수,『함석헌 평전』, 앞의 책, 278쪽). 그러나 셸리의 경우에도 그의 아내나 가족은 이 문제를 공개적으로 확대시키지 않았다.
45 함석헌, 『죽을 때까지 이 걸음으로』, 앞의 책, 12쪽.

라는 신념 때문에 아내를 버렸지만, 그 자신 부도덕한 인간으로 몰려 법원에 의해 자녀들에 대한 친권마저 박탈당했다.

셸리를 좋아한 함석헌은 셸리의 그런 삶을 참된 셸리가 태어나기 위한 고난이라고 보고, 그 결정적 계기를 본처의 죽음이라고 했다.[46] 이러한 이해는 함석헌의 독특한 인생관이나 세계관에서 나온 것이다. 뒤에서 보겠지만 그는 한국의 역사도 그렇게 보았다. 함석헌은 더 나아가 예수처럼 한국도 세계의 모든 죄를 짊어지는 고난 끝에 세계에 두각을 나타내는 참된 역사를 갖게 된다고 말한다. 그리고 그 고난을 '하나님의 섭리'라고 생각했다. 함석헌이 셸리의 생애를 이해한 것처럼 한국의 역사를 이해했으면 얼마나 좋았을까? 하지만 그는 역사 이해에 예수의 생애를 대입했고 섭리 운운하게 된다. 내게 여전히 아쉬움으로 남는 부분이다.

셸리의 탈선을 두고 마크 트웨인(Mark Twain, 1870~1904)을 비롯한 많은 사람들이 비난했지만, 함석헌은 그러지 않았다. 어쩌면 셸리를 전적으로 이해한 것이라 보아야 할지도 모르겠다. 그런 점까지, 특히 간통까지 반항정신 탓이라고 했으니 말이다. 시가 좋으면 그만이지 사람까지 훌륭할 필요는 없다고, 특히 시인이나 예술가들은 원래 그런 사람들이라며 상관하지 않는 사람들도 있을 것이다. 하지만 셸리의 사랑은 가정에서의 반항, 가정이라는 제도 자체에 대한 반항이라고 볼 수도 있다.[47]

여하튼 셸리가 두 번째 결혼한 소녀 메리 셸리(Mary Shelley, 혼전 이름은

---

46 같은 책, 11쪽.

47 함석헌에게도 불륜 사건이 있었다. 그 사건으로 인해 함석헌은 1960년 3월 1일부터 44일간 최초의 단식을 했다. 그러니 이를 시국과 관련짓는 것은 무리이다.

Mary Wollstonecraft Godwin, 1797~1851)는 아나키스트 정치철학자 윌리엄 고드윈(William Godwin, 1756~1836)과 『여성의 권리 옹호A Vindication of the Rights of Woman』를 쓴 철학자이자 여권운동가인 메리 울스턴크래프트(Mary Wollstonecraft, 1759~1797) 부부의 딸이었다. 1814년에 메리는 아버지의 정치적 추종자 중 한 사람이었던 셸리와 연애하기 시작한다. 셸리는 메리와 그녀의 배다른 자매와 함께 프랑스로 떠나 유럽을 여행했는데, 그들이 영국으로 돌아왔을 때 메리는 임신을 하고 있었으나 뒤에 유산한다.

앞에서도 보았듯이 셸리는 첫 번째 부인과 사별한 뒤 1816년 말 셸리와 결혼하고 이어 아내와 함께 이탈리아로 도피했다. 그곳에서 1819년 셸리는 「서풍」을 비롯한 많은 걸작시를 썼다. 1822년 셸리가 라스페치아 근해에서 항해 중 폭풍을 만나 타고 있던 배가 침몰하여 익사한 뒤 메리는 『프랑켄슈타인Frankenstein』 등을 집필했는데 그 작품들 덕분에 지금은 남편 셸리보다 더 유명하다.

함석헌은 메리 셸리에 대해 언급한 바가 전혀 없다. 셸리에 대해서도 「서풍」이나 결혼문제 등을 언급했을 뿐 그 외의 사상을 언급한 바가 거의 없다. 따라서 그가 셸리를 어떻게 이해했는지 매우 궁금하지 않을 수 없다. 특히 당대의 정치적 폭력에 대해 노동자들이 폭력으로 맞서는 것이 정당한지에 대한 셸리의 입장은 모호했는데, 이에 대해 비폭력주의자인 함석헌이 어떻게 생각했는지가 궁금하다.

함석헌이 논의한 적은 없지만, 셸리는 본능적으로나 이론적으로나 폭력에 반대한 사람으로 알려져 있다. 그는 「권리선언」이라는 짧은 글에서 "아무리 부당한 법이라고 해도 개인적으로 저항해 공공의 평화를 방해할 권리는 없다. 그러나 그 폐지를 위해 이성을 최대한 발휘해야 한다"고 주장했다. 「아일랜드 인민에게 고함」에서 아일랜드 민중의 독립운동을 지지하면서도 폭력에는 반대했던 배경이다. 프랑스 혁명에 대해서도 마찬가지다. 그는 의도 자체는 찬양했지만 폭력화에 대해서는 비판했다. 셸리는 비폭력주의자였다. 그러나 인민에게 무한한 신뢰를 보내기보다 뛰어난 위인들에 의한 변화를 추구했다. 셸리가 소크라테스와 예수를 이상적인 존재로 본 것은 이런 맥락이 아니었을까?

「서풍」 속으로

「서풍」은 에콜로지 시인가?

시의 내용과 의미를 보다 깊이 이해하기 전, 시 전문을 다시 한 번 읽어보자.

1

오 거친 서풍, 가을의 숨결이여,

보이지 않는 네 앞에서 죽은 잎새들이

마술사에게서 달아난 유령들처럼 휘날리는구나,

누렇고, 검고, 희멀겋고, 불그레한,

염병 맞은 무리처럼 도망가는 오 너는,

나래 달린 씨앗을 어두운 지하 겨울잠자리로

몰고 가니, 무덤 속 시체처럼

저마다 싸늘하게 누워 있다가, 마침내

네 파란 봄 누이가

꿈꾸는 대지 위에 나팔을 크게 불어

(양떼처럼 달가운 새싹들을 대기 속에서 기르고)

산과 들을 생기로 가득 차게 만든다.

거센 정신이여, 너는 어디서나 움직인다.

파괴하면서 보호하는 자여, 들어라, 오 들어라!

2

무서운 하늘의 격동 속에서 흘러가는 네 힘에 의해

대지의 죽어가는 잎새처럼 하늘과 대양의 엉클어진

가지에서 떨어져 흩어진다, 느슨한 구름들이

비와 번개의 천사들이 네 가벼운 물결의

파란 표면 위에 어느 사납기 짝 없는

미내드의 머리로부터 위로 나부끼는

빛나는 머리칼처럼, 지평선의 희미한

가장자리에서 하늘 꼭대기에까지

휘몰아치는 폭풍의 머리타래가 흐트러진다.

너, 저무는 해의 만가(輓歌)여, 어둠의 이 밤

네가 모든 증기의 모든 힘으로써 이룬

둥근 지붕과 돔의 거대한 무덤이 될 것이고

짙은 대기를 뚫고 내리는 검은 비와
번개 우박이 폭발하리라. 오, 들어라!

3
너는 푸른 지중해를 흔들어
그 여름날 긴 꿈에서 깨웠구나,
수정 같은 흐름의 돌아드는 노래를 들으며,

베이만 부석 섬 가에서 자며
해묵은 궁전과 누각이 파도에
더욱 반짝이는 햇빛 속에 떨고 있음을 보았다,

아름다운 하늘색 이끼와 꽃들로 뒤덮인
그 향기, 생각만 해도 아찔하다! 네
가는 길 위해 대서양 위 펼쳐진 힘도

갈라져 이랑 되고, 바다 깊은 곳에서는
대양의 수액 없는 잎새의 질척한 나무들과
바다 꽃들이

네 목소리 알아듣고 갑자기 낯빛 변해

무서워 떨며 넋을 잃나니, 오, 들어라!

4

만일 내가 붙어가는 죽은 나무 잎새라면
너와 함께 나는 한 점의 빠른 구름이라면
그대의 힘 밑에 불리는 대로 날뛰는 물결이어서,

한 조각의 파도라면, 물론 너만큼
자유롭진 못하나, 제어할 수 없는 자,
만일 내가 내 어릴 적 시절과 같다면

하늘을 방랑하는 네 벗이 되었으련만
너의 하늘의 속력을 이겨내는 것이
결코 공상만이 아닌 그때 같기만 하면

나는 이렇듯 기도하며 겨루지 않았으리.
오, 나를 파도, 잎새, 구름처럼 일으켜다오!
나는 가시밭 인생에 쓰러진다! 피 흘린다!

시간의 중압이 사슬로 묶고 굴복시켰구나.
너처럼 멋대로고, 빠르고, 거만한 나를.

5

나를 저 숲처럼 네 풍명금(風鳴琴)으로 만들어라,
내 잎새가 숲 잎처럼 떨어진들 어떠랴!
너의 힘찬 조화의 난동이 우리에게서

슬프지만 즐거운, 깊은 가을 곡조를 얻으리,
너 거센 정신이여, 내 정신이 되어라!
네가 내가 되어라, 강렬한 자여!

내 꺼져가는 사상을 온 우주에 휘몰아라!
새 생명을 재촉하는 시든 잎새처럼!
그리고 이 시를 주문(呪文) 삼아

꺼지지 않는 화로의 재와 불꽃처럼
인류에게 내 말을 널리 퍼뜨려라!
아직 깨지 않는 대지에 내 입술로

예언의 나팔을 불어라! 오오, '바람'이여.
겨울이 오면 어찌 봄이 멀겠는가?

이 시의 제목인 '서풍'이 상징하는 바는 과연 무엇일까? 1연에서 서풍
은 '가을의 숨결'로 대지를 어두운 겨울로 몰아가는 파괴자이자 보호자
로 등장한다. 동시에 1연에서는 대지, 2연에서는 대기, 3연에서는 대양이라

는 자연 세계의 요소들을 연결하는 매개체이기도 하다. 고대 그리스의 철학자 엠페도클레스(Empedocles, 기원전 490?~430) 이래로 자연은 땅[大地], 공기[大氣], 물[大洋], 그리고 불[火]이라는 네 가지 요소로 구성되었다는 믿음이 형성되어왔다. 그런데 앞의 셋과 달리 불은 파괴자이자 혁명가인 시인을 상징하는 것으로 마지막 5연에 나타나고, 그 앞 4연에서는 시인이 '나'로 등장하여 희망을 갖다가 좌절하는 존재로 나타난다. 즉 자연의 4요소에 인간이 더해진 것이다.

따라서 이 시는 인간을 포함한 자연의 구성요소 간에 맺어지는 거대한 생태적 관계를 노래하면서 인간이 사는 사회의 변화를 보여주고 있다. 즉 대지에서 대기로, 대기에서 대양으로, 대양에서 인간으로, 인간에서 우주로 나아가는 자연의 연쇄적인 생태관계 형성을 보여주면서 그 속에 사는 인간과 사회의 변화를 노래한 것이다. 다시 말하자면 '파괴자이자 보호자'인 서풍에 의해 여러 자연 현상과 사회 현상이 '파괴와 보호'를 반복한다는 것이 이 시의 전체 구조다.

즉 1연의 대지에서는 육지 식물이 죽었다가 다시 태어나고, 2연의 대기에서는 구름이 형성되어 '검은 비와 번개 우박'을 내리며, 3연의 대양에서는 바다 식물인 해초가 살다가 죽으며, 4연에서는 시인이자 인간인 내가 희망을 갖다가 좌절한다. 여기서 중요한 점은 각각 단순한 반복에 그치지 않고 각각의 혼합 속에서 거대한 우주의 질서로 나아간다는 점이다. 따라서 파괴자이자 보호자인 서풍은 자연 생태계와 사회 인간계의 균형을 유지하는 일종의 상수이자 항존자이자 예언자이고 지도자이며 정신이고 영혼이다.

파괴자로서의 서풍은 낡은 독재나 제도나 악습을 파괴할 수 있는 혁명의 힘을 가진 존재다. 그리고 이 같은 혁명을 통해서만 정의와 선이 넘치는 이상국가가 가능하다는 것을 노래한다. 파괴자와 보존자는 별개의 것이 아니고 헤겔(Georg Wilhelm Friedrich Hegel, 1770~1831)의 정반합 이론처럼 서로 상호보완적인 것이다. 즉 서풍은 광명의 세계를 여는 혁명의 정신이며, 기존의 타락한 독재체제를 무너뜨리고 새로운 희망의 세계를 가져올 혁명가이자 시인 자신이다. 검은 비, 번개, 우박 등은 구시대의 악습이나 제도들을 소탕할 필연적인 혁명의 세력이다. 이 세상에 공존하는 선악이 충돌하듯 인민과 권력자들의 충돌은 불가피한 필연이다.

셸리의 모든 시들이 그렇듯이 「서풍」에서도 자연현상과 인간정신 사이의 유비관계는 유기적인 자연관이나 인간관과 함께 그런 관점에 따른 삶의 방식을 보여준다. 이런 유비관계는 감정이입이나 동일시를 통해 인간과 자연을 연결하고 인간을 자연의 평등한 일원으로 그 현상 속에서 상상적으로 살게 한다. 가령 1연의 '죽은 나무 잎새', '나래 달린 씨앗', '달가운 새싹들'은 각각 나무라는 한 몸의 변형들로서 실제 유기체의 일생을 나타내는데, 그것들을 각각 '마법사에게서 달아나는 유령들', '무덤 속 시체', '봄누이'와 결합하여 자연현상과 인간의 삶을 유비적으로 통합하는 것이 바로 그렇다.

먹구름의 형성 과정을 표현하는 2연에서 '무서운 하늘의 격동 속에서 흘러가는 네 힘에 의해'와 같이 눈에 보이지 않는 '바람'을 '거세게 물결치는 바다의 파도'에 빗대어 표현한 것이나, '휘몰아치는 폭풍의 머리타래' 같은 '폭풍의 의인화', 먹구름의 형성 과정을 응축된 수증기가 지붕을 이루는 '돔의 거대한 무덤'으로 시각화한 것도 1연의 경우와 마찬가지로 자연현상과 인간의 삶을 유비적으로 통합하는 것이다. 이는 모두 '급박한 대기의 변화 과정'을 형상화한 것으로 대기가 그 자체의 생명력을 지니며 역동적으로 움직이며 진행되어가는 것을 보여준다.

2연의 처음에 나오는 격렬한 미내드는 파괴적인 힘을 암시하고, 폭풍우는 새로운 세계를 여는 혁명에 비유될 수 있다. 서풍의 힘으로 모아진 수중기의 힘은 압제자와 독재자들을 파괴시킬 새로운 혁명의 정신이고, 폭풍우는 광명의 세계를 여는 혁명에 비유되고 있으며, 필연에 의해 기존 체제가 결집된 힘인 민주혁명세력에 의해 타도될 것임을 암시한다.

2연의 마지막 행에 나오는 '검은 비와 번개 우박이 폭발하리라'는 예언과 3연의 관계도 마찬가지다. 3연에서 지중해를 깨우는 것은 '너' 서풍이지만, 2연 마지막에서 '폭발하리라'는 예언과 '오 들어라'라는 시인의 명령이 결합하여 '검은 비와 번개 우박'에 대한 환상을 일으켜 독자들은 그것이 지중해에서 폭발하고 이와 함께 지중해가 깨어나는 것을 보게 된다. 이렇게 2연의 대기와 3연의 대양이 만나 섞인다. 3연에 나오는 대서양의 공평한 세력들을 갈라놓았다는 부분은 아메리카에서 일어난 미국 독립 혁명과 관련이 있는 듯하다.

3연에서 바다 속의 식물들은 서풍의 영향에 의해 육지의 식물들이 계절의 변화를 감지하듯 바다 속에서 계절의 변화를 동감한다. 셸리는 채식주의자였으므로 바다 속의 식물에도 의미를 부여한다. 셸리와 그의 동료들은 혁명이 인간의 신체와 환경의 변화와 관계있다고 보았다. 동정심, 박애주의, 생태학, 사회적 변화, 반란 등에 관심을 가졌다. 따라서 수액이 없는 해초의 잎들이 서풍을 통해서 생기 있는 해초로 재생될 가능성이 노래된다. 죽은 나뭇잎들이 새봄에 재생될 날개 달린 씨앗을 지니고 있듯이 파리한 해초의 잎들은 싱싱한 잎으로 재생될 잠재력을 지니고 있는데, 그 역할을 재촉하는 주체가 바로 서풍이다.

그런데 지금까지 자연의 변화를 노래한 1, 2, 3연과 달리 4연에서는 인간의 변화, 즉 희망과 좌절을 노래한다. 먼저 희망은 '내'가 각각 흙, 공기, 물에 대응되는 '죽은 나무 잎새', '빠른 구름', '조각 파도'가 되어 서풍의 힘을 직접 받고자 하는 것으로 나타난다. 그러나 '제어할 수 없는' 서풍보다 자신이 자유롭지 못함을 깨닫고 '어릴 적 시절'을 회고하며 기도해보지만 좌절한 나는 가시밭 인생에 쓰러져 피를 흘린다.

시인의 낙담, 절망, 고뇌들이 보이는 4연에서 과거에는 서풍처럼 길들일 수 없고, 재빠르고 자존심이 강했는데 이제는 그렇지 못함을 비통한 심정으로 한탄하며 자신이 서풍이 되게 해달라고 기원한다. 부패한 기존의 부조리를 파괴하길 바라는 것이다. 시인은 아직도 혁명의 희망을 버리지 않고 재생의 기회를 위해서 노력하고 있다.

5연에서는 시인이 스스로 서풍 자체가 되고, 자연 자체가 되기를 바라면서 다시 좌절로부터의 희망을 노래한다. 나는 시인이 되어 풍명금, 숲, 숲 잎새로 거듭나서 서풍과 함께 '슬프지만 즐거운, 깊은 가을 곡조'를 얻을 수 있게 된다. 이 변신은 1연의 '죽은 잎새', 2연의 '흩어진 구름', 3연의 '질척한 나무들과 바다꽃들'의 추락과 4연의 '나'의 좌절을 딛고 5연에서 '내 잎새'로 소생하여 자연과 인간이 통합한 결과다. 그래서 시인은 자신의 문학을 인류에게 뿌리고자 한다. 마치 1연에서 서풍이 대지에 '죽은 잎새'를 날린 것처럼.

시인은 자신의 죽은 사상을 다시 일깨워 꺼지지 않는 화로의 불꽃처럼 혁명사상이 깃든 자신의 시를 온 인류에게 전파해달라고 서풍에게 기도한다. 혁명의 비전을 가진 선구자들의 의식적인 노력이 경주되어야만 겨울을 지나 봄으로 가듯 비로소 암흑에서 광명으로 바뀔 수 있다는 것이다. 여기서 셸리는 그가 심취한 플라톤(Platon, B.C.428~?B.C.347)의 철인정치론과 같은 엘리트주의적인 요소를 보여준다.

시인이 인류 문명에 회의적인 철학을 지닌 것은 부인하기 어렵지만 「서풍」의 마지막 구절은 겨울이 오면 이내 봄이 오리라는 희망이 담긴 부분이다. 시인은 독재와 복종을 증오했고, 인간이 인간의 위대한 능력을 활용하기 위해서 자유롭게 되기를 바랐다. 당시의 세계는 어둡고, 잔인하고 위선적이며, 지나치게 물질적이었다. 그런 시대야말로 이 시의 겨울과 같은 이미지로 볼 수 있지 않을까? 겨울 뒤에 찾아올 새로운 질서인 봄이 임박하였음을 예언하는 이 구절은 곧 인간이 자유롭게 되고 사랑과 행복 속에서 살아갈 수 있음을 예언하는 데 다름 아니다.

시인의 말이 '재와 불꽃'인 것은 서풍이 '파괴자이자 보호자'인 것에 대응된다. 재는 불꽃을 보호하고 불꽃은 다시 재로 변한다. 따라서 그 둘은 동시적인 존재다. 서풍이 지중해를 깨우듯이 시인은 '아직 깨지 않은 대지'를 깨우려고 한다. 그것은 2연의 '검은 비와 번개, 우박'으로 표현된 정치적 어둠을 깨우려는 혁명의 소리일 수 있다. 그리고 "겨울이 오면 어찌 봄이 멀겠는가?"라는 마지막 구절은 겨울에서 봄으로 변하는 계절의 당연한 자연적 변화를 노래하는 것에 불과한 것이 아니라, 정치적 변화를 기원한 것이라고 볼 수 있겠다. 「서풍」이라는 시 전체는 이처럼 자연과 사회의 변화를 노래하고 있다. 이 시는 위대한 자연과 사회의 변화를 감지하고, 그 감동을 노래하는 시인의 울음이다.

나도 서풍이 그립다

함석헌의 시에는 서풍이 자주 등장한다. 함석헌이 1942년 감옥에 들어가며 쓴 시라고 김삼웅이 말한 「다시 감옥에 들어가서」에서는 신에게 기도한 뒤 다음과 같이 노래했다.[48]

바람아 네가 불면 언제나 불 것이냐
울부는 가지 끝에 만가(輓歌) 높았더라
겨울이 왔다면이야 봄을 멀다 할거냐

삭풍아 불어불어 마음껏 들부숴라
떨어진 내 잎새로 네 무덤 쌓아놓고
봄 오면 우는 꽃으로 그 무덤을 꾸미마

1945년에 쓴 「서풍」에서는 "서풍아 불어들 불어 내 시름을 헤치라," "시들어 마른 잎새 네 숨에 살았고나/……서풍아 내 시든 가슴 네가 불어 살려라," "서풍에 몰린 낙엽 쫓기다 갈 곳 없어/……낙엽아 네 눌진마라 너를 부러하노라"[49] 하고 노래했다. 이어 1946년에 쓴 「들국」에서는 다음과 같이 노래한다.

서풍의 새찬 입김 뜬구름 몰아내니

48 김삼웅, 앞의 책, 100쪽.
49 함석헌, 『수평선 너머』, 함석헌저작집 23권, 한길사, 2009, 511쪽.

머리 위 푸른 하늘 제 빛에 높았구나
영원을 찾아갈 눈에 가리움도 없어라[50]

서풍의 모진 나래 골짜기 휘둘러서
몰리는 패전병들 추초(秋草)에 숨는 저녁
들국아 폐의파립(敝衣破笠)에 너는 홀로 왜 서나

생명의 저 빛 좋다 날뛰던 뭇 아이들
서풍 한 꾸짖음에 다 놓고 도망컨만
들국화 나는 그 빛을 참아 못 놔 머물러[51]

칼날을 품은 서풍 네 얼굴 깎는단들
깊으나 푸른 속을 깎을 줄 있을소냐
들국아 부는 바람에 향기 천하 날리라[52]

또 「초막의 낙엽」에서는 다음과 같이 노래했다.

바람 분다
서풍 분다

50 같은 책, 237쪽.
51 같은 책, 238쪽.
52 같은 책, 239쪽.

지는 해의 한숨,
유언, 예언[53]

    이처럼 서풍을 자주 노래한 함석헌은 셸리의 「서풍」에 대한 해설은 아니었지만, 《여성동아》 1975년 3월호에 쓴 「봄 그리는 마음」에서 "사람은 계절의 아들", 계절은 "생명의 발걸음"이자 "숨"이고, "계절은 바뀌어 돌아가"고, "그래서 변하는 가운데 변하지 않음이 있고 변하지 않는 가운데 변함이 있"어서 "거기서 생명이 나왔고 진화가 일어났고 사람이 생겼고 정신이 일어났다"고 했다. "생명의 현상처럼 바퀴를 돌지 않는 것 없다"고도 했다.[54] 「서풍」을 이렇게 이해한다면 「서풍」은 생태적 조화와 사회개혁을 노래한 위대한 시가 된다. 그 시를 함석헌이 사랑한 것을 보면 그 역시 위대한 생태주의자이자 혁명가라고 할 수 있다. 셸리, 간디, 함석헌은 살았던 시대와 나라는 달랐지만 세 사람 모두 위대한 생태주의자이자 혁명가였다. 인류의 스승이자 미래의 예언자였다. 시원한 바람, 서풍이 너무도 그리운 시절이다.

---

53 같은 책, 265쪽.
54 함석헌, 「봄 그리는 마음」, 『하나님의 발길에 채여서』, 앞의 책, 135쪽.

2장 함석헌의 삶, 간디의 삶[1]

---

1 2장의 목적은 두 사람의 삶을 완벽하게 비교하는 데 있지 않다. 이 글은 2장 이하의 글을 이해하기 위한 최소한의 안내로서 두 사람의 삶을 스케치하는 정도로 쓴 것이다. 특히 간디의 삶은 지극히 간단히 요약한다.

다시 천고(千古)의 뒤에
백마 타고 오는 초인이 있어
이 광야에서 목놓아 부르게 하리라
_이육사의 「광야」

간디의 삶

간디(Mohandas Karamchand Gandhi, 1869~1948)는 20세기 인도의 위대한 민족지도자이자 비폭력주의자였다. 이 점에서 그는 함석헌과 일치한다. 간디의 아버지는 서벵골 구자라트 주의 작은 토후국(土侯國)[2] 포르반다르의 데완(dewan)이었다. 상민 출신인 함석헌보다 좋은 집안에서 태어났다고 할지 모르지만, 그 토후국이란 게 우리의 군 단위 정도 크기였고, 흔히 총리로 번역되는 데완이라는 자리도 군서기 정도에 불과했으니 출신 면에서는 두 사람이 크게 다를 바 없다.

간디는 변호사가 되려고 영국으로 유학을 떠나 공부했고, 함석헌은 교사가 되고자 일본에 유학했다. 이 점 또한 비슷하다. 그러나 간디가 영국에서 채식주의가 된 반면 함석헌은 동경에서 무교회주의자가 된 점이 달랐

---

2 1858년 이후 인도는 전국의 3분의 1에 이르는 565개의 토후국과, 나머지 3분의 2를 차지하는 델리의 부왕이 통치하는 영국령 인도로 나누어졌다. 그러나 그 토후국이란 군사력은 물론 어떤 정치적 권력을 갖지 못해 나라라고 하기 힘든 영국의 앞잡이인 허수아비에 불과했고, 영국 정부의 대리인이나 주재관의 감시를 받았다. 토후국은 델리와는 독립된 존재로 인도 정부의 법에 구속되지 않고 영국에 충성했다. 영국은 그런 봉건국가들의 망을 이용해 인도를 효과적으로 분할 통치했다. 토후국은 그 크기가 각양각색이었는데 카티아와르 지방에는 특히 작은 토후국들이 밀집해 있었다.

다. 그리고 유학 후 간디가 남아프리카에서 변호사로 살아간 것과 함석헌이 한국에서 교사로 살았던 점도 다르다.

간디가 열차 1등 칸에서 쫓겨나는 모욕을 당한 뒤 불의에 맞서 정치운동을 하게 되는 경험 같은 것이 함석헌의 경우엔 뚜렷하게 나타나지 않는다. 대신 그는 한국사를 새롭게 쓰는 것으로 30대를 보냈다. 1899년 보어전쟁이 발발하자 간디는 1,100명의 지원자를 모아 간호부대를 만들어 참전했는데, 함석헌에게는 이런 일이 없었다. 7년 이상을 끌었던 간디의 사티아그라하(satyāgraha), 즉 진실관철투쟁도 함석헌에게는 없다.

간디가 남아프리카에서 지낼 때 퀘이커교도들은 그를 기독교도로 개종시키려고 노력했지만 간디는 이를 거부했다.[3] 하지만 그는 톨스토이(Lev Nikolaevich Tolstoi, 1828~1910)의 기독교 사상에 깊이 빠졌고, 코란의 번역본을 비롯하여 힌두 경전과 철학서 등 여러 종교를 비교·연구한 결과 모든 종교는 진실하지만 불완전하다는 결론에 이르기도 한다. 함석헌의 무교회주의는 톨스토이의 영향을 받은 일본인들이 시작한 것이었는데, 그는 이후 무교회주의를 극복하고 간디와 유사한 결론에 이른다.

1915년부터 1948년에 죽기까지 간디는 인도에서 치열한 비폭력 민족해방투쟁을 전개했다. 함석헌도 1958년부터 1989년 죽기까지 치열한 비폭력 민주투쟁을 전개했다. 물론 두 사람이 살았던 시대와 나라가 다르기 때문

---

3 간디는 현대의 예수라고 한다. 기독교도인 함석헌은 그렇게까지 말하지는 않았으나 롤랑과 유영모가 그렇게 말했다고 했다(함석헌, 「진실하라, 온유하라, 두려워 말라」, 『평화운동을 일으키자』, 함석헌저작집 12권, 한길사, 2009, 112~113쪽). 함석헌은 간디를 기독교도로 만들지 못한 기독교인을 꾸짖기는 했어도 간디를 예수처럼 섬기지는 않았고 어디까지나 같은 인간 취급을 했다. 그러나 예수의 가르침을 정치에 적용한 사람이 간디라는 것을 함석헌을 비롯한 어떤 기독교인도 부정할 수는 없을 것이다.

에 그것을 비교하기란 쉽지 않다.

간디에 대한 비판은 영국인은 물론 인도인 가운데에서도 정파와 계층, 종교에 따라 다양하게 제기되었다. 그가 너무 급진적이라는 비판도 있었지만, 반대로 영국의 축출과 국내 기득권층의 제거 또는 카스트의 철폐 등과 같은 사회개혁에 소극적이었고 이슬람교에 편견을 가졌다는 비판도 있었다. 그러나 온건 정치인과 급진주의자, 테러리스트와 의회정치주의자, 도시의 지식인과 농촌의 대중들, 힌두교의 카스트와 불가촉천민, 힌두교도와 이슬람교도, 그리고 인도인과 영국인 사이의 갈등을 조정하고 화해시켰던 간디의 위대한 역할은 높이 평가되어 왔다.

간디에게는 정치 이상으로 종교가 중요했다. 그의 종교는 형식주의나 교리, 의식, 또는 종파주의와 무관했다. 그 점에서는 함석헌도 마찬가지였다. 서구의 물질주의와 식민주의에 대한 비판, 산업화와 도시화에 대한 유보, 근대국가에 대한 불신, 폭력에 대한 간디의 전면 거부는 1909년 남아프리카 공화국에서 발간한 『인도의 자치*Hind Swaraj*』에 잘 나타나 있다.

런던의 간디에게
영향을 준 사람들

간디의 사상은

어떻게 형성되었나

지금까지 간디에 대한 이야기는 인도를 배경으로 엮어져왔다. 주로 인도 독립의 아버지나 인도 사상의 거인으로 다루어진 것이다. 그런 범주를 떠난 경우 마틴 루서 킹(Martin Luther King Jr., 1929~1968)을 비롯한 비폭력 운동의 선구자로 여겨져 왔을 뿐, 19세기 영국을 비롯한 당시 세계와는 무관하게 생각되었다. 그래서 언제나 셸리의 시를 외던 '한국의 간디' 함석헌조차 셸리와 간디의 관계를 말한 적이 없다.[4] 그러나 간디는 19세기 영국을 비롯한 세계의 여러 지성과 그들을 중심으로 한 사회운동을 통해 그 사상을 형성했다. 이는 19세기 영국은 물론 인도에서도 당연하게 생각된 것이지만 당시나 지금의 한국에서는 반드시 당연한 것이라고 생각될 수 없다.

1888년 9월 4일, 간디가 인도를 떠나 영국으로 가기 전까지 그는 세계

---

4 자유사상가, 사회주의자, 성자유주의자, 자유음식주의자 등 여러 면모를 갖는 셸리를 중심으로 한 영미의 반체제사상사는 매우 흥미롭지만 우리나라에서 제대로 소개되지 못했다.

지성은커녕 인도 지성과도 거의 교류가 없었다. 직접적인 교류커녕 독서를 통한 간접적 교류도 거의 이루어지지 않았다. 19세에 영국으로 가기 전, 그는 영어책은 물론 인도에서 나온 책도 거의 읽지 못한 듯하다. 우리나라 학생들처럼 대학에 들어가기 전까지는 교과서 외에 읽은 책이 없었는지도 모른다. 『자서전』에서 그가 당시 읽었다고 한 책은 『바가바드기타』와 『마누법전』 정도였다.

1888년 9월 29일, 영국에 도착했을 때 그가 느낀 최초의 감정은 부끄러움이었다. 배에서 내릴 때 입으려고 인도에서 준비한 흰 양복을 입었는데 9월의 영국에서 흰 하복을 입는 사람은 자기밖에 없어서 부끄러웠다는 것이다.[5] 지금도 그 비슷한 경험을 하는 사람이 있겠지만, 꼭 그런 일이 아니라도 외국에서 부끄러움을 느끼는 경우는 자주 있을 수 있다. 그래서 그는 인도에서 준비한 옷을 버리고 영국에서 새로운 양복을 사서 입었는데, 이 상징적인 사건은 간디의 사상사에서도 대단히 상징적인 것이다. 인도의 간디가 세계의 간디로 변하는 순간이었기 때문이다.

간디가 영국에 도착하기 몇 달 전인 1887년 11월 13일, 런던에서 '피의 일요일(Bloody Sunday)'이라는 사건이 터졌다. 사람들이 트라팔가 광장에서 행진하고자 한 것을 수백 명의 경찰이 막은 탓에 벌어진 사건이었다. 간디는 『자서전』에서 이 사건에 대해 전혀 언급하지 않아 그것을 알고 있었는지 아니면 몰랐는지 우리로서는 알 수 없지만, 그런 사건이 터진 뒤 곧 간디가 런던에 도착했다는 것은 그의 런던생활은 물론 그 뒤 그의 생애와도 결코 무관하지 않았을 것이다.

---

5 간디, 『자서전』, 앞의 책, 96쪽.

'피의 일요일' 당시 사람들은 런던 여러 곳에 모였다. 행진 전에 윌리엄 모리스(William Morris, 1834~1896)[6], 조지 버나드 쇼(George Bernard Shaw, 1856~1950)[7], 애니 베전트(Annie Beasnt, 1847~1933) 등이 런던 중심가의 크러컨웰 그린에서 연설을 했다. 이어 쇼와 베전트는 함께 행진했고, 에드워드 카펜터(Edward Carpenter, 1844~1929)와 헨리 솔트(Henry Salt, 1851~1939)도 사람들과 함께 따라갔다. 그날의 영웅인 노동운동가 존 번스(John Burns, 1958~1943)와 작가 커닝햄 그래함(Robert Bontine Cunninghame Graham, 1852~1936)은 마르크스주의자인 헨리 하인드먼(Henry Hyndman, 1842~1921)과 함께 감옥에 갇혔다.

그 사건의 영향력은 컸다. 윌리엄 모리스는 그것이 혁명의 시작일 수 있다고 생각했을 정도다. 베전트는 그 뒤 '사회주의자 방어 협회(Socialist Defence Association)'를 만들었고, 1888년에는 성냥공장 여성들의 파업을 이끌었다. 이어 1889년 번스가 부두 파업을 지휘했다. 그러나 간디는 『자서전』에서 그런 사건들에 대해 일언반구도 하지 않았다. 베전트에 대해서만 신지학회와 관련되어 잠깐 언급했을 뿐이다. '피의 일요일'과 관련된 사람들 중에서 간디가 이 책의 본문이나 부록에서 언급하는 사람은 카펜터뿐이다.

---

6 영국의 공예가, 시인, 사회주의자로 『에코토피아 뉴스News from Nowhere』를 썼다. 간디는 모리스에 대해 특별히 주목하지는 않았다.
7 영국의 극작가이자 페이비언협회의 창설자 중 한 사람. 간디가 그를 언제 어떻게 알았는지 알 수 없으나 1923년 6월 16일 쇼의 『인간과 초인Man and Supermen』을 읽었다는 일기 기록이 남아 있다.

영국의 소로
헨리 솔트

『자서전』 런던 부분에서 간디가 가장 큰 관심을 보인 것은 인도에 오기 전 어머니와 약속한 채식 문제였다. 그가 채식식당[8]을 우연히 발견하고 그곳의 문을 연 순간, 그는 처음으로 새로운 사상과 만나게 되었다. 당시 영국에서 채식은 단순히 식사 방법의 문제가 아니었다. 빅토리아 영국을 거부하는 하나의 이상주의 사상이었던 채식주의자들의 모임은 간디가 런던에 도착한 이듬해 열렸고, 그 기관지인 《채식주의자*Vegetarian*》라는 잡지는 1888년 1월부터 나오기 시작했으니 간디가 영국에 오기 9개월 전이었다.

영국에서 간디가 처음 읽은 책 중의 하나는 솔트의 『채식주의를 위한 변명*A Plea for Vegetarianism*』이었다. 그 책을 읽고서야 그는 비로소 자발적인 채식주의자가 되었다.[9] 간디는 솔트를 비롯한 채식주의자들을 만났고, 그 자신 채식주의자 협회의 집행위원으로 최초의 사회활동을 시작했다. 간디는 1931년 영국을 방문했을 때 솔트를 찾아갔다.

솔트의 책은 소로(Henry David Thoreau, 1817~1862)의 인용으로 시작되었으니 그때 간디도 소로를 알게 되었을 것이다. 솔트가 쓴 소로 평전은 일찍이 우리말로도 번역되었다. 솔트에 대해 간디는 채식주의자로만 언급하지만, 솔트는 당대 영국에서 쇼를 비롯한 많은 문인들과도 친구로 지낸 사람이다. 솔트와 쇼는 셸리주의자이자 인도주의자라는 점이 같았다. 당시 셸리는 이상주의의 상징이었다. 솔트도 테니슨(Alfred Tennyson, 1809~1892)

---

8 당시 런던에는 약 10개의 채식주의자 식당이 있었다.

9 간디, 『자서전』, 앞의 책, 101쪽.

을 좋아하다가 셸리를 좋아하는 쪽으로 바뀌어 최초의 저서를 셸리에 대해 썼을 정도다. 그는 '인도주의자 협회(Humanitarian League)'를 만들었고, 〈인도주의자 리뷰*Humanitarian Review*〉를 발간해 잔인한 스포츠, 체형, 사형, 공해를 비난했다. 솔트는 카펜터와도 친했고 카펜터의 『문명: 그 원인과 치료*Civilization: Its Cause and Cure*』를 편집하기도 했다. 또한 영국 최초의 아나키스트인 윌리엄 고드윈의 『정치적 정의*Political Justice*』도 편집했다.

솔트의 아버지는 인도군의 공무원이었으나 어머니와 사이가 좋지 못했고, 솔트는 어머니 밑에서 아버지를 적대하며 자랐다. 이러한 가부장주의에 대한 반감은 쇼를 비롯하여 당대 반항인들의 공통된 특성이었다. 솔트는 이튼 출신으로 그곳의 교사를 지내며 하인드먼과 같은 사회주의 논설을 썼다. 같은 교사였던 짐 조인스(Jim Joynes)가 마르크스의 『자본*Das Kapital*』을 번역하고, 헨리 조지를 지원했다는 이유로 아일랜드에서 체포되면서 해고되자 솔트도 사임했다. 당시 이튼 교장은 솔트가 사회주의자라는 점과 함께 채식주의자라는 점을 싫어했다. 솔트는 조인스의 누이인 케이트 조인스(Kate Joynes)와 결혼했다. 솔트는 어머니에 대한 태도와 마찬가지로 아내에게도 완전히 종속되었다.

그는 동물권리보호주의자이자 사회주의자이기도 했고, 에콜로지스트이자 아나키스트였다. 쇼는 솔트를 타고난 혁명가라고 불렀으나 솔트 자신은 야생화를 찾는 것이 직업이라고 할 정도로 소로를 좋아하여 '영국의 소로'로 불리기도 했다. 간디는 그런 솔트의 여러 측면에 대해 언급한 바 없지만 그 모든 측면의 영향을 받았다고 볼 수 있다.

동양문화에 심취한 시인
에드윈 아널드

에드윈 아널드(Edwin Arnold, 1832~1904)는 간디가 간사로 일한 채식주의
자 단체의 부회장으로 서로 만난 뒤 『바가바드기타』의 번역자이자 붓다의
전기를 시로 쓴 『아시아의 빛The Light of Asia』의 저자로도 만났다. 그는 영
국에서 교사로 일하다가 1856년부터 1861년까지 인도에 가서 교육에 종사
한 뒤 '진보지'인 〈데일리 텔레그라프Daily Telegraph〉의 편집인으로 40년 이
상 일했다. 여기서 '진보지'라고 함은 'liberal'의 번역어로서 당시 보수당이
아니라 휘그당을 지원했다는 것이지만 그것이 제국주의적이었음은 보수당
과 마찬가지였다. 특히 그 신문은 헨리 스탠리(Henry Stanley, 1841~1904)의
3년에 걸친 아프리카 탐험을 재정적으로 지원한 것으로 유명했는데, 그 선
두에 선 자가 바로 아널드였다. 그는 1877년 빅토리아 여왕이 인도를 직접
지배하기 시작할 때 적극적으로 지지했다.

그런 사실을 간디가 알았는지 몰랐는지 알 수 없지만 영국에 유학했을
당시만 해도 간디는 아널드를 매우 좋아했다. 아널드가 1879년에 쓴 『아시
아의 빛』은 힌두어를 비롯한 여러 나라 말로 번역되었으나 간디는 1889년
말에야 영국에서 영어판을 읽었다.[10] 간디는 아널드가 1885년에 『바가바드
기타』를 번역한 『천상의 노래The Song Celestial』를 먼저 읽었는데 그것이 그가
처음으로 읽은 인도 고전이다. 아널드는 1890년대에는 『코란』을 번역하기
도 했다. 아널드는 저명한 계관시인이었던 테니슨의 사후 계관시인의 후보
로 떠올랐지만 동양문화에 심취했다는 이유로 선정되지 못했다고 간디는

---

10 같은 책, 123쪽.

〈인디언 오피니언*Indian Opinion*〉 지에 보도했다.

아널드의 『아시아의 빛』은 종교학이나 시학 어느 쪽에서도 높은 평가를 받지 못했지만, 간디와 같은 인도인들에 의해 인도 문화를 영어로 소개했다는 측면에서 높은 평가를 받았고, 영국에서도 종교적 진보주의를 진작시켰다는 평가를 받아왔다. 아널드 자신 그의 친구이자 영국 자유기독교 수장인 윌리엄 체닝(William H. Channing, 1810~1884)의 딸과 결혼했다.

여성 지도자
애니 베전트

간디에게 아널드의 『천상의 노래』를 권한 사람들은 신지학회(神智學會)의 회원들이었다. 그들은 간디를 헬레나 블라바츠키(Helena Petrovna Blavatsky, 1831~1891)와 애니 베전트에게 소개했고, 간디는 블라바츠키의 『신지학의 열쇠*Key to Theosophy*』와 베전트의 『나는 어떻게 신지학회 회원이 되었나?』를 읽었다.[11] 신지학(神智學, theosophy)이란 신을 직접 체험할 수 있다고 하는 신비주의에 근거하는 종교철학으로서, 1875년 블라바츠키가 창설한 신지학회의 교리가 되었다. 베전트 등이 그 뒤를 이었다.

베전트는 1847년 런던에서 태어나 1873년 성공회 신부와 이혼한 뒤 여성해방 운동에 참여했다. 무신론자 사회개혁가인 찰스 브래들로(Charles Bradllaugh, 1833~1891)와 함께 맬서스(Thomas Robert Malthus, 1766~1834)의 『인구론*An Essay on the Principle of Population*』을 선전하여 신맬서스주의자로

---

11 같은 책, 125쪽.

유명해졌고, 산아제한을 주장하기도 했다. 1880년대 말부터 조지 버나드 쇼의 영향을 받아 페이비언 사회주의자가 되었으나 1889년 블라바츠키의 영향으로 신지학회로 개종했다. 이어 1893년 인도로 가서 1907년부터 국제 신지학회 종신 회장으로 있으면서 바라나시에 중앙힌두대학을 세웠고, 1911년 인도 청년 크리슈나무르티를 '미래의 세계 스승을 낳는 매개자'로 선포했다. 이어 1차대전 직전부터 인도 독립운동에 투신했고, 1916년 인도 자치연맹(Home Rule League)을 창설했다. 베전트는 1914년 인도에 영구 귀국한 간디보다 먼저 인도 독립운동에 투신했으나, 간디 등과 정치적 의견이 대립되어 정치에서는 물러났다.

간디는 위의 두 여성 지도자에게 관심을 기울였고, 특히 신지학회가 힌두교를 재흥시키려는 점에 흥미를 가졌다. 또한 블라바츠키가 지은 『신지학의 열쇠』를 읽고 힌두교에 흥미를 가졌으며, '힌두교가 미신으로 가득 차 있다'는 선교사들의 잘못된 관념으로부터 벗어나게 해주었다. 그러나 간디는 신지학회의 신비주의와는 거리를 두었는데 이는 당시 그를 신지학회에 가입시키려고 한 사람들에게 자신이 어떤 종교 단체에도 소속되기를 원하지 않는다고 했듯이, 간디가 평생 지켜온 신념에 따른 바였다. 그는 힌두교도였으나, 힌두교의 어떤 교단에도 속하지 않았고, 어떤 사원에도 속하지 않았다. 평생 집이나 들에서나 사원에서나 기도를 하고 『바가바드기타』 등을 읽었을 뿐이다.

종교 단체
'윤리적 종교'

간디가 최초로 쓴 소책자의 제목은 『윤리적 종교*Ethical Religion*』였다. 같은 이름의 종교 단체가 간디가 런던에 있을 때 그곳에 있었다. 당시 간디가 그 단체의 지도자들과 알고 지냈는지는 알 수 없지만, 그 뒤 간디가 영국을 방문했을 때에는 그 단체의 집회에 참석한 것이 분명하고, 남아프리카에서 그가 친하게 지낸 폴락 부부(Henry and Millie Polak)는 그들이 영국을 떠나기 전부터 그곳 회원이었다. 그러나 간디가 『윤리적 종교』를 편역할 때는 폴락 부부를 알기 전이었다고 추정된다.

그 단체는 1876년 유대인인 펠릭스 아들러(Felix Adler, 1851~1933)가 뉴욕에 세운 것으로, 윤리적 교의가 도그마로 세워져서는 안 되고, 사회문제에서는 톨스토이주의처럼 더욱 적극적이고 행동적이어야 한다고 주장했다. 그리고 성적 순결, 지적 발전, 노동자에 대한 잉여수입 지급 등을 주장했다. '윤리적 종교'를 런던에 포교한 사람은 코이트(Stanton Coit, 1857~1944)로 간디의 『윤리적 종교』에는 그가 "정의야말로 신"이라고 한 말이 인용되어 있는데[12] 이는 간디가 "진실이야말로 신"이라고 한 말을 연상시킨다. 간디와 폴락은 코이트를 알고 있었다. 간디가 영국에 있을 때인 1888년부터 1891년 사이에 코이트는 사우스 플레이스 교회에서 목사를 지냈지만 간디가 그 교회에서 그를 만났다는 기록은 없다. 그의 신도 중에는 1900년에 『제국주의*Imperialism*』를 쓴 J. A. 홉슨(John Atkinson Hobson, 1858~1940)이 있었고 그는 그 후 약 40년간 그곳에서 설교하여 그 교회가 반제국주의

---

12   Mahatma Gandhi, 『*The Selected Works of Mahatma Gandhi*』, vol. 4, The Basic Works, Navajivan, 1968, p. 23.

운동의 중심이 되었다. 그들의 생각은 폴락을 통해 남아프리카의 간디에게까지 전해졌다.

코이트는 페이비안주의자이자 페미니스트였다. 그는 『천국은 네 안에 있다*Tsarstvo Bozhiye vnutri vas*』를 포함한 톨스토이와 러스킨(John Ruskin, 1819~1900)의 여러 저술, 힌두교와 불교, 조지 엘리엇과 워즈워스, 셸리와 카펜터, 에머슨으로부터 발췌한 책을 발간했으나 마르크스는 무시했다.

코이트에 앞서 사우스 플레이스 교회에서 설교한 목사는 콘웨이(Moncure Conway, 1832~1907)로서 인도 종교에 관심이 깊은 사람이었다. 그는 신도인 애니 베전트에게 무신론자이자 종교적 자유를 주장한 찰스 브래들로를 소개했다. 콘웨이는 간디가 영국에 있을 때 죽었으므로 간디는 그의 장례식에 참석하기도 했다.[13]

'윤리적 종교'에 속한 사람들은 교회나 신학에서 비롯된 모든 것과 단절되어 학교에서 윤리적 가치를 가르치는 일에 흥미를 가졌다. 사우스 플레이스 교회를 대표한 F. J. 굴드(Frederick James Gould, 1855~1938)는 그런 생각을 가르치기 위해 인도로 갔다. 그는 페인(Tomas Paine, 1737~1809), 하인드먼, 콩트(Auguste Comte, 1798~1857)의 평전을 썼는데, 굴드의 책을 비롯하여 많은 '윤리적 종교'인들의 행동은 간디의 〈인디언 오피니언〉과 간디의 수많은 편지에 자주 등장한다. 특히 간디는 '윤리적 종교'의 사무장인 윈터버텀(Florence Winterbottom)과 오랫동안 편지를 교환했다.

---

13 간디, 『자서전』, 앞의 책, 127쪽.

시 짓는 사회사상가
카펜터

간디가 『인도의 자치』 부록 추천서에서 톨스토이 다음으로 언급하는 사람은 세라드(Sherard)이지만 그에 대해 알려진 바는 거의 없다. 더 중요한 사람은 그 다음의 카펜터인데, 특히 그의 책 『문명: 그 원인과 대책』은 매우 중요하게 다뤄진다. 영국의 시인이자 사회사상가인 카펜터는 톨스토이보다 16세 어렸다. 20세에 케임브리지를 졸업하고 그곳의 연구원을 지낸 뒤 26세에 그곳 교회의 부목사가 되었다. 그러나 그는 언제나 셸리, 워즈워스, 휘트먼과 같은 시인과 신학자들의 영향을 받았고, 1873년 이탈리아 여행 후에는 그리스 조각에 심취했다. 1874년 교회를 떠나 대학의 성인교육에 종사한 뒤 1883년 셰필드 부근의 시골에 땅을 사서 노동자 가족과 함께 살면서 야채와 과일을 키우며 채식주의자로 지냈다.

1888년에 그가 쓴 『문명: 그 원인과 대책』은 톨스토이와 간디 모두에게 영향을 미쳤다. 바로 그해 간디는 런던에 도착했지만 그 책을 읽었는지 안 읽었는지는 알 수 없다. 설령 읽지 않았다고 해도 솔트가 낸 《채식주의자》 잡지의 가을 호에서 솔트가 그 책을 평했기 때문에 그 내용을 알고 있었을 것이다. 당시 서양문명에 심취했던 간디는 그 책을 읽었다고 해도 쉽게 동의하지 않았을 것이다. 하지만, 간디가 1908년 『천국은 네 안에 있다』를 쓰기 훨씬 전에 그 책을 읽었을 것임은 틀림없다.

카펜터의 책은 톨스토이가 1893년에 쓴 『천국은 네 안에 있다』보다 5년 전에 나왔고, 톨스토이보다 훨씬 이교적인 책이었으나, 두 사람은 서로 존경하고 서로의 생각을 잘 알고 있었다. 채식주의자라는 점에서 두 사람은 같았고, 그 점은 간디도 마찬가지였다. 현대 의학에 대한 톨스토이와 간디의 비판은 카펜터의 이 책에서 비롯되었다. 카펜터는 고대 그리스나 아메리카 인디언, 그리고 아프리카인들을 예로 들어 건강이란 전체적이고 신성한 것이며, 단순한 질병의 결여가 아니라 더욱 적극적 존재인데, 의학은 질병을 물신화하고 그 주위에서 춤을 춘다고 비판했다. 물론 카펜터의 영향은 의학 이상으로 문명 전반에 걸친 것이었다. 카펜터는 윌리엄 모리스와 친했고 1883년에는 헨리 하인드먼의 사회민주연맹에 참가했으며 신생 활우애회의 창설 멤버이기도 했다.

간디의 스승 톨스토이

톨스토이의
단순한 삶

영국에서 인도로 돌아왔다가 다시 남아프리카에 가서 변호사 활동을 하면서도 간디는 채식주의협회와 신지학회와 계속 관련되었다. 1894년 11월, 〈나탈 머큐리*Natal Mercury*〉지에 보낸 편지에 그가 서양문명을 비판하는 내용이 나오는 것을 보면 그는 채식주의 등에 공명했음을 알 수 있다. 특히 그해 간디는 영국의 친구가 보내준 톨스토이의 『천국이 네 안에 있다』를 읽고서 『인도의 자치』의 기초를 형성했다. 처음 읽었을 때에는 종교적 영향을 가장 많이 받았지만, 1906년 다시 읽었을 때에는 정치적인 면에서 영향을 받았다.

이 책의 부록에서 간디는 톨스토이의 책 여섯 권을 추천서 20권 가운데 선두에 둠으로써 간디에게 가장 큰 영향을 미친 사람이 톨스토이임을 드러냈다. 최근 한국에서나 세계적으로나 톨스토이를 도스토옙스키보다 낮게 평가하는 경향이 있지만, 이는 심각한 것을 좋아하는 문학인들 탓이 아닐까 한다. 적어도 나에게는 인간 내지 지식인으로서 반(反)유대주의자이자 러시아 정교주의자이며 국수주의자인 도스토옙스키보다는 세계시민주의자이자 반(反)제도종교주의자이며 비폭력주의자인 톨스토이가 훨씬 훌륭한 사람이다. 간디의 경우도 마찬가지다.

문학인들 중에는 그런 두 사람의 태도를 문제 삼는 사람들이 거의 없다. 다만 각자의 작품에 대해서만 논의할 뿐인데, 나는 삶의 태도와 작품에 대한 이해가 별개일 수 있다고 생각하지 않는다. 특히 톨스토이의 태도가 더욱 강화되어 나타나는 만년의 작품들—가령 『부활』이나 『예술이란 무엇인가』 등—이 지닌 가치를 폄하하거나 아예 인정하지 않는 경향이 있는가 하면, 톨스토이의 문학적 가치를 그 이전의 작품—특히 대표적인 『전쟁과 평화』(1869)와 『안나 카레니나』(1877)—에만 한정하는 경향도 있는데 그런 구분이 가능한 것인지 나에게는 여전히 의문이다.

여하튼 간디가 선택한 20권 중 첫째 책인 『천국이 네 안에 있다』는 톨스토이의 책들이 대부분 번역되고 있는 상황에서 거의 유일하게 우리말로 번역되어 있지 않은 책이다. 따라서 그 내용을 독자들에게 설명하기엔 문제가 좀 있다. 간디는 1894년 남아프리카에서 그 책을 읽었는데, 책이 출판된 시점이 1893년이므로 출간된 지 1년 만에 읽은 셈이다. 그 책의 부제는 '신비적 교의로서가 아니라 삶의 새로운 개념으로서의 기독교'이다. 러시아에서는 출판이 금지되었기 때문에 영어로 출판했던 그의 첫 책이었다.

이 책은 간디가 읽은 톨스토이의 첫 책이었다. 간디는 1888년부터 1891년까지 영국에 유학하는 동안 채식주의자 모임에서 톨스토이 이름을 들었으나, 그의 책을 직접 읽은 것은 25세 이후 남아프리카에 온 뒤였다. 그리고 나서 1908년, 간디는 톨스토이에게 첫 번째 편지를 쓴다. 그때 톨스토이는 80세였다. 1909년과 1910년에도 두 사람은 편지와 서류를 교환했다.

1910년 간디는 톨스토이 농장을 세웠고, 그해 톨스토이는 죽었다. 간디가 톨스토이 농장을 세운 것은 그만의 독창적인 것이 아니라 당대의 유행에 따른 것이었다. 즉 1897년부터 세계 전역에 톨스토이 단체와 공동체가 만들어진 것이다.

톨스토이는 긴 생애를 살았지만 간디와 관련된 시기는 톨스토이의 마지막 30년에 해당한다. 즉 1880년에 시작되어 1910년 죽기까지의 30년간이다(그는 1828년에 태어났으니 52세가 된 후부터 82세까지였다). 간디가 톨스토이를 알았을 때 톨스토이는 이미 세계적인 작가였지만, 간디는 톨스토이의 문학에 대해서는 언급한 적이 거의 없다. 단 『전쟁과 평화』에 대해서는 그것이 전쟁의 사악한 결과에 대한 것으로 민중의 도덕을 향상시키기 위해 쓴 소설이라고 평했다.

간디는 〈인디언 오피니언〉 1905년 9월 2일자에 톨스토이를 처음으로 소개하면서 그의 약력을 설명한 뒤 농민처럼 자신의 노동으로 생계를 꾸렸고 모든 악을 포기하고 매우 간소한 음식을 먹고 모든 생물을 해치지 않으며 다음과 같은 믿음을 가졌다고 썼다.

1. 부를 축적해서는 안 된다.
2. 아무리 많은 악을 행한 자라고 해도 선을 베풀어야 한다. 그것이 신의 율법이고 계명이다.
3. 누구도 싸움에 가담해서는 안 된다.
4. 정치력을 행사함은 많은 악으로 인도하기 때문에 죄악이다.
5. 인간은 창조주에 대한 의무를 수행하기 위해 태어났으니 권리보다 의무에 주의해야 한다.

6. 농업이 인간의 참된 직업이다. 대도시 건설, 공장 기계를 위해 고용하는 수십만 명의 무기력과 가난을 착취하여 소수를 부유하게 함은 신의 법에 반한다.

이에 덧붙여 간디는 톨스토이가 러시아인이지만 노일전쟁과 관련하여 러시아를 혹독하게 비판한 탓에 러시아 황제를 비롯하여 여러 사람의 비판을 받았다고 썼다.

이어 〈인디언 오피니언〉 1909년 12월 25일자에 실린 글—원래는 톨스토이의 『인도인에게 보내는 편지』의 서문으로 1909년 11월 18일 영국에서 돌아오던 배에서 쓴 글—에서 톨스토이가 보복하지 않고 사랑으로 보답하면 상대가 나쁜 짓을 그만둔다고 하면서, 인도인은 영국인의 노예가 아니라 자신의 노예임을 강조한다고 했다. 이어 간디는 〈인디언 오피니언〉 1910년 11월 26일자에 쓴 톨스토이 애도문에서 톨스토이가 '모든 종교는 영혼의 힘을 폭력보다 우월하게 생각한다'는 점을 확신했다고 밝힌다.

그리고 1928년 9월 10일 아메다바드 청년회에서 열린 '톨스토이 탄생 100주년 기념 연설'에서 자신의 인생에 영향을 미친 사람을 라즈찬드라, 톨스토이, 러스킨이라는 순서로 언급하고, 톨스토이 책 중에서 가장 영향력이 큰 책이 『천국이 네 안에 있다』라고 하며, 그 내용을 자제, 비폭력, 그리고 생계를 위한 노동(bread labour)이라고 했다.

『천국이 네 안에 있다』

『천국이 네 안에 있다』에서 톨스토이는 그의 정신적 스승인 17세기 퀘이커교도에 대한 설명으로 시작하여 19세기 미국의 노예제 폐지론자에 대한 언급으로 나아갔다. 즉 퀘이커의 반애국, 반정치, 반법원을 자코방 테러주의의 보복, 폭력, 살인과 대비하고 15세기 보헤미아의 찰리키(Chalicky)의 『믿음의 새그물 *Drawnet of Faith*』을 분석했다. 그 책에서 찰리키는 로마 황제 콘스탄티누스가 국가적 목적을 위해 기독교를 선택하여 적용한 것을 거부했다. 그는 황제와 같은 큰 물고기가 크리스트의 새 그물을 파괴하면, 황제들이 만든 구멍을 통해 민중들이 따라간다고 했다. 마찬가지로 톨스토이는 언제 어디에서나 지배계급은 기독교에 적대하고 억압하며, 심지어 그들이 쓴 책에서도 그렇다고 주장했다. 그러한 진실이 잊힌 이유도 바로 그런 탓이었다.

톨스토이에 의하면 사회적 의무는 언제나 사회의 지배계급의 이익을 위해 봉사했고, 지금 그 지배계급은 피지배계급보다도 도덕적으로 타락했다. 1800년 동안 도덕적 감성은 발전했으나, 도덕에 반대하는 물질의 힘도 발전했다. 그 둘의 갈등은 의사소통의 현대적 방법이 사적 생활에까지 확대된 사회적 최면에 의해 은폐되었다. 그런 은폐의 단적인 보기는 전쟁에 대한 모든 사람들의 준비, 가령 거창한 군대 행진이나 병정 장난감의 판매에서 볼 수 있다. 서양의 모든 나라는 무기를 저장하고 전쟁 선전을 퍼뜨리고 있다. 특히 권력 도취에 의해 정신을 잃은 병자인 독일 황제는 유럽 정치의 문제아로서 타인은 분별력으로 숨기는 정신병을 노골적으로 드러내고 있다고 지적한다.

현대 유럽문명은 무기, 식민지, 의회, 언론, 파업, 에펠탑을 자랑하지만 이는 더 이상 기독교의 가르침과는 일치하지 않는다. 그런데 당시(1890년대)의 종교학은 종교를, 과거의 유물로 우리의 마음에 내재하는 자연의 힘을 상징적으로 대변하는 것으로 보았다. 이에 반해 톨스토이는 종교란 미래에 관련되는 것으로, 인간성이 미래의 여행에서 반드시 가야 할 길이라고 보았다. 그는 종교가 개인적 내지 동물적 단계, 사회적 내지 우상의 단계를 거쳐 지금은 보편적 단계에 있다고 보고, 그 예를 산상수훈으로 들었다. 그리고 인간은 신에게 속하기 때문에 어떤 국가에도 복종할 수 없다고 주장했다. 예수가 십자가형을 당한 이유도 바로 그 때문이라고 톨스토이는 보았다. 우리가 이를 믿을 수 없는 이유는 국가의 보호와 질서에서 벗어나면 우리가 모든 것을 상실한다고 믿기 때문이지만 그것은 단순한 미신에 불과하다고 톨스토이는 주장했다.

톨스토이의 이러한 주장이 담긴 책을 1893년에 출판하면서 그 책의 번역자인 메이요(Isabella Fyvie Mayo, 1843~1914)[14]는 반전, 반군대, 반입대를 주장했다. 출판의 공로자는 톨스토이의 수석 제자인 블라디미르 체르트코프(Vladimir Chertkov, 1854~1936)로 그는 당시 런던에 살고 있었다. 1883년 톨스토이를 처음 만난 그는 삶의 방향을 완전히 바꾸었다. 먼저 그는 출판업에 종사했으나 정부와 교회의 압력을 받았고 그 뒤에는 톨스토이 농장을 경영하다가 1897년 영국으로 가서 1908년 러시아로 돌아오기까지 살면서 톨스토이의 책을 번역·출판했고, 톨스토이 사후에는 그의 전집 편집을 담당했다.

---

14 영국의 소설가이자 번역가이다.

톨스토이의
종교관·국가관·사회관·과학관

톨스토이 종교관의 특징은 철저한 교회 비판, 국가 비판, 과학 비판, 사회 제도 비판에 있다. 즉 현존하는 모든 것에 대한 비판이었다. 그에게 신앙이란 신과 인간의 관계로서 생명에 힘과 방향을 주는 것이었다. 여기서 인간이란 한 사람의 인간을 말한다. 따라서 한 사람과 신 사이에 다른 것(교회)이 개재하면 그것은 신앙이 아니라 다른 것을 구하는 것이 된다. 교회는 신과 인간의 관계를 어떻게 규정해야 할지 알고 있다고 주장하지만, 이는 사람과 교회의 관계를 구축하면서 본래 신이 있어야 할 자리를 교회가 차지하게 된 데에 불과하다. 따라서 교회야말로 신앙에 최대 장애물이다.

인간은 신앙의 탐구에 인류가 구축해온 모든 것인 계시를 이용한다. 즉 계시란 생명의 의미를 이해하는 데 도움이 되는 것이다. 모든 종교는 그러한 계시가 낳은 지혜로서 다양한 모습으로 나타나지만 목표는 하나, 즉 인간 상호의 절대적 평등이다. 절대자 앞의 평등이라는 데서 선악의 판단이 생겨난다. 평등을 부정하고 사람들을 분단시키는 것은 악이고, 평등을 지키고 사람들을 연결하는 것이 선이다. 이것이 종교의 본질이다. 그런데 자신들만의 계시를 타인들에게 강요하고, 그것을 거부하는 경우 저주, 처형, 살해하는 것이 신앙이고 종교가 되어왔다. 이러한 종교를 톨스토이는 기만이자 미신이라고 불렀다.

교회 대신 인간이 신의 소리를 바로 듣는 것이 아니라 신의 참된 소리가 무엇인지를 알려주는 도우미가 바로 그리스도다. 따라서 우리는 교회가 아니라 그리스도를 따라야 한다. 톨스토이에 의하면 그리스도의 가르침은 단순한 것으로 그것을 이해하는 데에 성모 마리아의 처녀 수태나 예수의 부활 같은 것은 필요 없고 그리스도의 가르침은 비유나 상징이 아니라 그 자체 그대로이다. 그리스도는 「마태복음」 5장 39절의 악에 대한 무저항, 즉 "악한 사람을 대적하지 말아라"라고 한 비폭력의 가르침에서 그 참모습을 보여준다. 톨스토이에 의하면 참된 종교는 종교적 규칙은 물론 법률, 신화, 주술을 전혀 필요로 하지 않고 부정하는 것이다. 따라서 국가는 폭력에 의해 존립하는 폭력 자체이므로 비판되고 거부된다. 국가가 국가인 이상 더 좋은 국가나 더 나쁜 국가가 있는 것이 아니다. 그러므로 국가를 더 좋게 하려는 노력 자체가 무의미하고, 가능한 한 국가와 무관하게 사는 것이 좋다.

국가와 관련된 톨스토이의 비판이 가장 분명하게 드러나는 대목은 재판에 대한 것이다. 죄인을 재판한다는 법원은 악을 악으로 갚는 잘못을 저지를 뿐 아니라 법원이 악인을 만들어낸다고 그는 본다. 사랑을 모르기 때문에 행복을 모르고, 행복을 모르기 때문에 이성적인 생활을 할 수 없어서 악을 저지른 인간은 불행한 존재일 뿐이지 처벌되어야 할 대상이 아니라는 것이다. 톨스토이에게 그러한 악보다 더 나쁜 것은 거짓의 선이고 거짓의 사랑이다. 즉 위선이다.

그 위선의 정형이 법원이다. 법원은 사람들을 악으로부터 지킨다고 말하지만 이는 사랑의 힘을 믿지 않고 폭력에 대해서 폭력으로 맞서기 때문에 가능한 것이다. 또한 언제나 국가에 봉사하면서도 선을 수호한다고 말하는 것은 위선이다. 게다가 범죄는 개인적이고 일시적인 것이지만 위선은 조직적이고 영구적인 반면 그 책임은 분산적인 것이기 때문에 범죄보다도 더 질이 나쁘다. 나아가 위선은 사랑에 대한 생각을 왜곡시킨다. 법원에 의해 선과 사랑이 지켜진다고 생각하는 것은 결국 선과 사랑을 무력하게 만든다.

교회나 사회개량가에 대한 톨스토이의 비판도 같은 입장이다. 즉 조직이나 제도에 의해 인간을 행복하게 만들 수 있다고 생각하는 것은 사랑에 대한 불신에서 나오고, 일단 그렇게 생각하게 되면 조직과 제도는 더욱더 견고하게 되어 사랑 따위는 필요 없다고 생각하게 된다는 것이다. 톨스토이에 의하면 이야말로 자살행위이다. 생명의 본질이 사랑이라면 사랑 외의 것을 필요로 하는 모든 유혹을 벗어나야 하거늘 현대 사회는 도리어 거꾸로 나아가고 있고, 이를 더욱 가속화시키는 것이 과학이라고 톨스토이는 비판한다. 19세기에 이르러 과학은 급격하게 변화하여 자연력 대신 기계를 사용하고자 하는 과학기술로 변모한다. 이는 인간의 욕망을 부추겨 사랑이 아니라 욕망이 생명의 본질이고 삶의 원동력이라고 보는 오해를 낳았다.

과학을 찬양하는 사람들은 종교가 필요 없다고 말하지만 톨스토이에게 과학은 인류 문화 중에서 가장 파괴적인 것으로서 과학의 시대는 마침내 종교 시대의 종언을 뜻했다. 그러나 과학은 선악을 판단할 수 없으므로 새로운 가치 기준을 제공하는 것은 권력이 된다. 여기서 과학은 인류를 분열시키고 구분하며 차별을 고정화하는 도구에 불과하다. 이는 다윈의 진화론이 사회 상식에 초래한 생존투쟁과 적자생존 개념을 볼 때 더욱 분명해진다.

톨스토이,
삶의 전환점에 서다

1881년 3월, 러시아에서 황제가 암살당하는 놀라운 사건이 터졌다. 이는 1870년대에 전개된 나로드니키라는 인민계몽운동의 결과였다. 주로 학생들이 농촌에 뛰어들었으나 농민들의 이해 부족으로 운동은 정체되었다. 그 후 정부 탄압에 의해 대중운동의 조직이 불가능해지자 테러리즘의 시대로 바뀌었다. 암살 사건은 몇 차례의 미수 끝에 결국 성공한 것이었다. 그 직후 톨스토이는 새로운 황제에게 장문의 편지를 보낸다. 톨스토이는 암살범을 사형에 처하지 말고 외국으로 추방해야 하며, 악에 대해 악으로 보복하면 더 큰 악을 초래하게 될 것이라 주장했다. 그러나 이들 암살범들은 4월에 교수형에 처해졌다.

1881년 9월, 톨스토이는 모스크바로 이사하여 그곳에서 1902년까지 21년을 살았다. 이사의 이유는 장남인 세르게이가 대학에 입학할 나이가 된 데다가 다른 아이들도 학교 교육을 받아야 했기 때문이었다. 톨스토이는 고향을 떠나는 데 반대했으나 아내의 강요로 이사를 갈 수밖에 없었다. 매년 여름에는 고향으로 돌아갔지만 모스크바의 여름이 워낙 짧은 터라 거의 모스크바에서 지낸 셈이다. 그러니 어떤 의미에서는 삶의 전환이라고 할 수 있다. 태어나 8년을 고향에서 살다가 모스크바에서 5년, 그리고 카잔에서 5년, 다시 고향에 돌아오지만 캅카스 등의 타향살이 10년, 두 차례 유럽 여행과 결혼 이후 고향에서 25년을 지낸 뒤였다. 결혼 이후로는 20년을 고향에서 살았으니 그 뒤 모스크바에서 산 21년과 거의 맞먹는 기간이었다.

톨스토이 가족에게는 모스크바 생활이 즐거웠다. 그러나 도시를 싫어한 톨스토이에게는 고통 그 자체였다. 이 고통은 그의 정신적 위기를 더욱 부추겼다. 부부간의 갈등도 심해졌다. 만일 그가 모스크바로 이사하지 않았다면 위기도 참회도 그렇게 심각하게 흘러가지 않았을 것이다. 그는 자연의 법칙이란 인간이 대지 위에 흘린 땀으로 자신이 먹을 것을 구하는 것이라고 생각했다. 도시 생활은 그런 법칙에 어긋났다. 따라서 그가 매일 보는 도시의 빈곤이나 방탕은 자연에 반하여 생긴 당연한 결과였다. 또한 악인들은 민중으로부터 착취한 재산을 지키기 위해 군대와 법원을 두고 있었다.

그는 농촌의 빈곤에 대해서는 잘 알았지만 도시에 대해서는 잘 알지 못해서 1882년 1월 말부터 모스크바 민생조사와 그 개선 활동에 적극 참여했다. 그러나 이런 활동에 대해 여론은 냉소적이었고 부정적이었다. 조사 활동을 마친 직후인 1882년 3월부터 쓴 『그러면 우리는 무엇을 할 것인가』는 집필 기간만 4년 걸렸을 정도로 어려운 작업이었다. 직접적인 원인은 검열 등과 같은 외부적 요인이었지만 부귀와 빈궁의 문제가 바로 자신의 문제였다는 내부적 요인 또한 글쓰기를 어렵게 만들었다. 그 책에서 톨스토이는 사람들이 평등하게 살 수 있는 사회를 만들려면 토지 사유, 군대, 세금을 폐지해야 한다고 주장한다. 그러나 파괴적인 폭력에 의해서가 아니라 각자가 각자의 판단으로 각자에게 평화적으로 가능한 것을 하라고 말했다. 따라서 그것은 어떤 강제력이나 조직적 정치운동에 의한 것이 아니었다. 그러나 이 책은 발간 즉시 판매 금지 처분을 받았다. 개인의 의지로 권력에서 이탈하는 자가 늘어나면 권력의 내부 파괴를 초래하리라고 정부가 두려워한 탓인데, 톨스토이의 의도도 바로 그것이었다.

그런 어려움이 있었던 만큼 『그러면 우리는 무엇을 할 것인가』는 1880년대 이후 톨스토이 저술의 좌표가 되었다. 그 책과 함께 쓴 책이 바로 비폭력 무저항주의를 주장한 『종교론』이다. 여기서 톨스토이주의가 나왔다. 그것은 복음서가 말하듯이 자기 삶에 필요한 노동은 스스로 하는 간소한 생활을 목표로 삼는 운동으로서 악에 대한 무저항과 폭력의 절대 부정으로 군대 이탈, 징병 거부, 재판제도 부정을 주장하는 것이었다.

톨스토이주의는 1883년 톨스토이를 찾아온 체르트코프를 통해서 이루어졌다. 체호프의 조부를 농노로 둔 귀족 집안 출신의 군인인 그는 1883년 말, 톨스토이를 찾아왔다. 톨스토이는 그에게 기독교도라면 군복무를 거부해야 한다고 말했다. 체르트코프는 그의 친구인 비류코프와 함께 톨스토이의 생애 마지막 5년간 중요한 역할을 담당하는데, 영화 「톨스토이의 마지막 정거장」에 등장하기도 한다(이 영화에는 톨스토이와 아내 외에 아내와 끝없이 다투는 체르트코프라는 통통하게 살찐 귀족주의자이자 톨스토이주의자인 자가 나온다. 그는 『부활』 주인공의 모델이 되기도 했다). 체르트코프는 1885년, 중개자라는 뜻의 출판사 보스레드니크를 설립하고 톨스토이 민화를 대량 출판했다. 또한 러시아 혁명 후 90권에 이르는 톨스토이 전집을 출판하기도 했다.

『그러면 우리는 무엇을 할 것인가』

1884년부터 1886년까지 톨스토이는 『그러면 우리는 무엇을 할 것인가』를 썼다. 톨스토이가 쓴 문학작품 아닌 작품 중에서 『그러면 우리는 무엇을 할 것인가』는 『참회』와 함께 최고의 걸작이라고 해도 과언이 아니다. 그는 도시의 사치스러운 생활을 반성하고 비판한다. 그래서 원제는 '내 생활은 어떤 것인가?'였다. 전체 40개 장 중에서 1882년의 모스크바 민생조사를 회상한 처음의 12장 이외에는 경제적 불평등에 따른 빈곤 문제를 비판한 것이다. 그러나 처음 발표된 15개 장은 검열에 걸려 잡지에서 삭제되었다. 이후 그 작품은 필사와 등사에 의해 널리 보급되었다.

　『그러면 우리는 무엇을 할 것인가』는 『참회』를 낳은 최초의 종교적 위기에 이어 두 번째인 사회적 위기의 소산이었다. 그 시작은 앞에서 말한 1881년의 황제 암살과 그것에 이어진 사형 집행이다. 이는 톨스토이의 군주 자체, 국가 자체의 비판으로 이어졌다. 그리고 모스크바에서 민생 조사에 참여하면서 그는 빈곤 문제를 직시하고 그 책임이 자신에게도 있다고 절감했다.

부유한 사람들은 도시에 모여 도시 권력의 비호 아래 시골에서 가지고 온 모든 것을 유연하게 소비한다. 시골 사람에게는 부자의 밥상에 떨어지는 찌꺼기에 매달리기 위하여 이 같이 끊임없이 마셔라, 놀아라의 잔치가 벌어져 자기들로부터 빼앗아 간 것이 소비되고 있는 도시에 나가는 것이 어느 정도까지 불가피하다. ……그리하여 그들도 도시에 나온다. 그리고 부자의 신변에 매달려 그들 부자가 내놓는 모든 조건에 굴복하면서 온갖 수단으로 그들의 손에서 자기네에게 필요한 것을 뺏으려고 애쓴다. 그들은 도시 부자의 온갖 육욕적인 만족을 방조한다. 그들은 목욕탕이나 극장에서 여자로서나 매춘부로서 도시의 부자들에게 봉사한다. ……그리고 서서히 그들 부자에게서 그들처럼 노동에 의하지 않고 온갖 간계에 의하여 남의 손에서 남이 모은 부를 뺏는 생활 방법을 배워 유흥에 빠지고 자멸하는 것이다.

운송수단에 대한 비판도 나온다.

마차나 썰매를 타고 가는 농민은 혹시 나타날지도 모르는 보행자를 다치지 않기 위해 아주 정신을 바짝 차려야 한다. 그러나 화려한 마차일수록 가는 길에 사람이 튀어나올 가능성은 훨씬 더 적은 법이다. 한마디로 말해서 가장 사치스러운 마차는 가장 이기적인 마차다.

이는 자동차 사회인 지금 이 시점에도 그대로 적용된다. 톨스토이는 이 같은 자멸의 원인이 돈이라는 새로운 노예제도라고 본다. 그러나 인간의 불행과 부정을 변호하는 궤변인 헤겔의 지능론, 법학, 맬서스의 인구과잉론, 콩트의 조직론, 스펜서 철학 등이 나타났다. 톨스토이는 무위도식하는 특권층, 폭력을 기초로 하는 국가, 돈, 국가에 대한 봉사로 타락한 교회의 부정을 통해, 폭력과 강제와 국경과 기만을 없애고 사랑과 노동과 희생적 봉사의 세계를 세우고자 했다.

『인생론』으로
새로운 세계관을 확립하다

1887년 톨스토이는 흔히 『인생론』으로 번역되는 『생명에 대하여』를 썼다. 교회는 물론 자연과학, 나아가 당시 유행한 허무주의까지 의식하여 쓴 이 책은 교회가 내세를 주장하여 현세에서의 복종을 가르치는 기만을 폭로하고, 자연과학적인 사고방식이나 허무주의의 문제점도 지적하면서 그리스도의 가르침이 합리적이고 행복을 가져다준다고 주장했다. 이 책도 발매가 금지되었다.

『인생론』은 최초에 '삶과 죽음에 대하여'라는 제목으로 시작했으나 글을 집필하는 가운데 정신적 생명에 눈뜬 사람에게는 죽음이 있을 수 없다는 생각이 들어 그 제명에서 죽음을 빼고 『인생론』으로 출간했다.

『인생론』의 영육 이원론은 『전쟁과 평화』이후 계속적으로 그의 특징이 되어온 대조적 구성의 묘미를 보여준다. 초기 단편인 「두 경기병」에 나오는 아버지와 아들이라는 두 세대의 철학적 대조, 「지주의 아침」에 나오는 귀족과 농노의 대조, 「유년 시절」과 「청년 시절」에 나타나는 밝고 어두운 시절의 대조 등이 그러하다. 특히 바로 위에서 말한 두 연극에 나타나는 대조의 발전이라고 할 수 있다.

『인생론』은 1, 2장 '모순', 3, 4, 5장 '그릇된 생각', 6, 7, 8장 '분열'로 되어 있는데, 이는 그것을 쓸 때의 정신적 위기를 나타낸다고 볼 수 있다. 9장은 '참된 생명', 10장은 '이성'으로서 새로운 생명과 그 원리를 탐구함을 보여주며, 12~13장에서는 '그릇된 지식'과 '참된 지식'을 시공간, 동식물 등을 언급하면서 설명하는데 대단히 난해하다. 이어 톨스토이는 두 가지 삶을 대조하면서 설명한다. 즉 개인적 생명과 보편적 생명, 육체적 생명과 정신적 생명, 동물적 생존과 이성적 생활, 생존과 생명, 개인적 행복과 참된 행복, 그릇된 사랑과 참된 사랑 등이다. 그런데 이러한 도식적 대조는 구체적이지 않고 추상적이고, 절대적이지 않고 상대적이다. 따라서 읽어내기가 쉽지 않다.

그러다가 『인생론』은 17장 '정신에 의한 탄생'을 거쳐 22장 '사랑', 24장 '참된 사랑'에 오면 덜 난해해지고 읽기도 쉬워진다. 그리고 그 논지는 작가의 가장 유명한 민화이자 최초로 쓴 민화인 「사람은 무엇으로 사는가?」의 테마가 된다. 그는 민중의 언어로, 민중의 표현으로 단순하고 간명하며 알기 쉽게 쓰려고 노력한 끝에 서른세 가지의 초고를 남겼지만 모두 그렇게 쉬운 이야기는 아니다.

「사람은 무엇으로 사는가?」의 답은 '사랑'이다. 따라서 이 민화는 『인생론』의 소설판이라고 보아야 한다. 「사람은 무엇으로 사는가?」의 서두에 인용된 성경 구절은 모두 사랑에 대한 것이다. 그러나 사랑을 실현하기란 쉽지 않다. 신기료장수 세묜이 데리고 온 벌거숭이 남자에 대해 세묜의 아내 마뜨료나가 처음에 불신감을 버리지 못하고 당혹해하는 것도 그 때문이다. 이는 톨스토이 부인 소피아가 『인생론』을 읽고 그 비현실성을 지적한 것과 마찬가지다.

1890년대 러시아는 농민의 기아를 비롯하여 수많은 사회문제가 발생한 더욱 심각한 시대였다. 1880년대 『참회』와 『인생론』을 통해 새로운 세계관을 확립한 톨스토이는 1890년대의 그런 사회 문제에 적극 뛰어들었다. 그의 관심은 1891년에 쓴 「기아에 대해」(발행이 금지됨)와 1898년에 쓴 「기아인가, 아닌가」라는 글들로 상징된다. 톨스토이는 또한 자비로 농민을 위한 활동을 벌였다. 1892년 봄에는 툴라 현과 라잔 현의 네 개 군에서 작가와 그 조수들이 187회에 걸쳐 9천 명에게 식사를 제공했다. 그 경험을 바탕으로 그는 「흉작으로 고통 받는 농민에 대한 원조 방법」이라는 제목의 논문을 쓰기도 했다. 톨스토이는 처음엔 농민들에게 현금도 주었다. 하지만 거기에 여러 가지 문제가 있음을 알게 되었고, 따라서 식사 제공이 최선의 방법이라고 결론을 내렸다. 그해 여름에도 그는 인근 마을에서 같은 활동을 했다. 식사 제공 외에도 농민들에게 무상으로 말과 곡식 종자 등을 제공한 것이다. 이러한 농민 지원 활동이야말로 그가 『인생론』에서 확립한 '참된 사랑'의 실천이었다.

톨스토이, 간디를 통해 인도에서 부활하다

톨스토이는 1910년 죽기 한 해 전, 어느 인도인의 편지에 답하는 『인도인에게 보내는 편지』를 썼다. 이를 읽은 간디는 톨스토이에게 몇 통의 편지와 함께 자신의 저서인 『인도의 자치』를 보냈다. 이 책은 지금도 톨스토이의 고향 서재에 보관되어 있다. 간디는 톨스토이의 『인도인에게 보내는 편지』를 자신이 쓴 서문과 함께 출판했다.

간디는 1910년 톨스토이가 죽기 몇 달 전에도 그에게 편지를 썼다. 톨스토이가 『인도의 자치』를 긍정적으로 평가한 데 대한 보답의 편지였다. 간디는 남아프리카에 있을 때부터 톨스토이의 책을 읽기 시작했고 특히 『천국이 네 안에 있다』의 비폭력사상으로부터 엄청난 영향을 받았다. 간디는 요하네스버그 부근에 톨스토이 농장을 세우고 자신의 진실관철투쟁을 계속했다. 그러니 톨스토이는 간디를 통해 부활해 적어도 1948년 간디가 죽을 때까지 정신적 생명을 이어간 셈이다. 간디는 마틴 루서 킹으로 이어졌고, 킹은 다시 최근의 세계화 반대 운동으로 이어지고 있다. 간디는 톨스토이에게 편지를 보내기 전부터 그의 책을 읽고 감동했고, 톨스토이의 영향 아래 『인도의 자치』를 썼는데, 이는 그의 평생을 지배한 이념이 되었다.

톨스토이는 『인도인에게 보내는 편지』에서 폭력이 민중을 해방시킬 수 없다고 했지만 영국 총독부에 의해 즉각 배포가 금지되었다. 톨스토이가 그 글에서 2억이 넘는 수준 높은 인도인이 발전이나 육체적·정신적 힘에 있어 그들보다 저급한 소수에게 어떻게 지배당하느냐고 물었기 때문인지도 모른다. 톨스토이는 인도인들이 그들의 의식 속에서 '진실을 가로막는 산 같은 쓰레기 더미들'로부터 해방되어야 한다고 썼다. 즉 종교적 편견이나 온갖 미신에서 벗어나고, 인도인을 노예화한 것은 영국인이 아니라 인도인 자신임을 깨달아야 한다고 강조했다.

"악에 저항하지 마라. 그러나 또한 스스로 악에 가담해서도 안 된다. 국가의 폭력과 재판과 징세에 가담하지 말고 특히 군대에 가담하지 마라. 그러면 세상의 그 누구도 그대들을 노예화하지 못할 것이다." 간디가 평생 지키고자 한 '진실'이란 것도 톨스토이에게서 온 것이다. 그러나 일찍이 타고르가 지적했듯이 언제나 진실과 조화를 추구한 간디와 달리 톨스토이는 분열과 갈등 속에 살았다.

78년을 살다 죽은 간디보다 톨스토이는 4년을 더 살았다. 간디보다 41년 연상이어서 그의 아버지뻘이었던 톨스토이는 어려서부터 평생 루소를 존경했지만 간디나 킹은 그렇지 않았다. 톨스토이가 루소만큼 좋아한 고대 그리스의 노예 출신 스토아 철학자 에픽테토스(Epictetus, 55경~135경)에 대해서도 간디나 킹은 알지 못했다. 그러나 예수가 세 사람의 공통된 스승인 점은 두말할 필요가 없다. 세 사람 모두 복음서, 그중에서도 특히 산상수훈을 따랐다. 톨스토이와 간디는 부처도 함께 좋아했으나 간디와 달리 톨스토이는 노자, 공자, 맹자도 좋아했다. 톨스토이는 그 누구보다도 서양적이면서도 동시에 동양적이었다. 그만큼 동서양을 두루 섭렵한 작가는 없다.

톨스토이는 엄청난 독서가이자 저술가였다. 98권의 전집을 남긴 간디처럼 톨스토이도 90권의 전집을 남겼다. 정말 대단한 사람들이다. 컴퓨터가 아니라 손으로 쓰는 시절에 그렇게 많이 글을 썼다니 더욱 놀랍다. 톨스토이는 그의 고향 야스나야 폴랴나에 있는 집에서 그 방대한 글을 쓰고, 그 수십 배가 넘는 책들을 읽었다. 82년을 살았던 톨스토이의 독서는 그가 쓴 글에서만 드러난 것을 보아도 엄청난 양에 이른다.『전쟁과 평화』를 비롯한 대작을 집필하면서 그가 참조한 문헌의 양도 정말 방대하다.

남아프리카의 간디에게
영향을 준 사람들

동료애를 강조한
사회사상가 존 러스킨

1904년 3월, 간디는 요하네스버그로 이사한 뒤 당시 언론인으로 나탈에 온 헨리 폴락을 채식주의 식당에서 만났다. 1882년 영국에서 태어난 폴락은 건강상의 이유로 스위스에서 교육 받을 때부터 톨스토이와 러스킨을 존경하여 사우스 플레이스 윤리협회에 참가했고, 그곳에서 아내를 만나 약혼했다. 폴락과 간디는 처음 만났을 때 서로 톨스토이의 제자들임을 확인했다. 그 뒤 폴락은 간디에게 러스킨의 『이 마지막 사람에게도*Unto This Last*』와 소로의 『시민 불복종*Civil Disobedience*』을 주었다.

존 러스킨은 영국의 미술비평가이자 사회사상가였다. 간디에게는 물론이고 사회사상에도 큰 영향을 미쳤는데, 특히 1860년에 출간한 『이 마지막 사람에게도』가 유명하다. 이 책에서 러스킨은 당시 경제학자들이 일반적으로 생각한 것과 달리, 사회의 진정한 기초는 부가 아니라 인간의 동료애라고 주장하면서 극빈자를 포함한 마지막 한 사람에게까지 충분한 빵과 평화가 주어지도록 부자는 사치를 삼가야 한다고 주장했다.

간디는 『자서전』 외에 1932년에 쓴 글에서 러스킨이 1871년 공장노동자들에게 매월 쓴 편지에 대해 언급하며 특히 교육에 대해 그의 생각이 자기 생각과 같다고 설명했다. 먼저 잘못된 교육이라도 무교육보다는 낫다는 사고방식을 비판하며 반드시 가르쳐야 할 것은 다음 여섯 가지라고 말했다. 즉 맑은 공기, 깨끗한 물, 깨끗한 땅의 특성과 보존방법 및 그 이익, 그리고 감사, 희망, 자선이다. 감사란 진선미에 대한 추구이고, 희망이란 신의 정의에 대한 사랑이며, 자선이란 비폭력을 뜻했다.

그런데 러스킨은 최근에 와서 당대의 가장 철저한 제국주의자로 알려졌다. 간디가 이 사실을 알았는지 몰랐는지는 확인할 수 없다. 독서 범위가 제한되었던 터라 그런 것까지 읽었으리라고는 생각되지 않는다. 하지만 설령 알았다고 해도 그가 러스킨의 사회사상 자체를 부정하지는 않았을 것으로 보인다. 사실 어떤 사상가든 완벽할 수 없다. 19세기 말 러스킨이 살았던 시대에 '영국의 인도'는 당연시된 것이었다. 즉 영국은 선진이고 인도는 후진으로 간주되었다. 러스킨의 사회개혁사상은 그 선진 영국의 사회를 더욱 진보적으로 개혁하려는 사상이었다. 따라서 인도도 그 개혁 대상이었음에 틀림없고, 간디 역시 이 점에 공감했으리라.

『이 마지막 사람에게도』는 처음 출판된 1862년부터 10년간 900부만 팔릴 정도로 주목을 받지 못했으나, 그 뒤 1910년까지 10만 부 이상이 팔렸다. 간디가 이 책을 읽은 1904년에 그 책은 상당히 많이 알려져 있었다. 간디는 『자서전』에서 다음과 같이 썼다.

『이 마지막 사람에게도』의 교훈은 다음과 같았다.

1. 개인의 선은 전체의 선에 포함되어 있다.

2. 변호사 일은 이발사 일과 같은 가치를 갖는다. 모든 사람은 그들의 일로 생활비를 벌 똑같은 권리를 갖기 때문이다.

3. 일하는 삶, 곧 농부와 수공업자의 삶이 보람 있는 삶이다.

1에 대해서는 이미 알고 있었다. 2에 대해서도 어렴풋이 알았다. 3에 대해서는 생각한 적이 없었다. 『이 마지막 사람에게도』는 2, 3이 1에 포함되어 있음을 대낮처럼 분명하게 보여주었다. 나는 새벽에 일어나서 그 원리를 실천할 준비를 했다. ……

거기서는 모든 사람들이 일을 하고, 똑같은 임금을 받으며, 여가 시간에는 신문 제작에 종사할 것을 제안했다.[15]

폴락과
칼렌바흐

인쇄 노동자들은 대부분 그 제안을 싫어했으나 몇 사람이 동의했다. 그래서 약 2만 4500여 평의 땅과 그 옆 10만여 평의 과수원을 사서 집을 짓고 정착했다. 이어 폴락이 그곳에 왔다. 그 뒤 폴락은 간디의 일을 돕기 위해 변호사 공부를 하러 그곳을 떠난다. 2년 뒤 변호사 자격을 딴 그는 정부에 소극적으로 저항하다가 붙잡힌 사람들을 무료로 변론하는 일에 종사했다.

폴락은 건강 상태가 좋지 못해 당시 독일과 스위스에서 유행한 자연치료와 단식에도 흥미를 가졌다. 그는 간디와 함께 의사 주스트(Adolf Just, 1859~1936)와 퀴네(Louis Kühne, 1835~1901)의 책을 부지런히 읽었고, 빵이

---

15 간디, 『자서전』, 앞의 책, 400쪽.

나 야채 식단에 대한 그들의 지시를 따랐으며, 진흙과 물을 사용한 치료법을 시행했다.

간디가 소박한 생활과 함께 자연치료 등을 통해 당대의 주류 생활과 구별되는 새로운 생활태도를 갖게 된 데에는 폴락과 그가 권한 러스킨 책의 영향이 컸다. 물론 그 전에 톨스토이가 그에게 영향을 미쳤고, 그보다 더 전에 런던에서 유학하면서 느낀 것들이 그를 움직였지만, 행동에 나서게 하는 데 직접적인 계기가 된 것은 폴락과 함께 살면서였다. 그러나 1908년까지 간디는 변호사로서 활동했기 때문에 뒤에 그가 『자서전』에서 말한 것처럼 변호사로서의 업무를 중지하기까지는 시간이 몇 년 더 걸렸다.[16]

폴락과 비슷한 시기에 간디의 친구가 된 유대인 칼렌바흐(Hermann Kallenbach, 1871~1945)도 톨스토이와 자연치료에 열중했다는 점에서 세 사람은 공통되었다. 1871년 동 프러시아에서 태어나 자란 그는 반 드 벨드(van de Velde, 1863~1957) 등의 새로운 건축을 공부하고, 1896년 당시 건축 붐이 일었던 요하네스버그에 와서 건축업을 시작했다. 자신과 동생을 위해 그는 아프리카 마을에서 흔히 보는 둥근 오두막들로 이루어진 집을 짓고, 원주민들에게도 그런 집들을 짓게 했다.

그런 점에서 그는 전위적이었으나 폴락처럼 간디를 만나기 전부터 톨스토이나 러스킨의 영향을 받지는 않았다. 그러나 1907년 간디가 아시아인 등록법에 반대하는 활동을 시작했을 때 칼렌바흐는 그 행동에 동조하

---

16 1914년 제1차 세계대전이 터진 뒤 간디가 영국군을 돕기 위해 인도인 군대를 모집함으로써 폴락과의 우정은 끝났다. 1923년 간디가 쓴 『남아프리카의 사티아그라하』에서 그는 웨스트나 칼렌바흐에 비해 폴락을 너무나도 간단하게 언급했다. 제2차 세계대전 당시 간디가 영국 철수 운동을 벌였을 때에도 폴락은 간디를 비판했다.

는 글을 신문에 기고할 정도로 용기 있는 사람이었다. 간디의 권유로 술과 담배를 끊고 평소의 지출을 90%까지 줄였으며, 간디의 식이실험에 자주 참가했다. 그러나 피닉스 공동체에 들어가지는 않았다.

그는 또한 당시 남아프리카에서 활발하게 전개된 시오니즘 운동에도 참가했다. 그의 삼촌은 오뎃사의 레오 핀스커(Leo Pinsker)의 친구로 팔레스타인에 땅을 샀고, 사촌은 유대인 방어운동을 일으킨 헬프린(Michael Halperin)과 결혼했다. 그러나 톨스토이에 심취한 칼렌바흐는 폭력운동에는 반대했다. 칼렌바흐는 1910년 사티아그라하 투쟁을 한 사람들에게 톨스토이 농장의 땅을 피난처로 제공하는 등 간디의 공동체운동이 가능하도록 도왔다.[17]

1906년과 1909년
런던과 남아프리카의 간디

간디는 1906년 런던에 갔다. 그해 영국에서는 총선이 있었고 의회는 진보세력이 다수를 차지했다. 그들 중 다수가 러스킨의 책을 읽었으며, 의회 밖에서 벌어진 사회운동은 더욱 진보화했다. 에멀린 팽커허스트(Emmeline Pankhurst, 1858~1928)는 자신이 1903년에 세운 여성사회정치연맹(Women's

---

17 폴락과 달리 칼렌바흐는 제1차 세계대전 때 간디를 도와 영국군 비전투요원으로 참여했다. 그 뒤 간디는 인도로 돌아갔으나 칼렌바흐는 독일 국적자로 영국의 강제수용소에 갇혔다가 남아프리카로 돌아갔다. 그 뒤 23년간 그들은 만나지 못했다. 1937년과 1939년 인도로 간 칼렌바흐는 간디를 만나 시오니즘 운동에 그를 끌어들이려고 했으나, 간디는 유대인들이 히틀러에 대해 비폭력운동을 해야 한다고 주장했다. 그는 1945년 남아프리카에서 죽었다.

Social and Political Union)으로 하여금 격렬한 운동을 하도록 부추겼고, 1906년 마침내 그 운동이 벌어졌다. 같은 해 H. G. 웰스는 페이비언협회 내에서 반란을 일으켰다. 1902년에는 국교계 학교를 위해 부과된 지방세에 반대한 시민운동이 벌어져 많은 사람들이 투옥되었다. 간디는 이 모든 일들을 목격하고 클리퍼드(Clifford) 목사와 같은 지도자들을 만나면서 훗날 그가 남아프리카에서 벌이게 되는 운동에 대한 영감을 받았다. 클리퍼드는 도크(Joseph Doke) 목사─남아프리카에서 간디와 친했고 간디에 대한 최초의 평전을 쓴 사람─의 친구로 남아프리카에서의 수동적 저항에 대한 에세이 경연의 심사위원을 맡기도 했다.

1906년 즈음의 간디는 완전한 의미의 톨스토이주의자는 아니었다. 그러나 곧 그렇게 변했다. 간디는 체르트코프와 메이요와 편지를 교환하기 시작했고, 그들이 출판한 톨스토이 관련 서적을 열심히 읽었다. 남아프리카에 돌아온 간디는 바로 통행증을 불태우는 사티아그라하 비폭력운동을 적극적으로 전개하기 시작했다. 감옥에서는 톨스토이의 『천국이 네 안에 있다』를 다시 읽었고, 1907년에는 『시민 불복종』을 읽었다.

전후 남아프리카에 대한 영국의 정책은 보어와 타협하여 네 개 지역(케이프, 나탈, 트란스발, 오렌지 자유국)을 대영제국의 새로운 거대영역으로 통합하는 것이었다. 물론 인도인에게 그것은 더욱 강력한 압제를 뜻했다. 그래서 간디는 다시 런던에 파견되었는데, 이때의 방문은 영국을 포함한 서양 물질문명에 대해 근본적으로 회의하는 기회가 되었다. 그는 카펜터의 『문명』을 다시 읽고 과거와 달리 그 취지를 완전히 받아들였다. 또 체스터턴이 〈일루스트레이티드 런던 뉴스*Illustrated London News*〉 1909년 9월 18일자에 쓴 글─인도인들에게 그들의 고유문화를 존중하고 당시 사상의 주류인 스펜서 등의 서양문화에 젖지 말도록 주장한—에서 특히 감동을 받았다. 그가 서양문화에 젖은 인도인이라고 지적한 사람들은 '인디언 소시올로지스트(Indian Sociologist)'를 중심으로 한 테러주의자들인 사바르카르(Vinayak Damodar Savarkar)와 크리슈나바르마(Krishnavarma)였다. 체스터턴의 글에 대해 간디의 친구들인 도크 목사 등은 그것을 농담이라고 생각했으나 간디는 그 글을 진지하게 받아들였고, 이를 〈인디언 오피니언〉에 번역해 싣고자 했다.

1909년 런던에서 간디는 참정권자들의 폭력운동에 깊은 감동을 받았지만, 톨스토이의 『인도인에게 보내는 편지』를 읽고 비폭력운동이 더 낫다고 생각하게 된다. 그래서 톨스토이와 연락하려고 노력했고, 그의 제자들인 체르트코프, 모드, 메이요와 만난다. 당시 체르트코프와 모드는 각각 톨스토이 공동체와 출판사를 운영하고 있었다. 이는 간디가 톨스토이 농장과 출판사를 운영한 것과 마찬가지였다. 이 모두가 톨스토이를 모방한 것이었다.

간디에게는 이 모든 것이 그 뒤 평생토록 자기 삶에서 추구해야 할 모범이 되었다. 톨스토이와 그 제자들의 공동체는 간디의 여러 아쉬람으로 평생 이어졌고, 그들의 출판사는 간디의 말과 글로 이어져 그가 죽은 뒤에는 방대한 100권의 전집으로 남았다. 톨스토이는 곧 새로운 삶의 형식이자 내용으로서 간디의 전부를 지배하고 형성했다. 그야말로 간디는 완벽하게 새로운 삶과 생각으로 환골탈태한 셈이다.

함석헌의 삶

함석헌의

학생기

함석헌은 88년을 살았다. 나는 그의 생애를 넷으로 나누어 살펴보려 한다. 함석헌이 좋아한 인도인의 인생 4주기처럼 말이다. 그러나 최초의 학생기 외에 그와 맞아떨어지는 주기는 없다(학생기도 20세 전에 끝나지 않고 27세까지 이어졌다). 다음 가주기(家住期)만 해도 결혼과 가업을 잇는 기간이 아니었다. 결혼은 더 일찍 16세에 했고 아버지의 가업은 처음부터 잇지 못했다. 세 번째 임주기(林住期)나 네 번째 유행기(遊行期)는 아예 없었다.

함석헌의 학생기는 1928년까지인데 이 책에서는 일본 유학을 가기 직전인 1923년까지로 본다. 이어 1945년까지를 교사기라고 한다. 교사생활은 1938년으로 끝나지만 말이다. 이어 1961년까지의 15년을 사도기(使徒期), 1989년까지의 27년을 투사기(鬪士期)로 본다. 먼저 학생기에 대해 살펴보자.

함석헌은 1901년 평안북도에서 태어났다. 더 상세히 말해 봐야 그곳을 알거나 가볼 수 있는 사람은 아무도 없을 것이다. 평안북도라는 곳도 낯설기는 마찬가지다. 한반도 북서쪽 끝자리에 있고 신의주가 그 주도라면 짐작이 가기나 할까? 아무튼 의주 청년 다섯 명이 영국인 목사의 도움으로 한국 최초의 성경을 번역·출판하고 이를 계기로 1941년 당시 개신교도 수가 약 10만 명에 이르러 당시로서는 개신교가 대단히 성한 곳이었고, 함석헌도 개신교 장로의 아들로 태어났다고 하는 점은 앞으로 이 책을 읽기 위해서 기억해둘 만한 사실이다.

함석헌은 한국에서 기독교가 빨리 전파된 이유 중 가장 중요한 것으로 "그것이 민족주의를 타고 왔다" 즉 "유교·불교의 썩은 웅덩이에 빠져 있던 사람들에게 영혼의 구원이라는 소식은 듣고 가만있을 수 없는 자극을 주는 소리였지만, 일본의 압박을 물리치고 나라를 독립시키려면 그들의 선진국인 서양 여러 강국이 믿는 기독교를 믿어야 한다는 생각이 너무나도 강해서"[18]라는 점을 들었다.

그곳 출신의 중요 인물로는 이광수(李光洙, 1892~1950), 김소월(金素月)[19] 등이 있었다고 1982년판 『동아세계대백과사전』은 소개하고 있는데, 당시 81세였던 함석헌이 빠졌다니 이 책의 저자인 나로서는 유감이 아닐 수 없다. 이광수는 우리 문학사에서 중요한 사람이지만 친일을 했다는 이유로 문제가 되어왔다. 그런 친일과 무관하지 않은 책이 그의 『민족개조론』인데 함석헌은 그 책의 주장을 자신의 『뜻으로 본 한국역사』 등에서 인용한 바 있다.[20] 같

18 함석헌, 「하나님의 발길에 채여서 1」, 『하나님의 발길에 채여서』, 앞의 책, 23쪽. 함석헌에 의하면 그런 이유로 현대 한국 기독교가 전쟁에 참여하는 것을 조금도 이상하게 생각하지 않는다고 보았다. 같은 책, 24쪽.
19 함석헌은 김소월에 대해 언급한 적이 없다.
20 이광수는 「옛 조선인의 근본도덕: 전체주의와 구실주의 인생관」(《동광》 1932년 6월호)에서 개인주의의 폐단을 지적하면서 전체주의의 미덕을 강조했는데 이는 함석헌에게도 상당한 영향을 미친 것으로 보인다. 이광수는 자신이 위 글에서 전체주의라는 말을 처음 사용했다고 자랑했지만, 이미 일본에서

은 지역 출신이라는 이유에서 그렇게 한 것만은 물론 아니었을 것이다.

함석헌은 양반이 아닌 상민 출신이라는 이유에서 스스로 상놈이라고 부르기도 했는데, 이 점은 내가 함석헌을 처음 알았던 50년 전부터 지금까지 그를 내가 가장 좋아하게 만든 점이다. 그처럼 양반 출신이 아닌 것을 스스로 밝힌 사람을 도대체 본 적이 없기 때문이다. 그 점 하나만으로도 나는 그를 충분히 존경할 만한 우리 시대의 어른이라고 생각한다. 그를 알고 50년이 지난 지금은 그 50년 전보다 그를 존경하지 않는 편이지만, 그럼에도 불구하고 그가 스스로 양반이 아니라고 한 점만은 여전히 존경스럽다. 조선 초만 해도 양반은 전체 인구의 극소수에 불과했고, 따라서 그때를 기준으로 하면 지금 이 나라의 양반은 대부분 가짜라는 역사적 사실때문이 아니다. 아직까지 양반임을 자랑하는 이 덜 떨어진 나라에서 그런 점을 거부한 거의 유일한 사람이 함석헌이기 때문이다.

함석헌은 1906년에 동네 초등학교를 다녔고, 8년 뒤인 1916년, 지금의 중고등학교에 해당하는(4~5년제였지만) 평양고보(고등보통학교의 준말)에 입학했다. 북한 지역에서는 소위 최고 명문 학교였으나 3학년을 마친 1919년 봄, 3·1운동에 참가한 뒤 학교를 그만두고 2년[21] 뒤인 1921년 오산학교에 편입해 1923년에 졸업했다.[22] 오산학교는 1907년 이승훈(李昇薰, 1864~1930)

는 사용되고 있던 말이었으니 조선에서 처음 썼다는 것이겠다. 그는 1930년 『나의 투쟁』 일부를 번역하기도 했고, 《삼천리》 1940년 9월호에서는 히틀러를 가리켜 "가정도 없고 향락도 없고 오직 애국으로 생활을 삼고 있는 사람"이라고 찬양했다.

21　같은 책 27쪽에서 함석헌은 그 2년간 "수리조합의 사무원이 됐다, 마을 소학교의 선생이 됐다"고 했다.

22　일부러 오산학교를 택한 것은 아니었다. 그곳에 가기 전에는 그 학교에 대해 전혀 몰랐다. 평양고보 복학을 포기한 뒤 1921년 봄에 편입을 위해 여러 학교를 찾아갔으나 새 학기가 시작된 뒤여서 모두 거부되었는데 친척의 권유로 오산학교에 가게 되었다(노명식 엮음, 『함석헌 다시 읽기』, 인간과자연사, 2002, 142~143쪽).

이 평안북도 정주에 세운 학교로 이광수, 조만식(曺晩植, 1883~1950), 유영모(柳永模, 1890~1981)[23] 등 수많은 홀륭한 교사가 있는 학교로 유명했다.

함석헌의

교사기

함석헌은 그곳을 졸업하고 1923년 4월, 일본으로 갔다. 1922년 무렵 일본에는 조선유학생이 약 3천 명 정도였으니 그의 유학도 그리 특별한 경우는 아니었다. 그러나 1923년 9월 1일에 발생한 대진재는 너무나도 특별한 일이었다. 동경 지역의 3분의 2와 요코하마 전역이 파괴되었고 약 40만 명이 죽었으며 200만 명 이상이 집을 잃었다. 특히 재일 조선인이 반란을 음모한다는 소문이 퍼져 조선인 5천 명 이상이 학살당했다.

1924년 4월, 함석헌은 동경고등사범학교[24]에 입학했다. 동경고등사범학교 재학 중에 함석헌이 셸리의 시를 알게 되었다고 앞에서 말했지만 당시 나이는 23세였다. 지금 같으면 대학을 졸업하고도 남을 나이이니 시를 좋아할 문학 소년이기에는 좀 많은 나이다.

1924년 가을 그는 자신의 평생 스승이 되는 무교회주의자 우치무라 간조를 만났다. 한 학년 선배인 김교신(金教臣, 1901~1940)의 영향으로 우치

---

23 당시 오산학교 교장인 유영모를 통해 함석헌은 우치무라 간조와 일본 구세군 창립자인 야마무로 군페이(山室軍平, 1872~1940)를 알았다.

24 김삼웅에 의하면 역사교육학과의 사비생(私費生)으로 공부했다. 김삼웅은 함석헌이 대지진 때문에 기독교 학교가 아닌 곳을 택했다고 하지만 의문이다. 함석헌 자신은 오산학교가 4년제여서 다른 대학에는 갈 자격이 못되어 유일하게 입학을 허용한 고등사범학교에 갔다고 하면서 대학에 못 간 것을 평생 후회했다(함석헌, 『함석헌과의 대화』, 함석헌저작집 25권, 한길사, 2009, 53쪽).

무라의 성경공부모임을 찾아간 것인데, 그것이 그의 삶을 결정한 가장 중요한 사건이 되었다.[25] 그 뒤 무교회주의자로 살았을 뿐 아니라, 함석헌의 대표작으로 이 책에서 중요하게 분석되는 『뜻으로 본 한국역사』 등의 책들이 그의 영향을 받아 쓰였기 때문이다.[26]

그때나 지금이나 일본은 기독교 신자가 우리나라에 비해 압도적으로 적다. 하지만 지금은 5분의 1에 해당하는 기독교 신자가 무교회 측에 속할 정도로 우리와는 사정이 많이 다르다. 우리나라에는 무교회주의자가 거의 없다. 대부분의 신자들이 세계적으로도 거대한 대형 교회에 몰려 있기 때문이다. 게다가 일본의 기독교는 그 신자수가 우리에 비교할 수 없을 정도로 적으면서도 기독교, 혹은 기독교인의 사회적 참여는 참으로 다양하다. 함석헌이 일본에 있을 때에도 이시가와 산시로(石川三四郎, 1876~1956) 같은 아나키스트 기독교인이 있었는가 하면, 사회주의 운동의 선구자였던 아베 이

---

25 함석헌이 언제부터 우치무라의 제자가 되었는지에 대해 한길사 판 함석헌저작집의 연보에서는 1928년 3월 동경고등사범학교 졸업 때라고 하지만 의문이다. 그것이 사실이라면 함석헌은 불과 며칠 정도만 우치무라 집회에 참석한 셈이 되기 때문이다. 함석헌 자신은 1986년 일본 강연에서 일본에 간 첫해인 1923년에는 "고이시가와(小石川)에 있는 어느 교회를 다녔고 이듬해 가을녘부터 우치무라 선생님 집회에 출석"했다고 했다(함석헌, 「한국의 민중운동과 나의 걸어온 길」, 『우리 민족의 이상』, 함석헌저작집, 13권, 한길사, 2009, 223쪽). 김성수나 김삼웅은 그들이 쓴 함석헌 평전에서 함석헌이 언제부터 우치무라의 제자가 되었는지에 대해 밝히지 않지만, 그 연대를 정확하게 이해하는 것은 함석헌의 생애나 사상의 이해에 가장 중요한 것이라고 할 수 있다.

26 함석헌은 1983년 《우치무라전집 월보》 39호(이와나미서점)에서 우치무라에 대한 의문을 처음으로 적시했다. 즉 청일전쟁을 의전(義戰)이라고 한 것, 관동대진재 때의 한국인 학살에 대한 침묵, 한국병합에 대한 침묵, 그리고 우치무라가 너무 일본주의적이라는 점이다. 우치무라만이 아니라 그의 제자로서 일제의 동화주의 식민정책을 비판하고 식민지 민중에게 의회를 통한 의사표현의 기회를 주는 '자주주의 식민정책'을 주장한 야나이하라 다다오(矢內原忠雄, 1893~1961)에 대해서도 함석헌은 김교신과 마찬가지로 불만이었다고 했다(함석헌, 「내가 아는 우치무라 간조 선생」, 『오늘 다시 그리워지는 사람들』, 앞의 책, 228~229쪽).

소오(安部磯雄, 1865~1949) 같은 기독교인도 있었으며, 빈민굴에서 전도하며 노동운동, 농민운동, 협동조합운동, 진보정치운동 등 모든 사회운동에 영향을 미쳤던 가가와 도요히코(賀川豊彦, 1888~1960) 같은 목사도 있었다.

특히 이시가와는 간디에게도 영향을 미친 에드워드 카펜터와 영국에서 친교를 맺었고, 관동대지진 후 경찰에 구속되었을 뿐만 아니라 만주사변 후에는 그것을 비판하며 농본주의에 몰두하는 등 함석헌이 공감할 요소가 많은 기독교인이었다. 그러나 함석헌은 그에 대해 언급한 적이 거의 없다. 여하튼 그들 모두 당시 일본에서는 반체제적인 기독교인들이었다. 기독교인이 아닌 사회주의자나 아나키스트[27] 등의 반체제적 인사들은 더욱 많았다. 모태 기독교인인 함석헌이 기독교를 선택한 것은 어쩌면 당연한 일일지도 모른다. 하지만 그는 당시 일본의 기독교인들이 보여준 다양한 태도와 활동을 목도했음에도 불구하고 무교회주의를 택한다.

동경고등사범학교를 졸업한 뒤 귀국한 함석헌은 1928년부터 오산학교에서 역사를 가르쳤다. 그때부터 그는 평생 한복을 입은 듯하다. 여름에는 흰 모시 두루마기, 겨울에는 무명옷에 회색 두루마기를 걸치고 고무신을 신었다. 1927년 7월의 《성서조선》 창간호에 쓴 「먼저 의를 구하라」라는 글의 마지막에서 그는 "흰옷 입은 근역의 자녀들아, 그 의를 구하여라. 네 입은 옷은 정의의 흰 빛이 아니냐. 네 맘도 그같이 희기를!"라고 했다.[28]

---

27 여기서 일제기의 사회주의 운동을 언급할 필요는 없지만, 함석헌의 한국사 인식에 상당한 영향을 미친 것으로 보이는 신채호에 대해서는 언급할 필요가 있다. 특히 한국고대사를 비롯하여 민족주의적 역사관이 그러하지만 함석헌은 신채호에 대해 언급한 적이 거의 없다. 1910년부터 중국에 망명한 신채호는 1922년 「조선혁명선언」을 작성했다. 조봉암 등은 흑도회에서 탈퇴하고 사회주의를 선택했고 박열 등의 아나키스트들은 체포되었다.

28 함석헌, 「먼저 의를 구하라」, 『먼저 그 의를 구하라』, 함석헌저작집 18권, 한길사, 2009, 26쪽.

한국사를 가르치면서 그는 "역사란 온통 거짓말이기 때문에, 우리 역사를 정직하게 볼 때 비참과 부끄럼의 연속인 것을 부인할 수 없는데 그것을 어떻게 가르쳐야 옳은가 하는 생각에서" 역사 교사가 된 것을 후회한다고 했다.[29] 이 부분에 대해서는 설명이 필요하다. 왜냐하면 그가 그 전에도 한국사에 대해서 잘 알았을 것이기 때문이다. 따라서 "역사란 온통 거짓말"이라고 함은 다른 사람이 "과장하고 꾸미"는 것을 뜻했다.[30]

그래서 함석헌은 1934년에서 1935년까지 「성서로 본 조선 역사」를 쓰지만, 10년 뒤인 1938년에 창씨개명 및 일본어 수업을 거부하고 그곳을 사임한다. 그러나 그 후 2년 동안 오산에서 과수원을 돌보며 학생들에게 전도를 했으니 여전히 그곳 교사였던 셈이다.

1940년 3월, 함석헌은 평양 송산농사학원을 인수하여 20여 명의 학생들과 오전에는 공부하고 오후에는 농사를 지었다. 그리고 나서 몇 달 뒤인 8월, 계우회(鷄友會) 사건[31]으로 평양 대동경찰서에 1년간 구치된다. 그 뒤 함석헌은 아버지처럼 한의사가 되겠다고 생각하여 관련서적을 읽었다.[32]

1941년 가을, 함석헌은 길림성 참사관으로 있던 동생 함석창을 만나고 만주에 이상촌을 건설하고자 만주를 여행했으나, 실망하고 돌아왔다.[33] 이

---

29 함석헌, 「하나님의 발길에 채여서 1」, 『하나님의 발길에 채여서』, 앞의 책, 36쪽.

30 같은 책, 같은 곳.

31 동경농과대학 조선인 졸업생들의 모임인 계우회 회원들이 동경에서 항일운동을 한 혐의로 체포된 사건. 그 회원인 김두혁이 송산농사학원의 전 주인이어서 함석헌도 관련이 있다고 구속되었다.

32 함석헌, 「하나님의 발길에 채여서 1」, 『하나님의 발길에 채여서』, 앞의 책, 48쪽.

33 만주에서 그는 과거의 동지사들이 그곳을 도로 찾아 살아보자는 생각을 못한 것이 분했고, 그곳 중국인들이 일본 흉내 내는 것을 보고 한국인도 같은 꼴이겠구나 하는 생각이 들어 슬펐다고 했다(「죽을 때까지 이 걸음으로」, 앞의 책, 166쪽). 그러나 이는 자신이 만주에서 돌아온 이유가 되지 못한다.

어 1942년에 다시 《성서조선》에 김교신이 쓴 「조와(弔蛙)」[34]라는 글로 인해 서대문형무소[35]에서 1년간 미결수로 복역하다가 불기소로 출감하여 농사를 지으면서 이때부터 수염을 기른다.

함석헌의
사도기

함석헌은 해방 직후 평안북도 인민위원회 문교부장 등의 공직에 취임했다. 건국준비위원회가 발족되고 박헌영을 비롯한 좌익세력들의 주도 아래 조선인민공화국이 공포된 무렵이다. 이때 건국준비위원회는 각 지역에 140여 개의 지부로 확대되어 지방기구를 인민위원회로 전환하여 개편했다. 인민위원회에는 전국구 각 지역 지방마다 수백 개의 기관들이 있었는데, 지역마을 단위에서부터 신임을 얻고 있는 영향력 있는 인사들이 추대되어 좌우익 사상을 막론하고 다양한 계급계층을 포괄하였다.

특히 인민위원회는 각 면별로 국민학교, 중학교 등을 설립하여 자치교육을 실시하기도 하는 등 실질적으로 마을행정을 주도하였으므로 함석헌과 같은 교육위원의 역할이 컸다. 그러나 남한지역에 입성한 미군은 인민위원회를 공산주의계열 조직망이라고 생각하여 맥아더 포고령 제1호를 통해 이를 전면 부인하고 군정을 선언하면서 과거 일제 때 친일파였던 군, 경

---

34 '얼어 죽은 개구리를 애도한다'는 뜻으로 혹한 속에서 얼어 죽기도 하지만 봄이 오면 다시 태어나는 개구리를 통해 독립 정신을 고취한 글이다.
35 당시 같은 감옥에 여운형, 김광섭 등이 있었다. 김삼웅은 함석헌이 그 감옥에 들어가면서 「다시 감옥에 들어가서」를 지었다고 하지만 (『저항인 함석헌 평전』, 앞의 책, 99쪽) 의문이다.

찰, 관료들을 대거 등용했다. 반면 북한지역에 입성한 소련은 인민위원회를 합법적으로 승인하여 1946년에 북조선 임시 인민위원회가 설립되었다.

그런데 함석헌은 그가 문교부장이 된 지 몇 달 뒤인 1945년 11월에 터진 신의주 학생사건[36]의 책임자로 소련군 사령부에 체포되어 50일간 구금당했다. 그때 그는 300여 수의 시를 썼다. 그가 셸리의 「서풍」을 좋아한 때가 이즈음이었을까? 그 뒤 석방되어 고향에서 농사를 짓다가 다시 1개월간 옥고를 치렀고, 이어 아버지에게 물려받은 1만5천여 평의 땅을 몰수당하고 나서 1947년 2월에 월남한다.[37] 당시 그는 「거짓하는 교회주의자」라는 시에서 "국가주의 없애자고 나온 사회주의인데/공산독재에 떨어졌단 말이야"라고 노래했다.[38] 이런 점에서 당시 함석헌은 무교회주의이자 아나키스트였다고 할 수 있었다.

서울에서 함석헌은 YMCA 등에서 주일 성경공부 모임을 열었고 강연을 다녔다. 1948년 8월 15일에 수립된 남한 정부는 대통령과 부통령을 비롯해 장관의 반이 기독교인이었다. 게다가 상당수의 고위직마저 기독교인으로 이루어진 터여서 이는 곧 전 국민의 기독교인화 운동으로 이어졌다. 분단과 전쟁에는 기독교인의 책임이 컸다. 1950년대에는 박태선의 전도관 운동, 문선명의 통일교 운동, 기타 기복 신앙의 기도원 운동 등 250여 개의 '새 종교'가 번창하는 기독교 수치 시대를 구가했다.

---

36 신의주의 6개 남녀중학교 학생들이 공산당 타도를 외치고 벌인 반소, 반김일성 시위에 대해 보안부에서 기관총을 난사하여 13명이 사망하고 수백 명이 다쳤다. 이어 신의주 사범학교 등의 학생들이 시인 민위원회를 습격하여 공산당원들과 대치하면서 다시 많은 학생들이 피살되거나 중경상을 입고 투옥되었다.

37 이 무렵부터 1일1식주의를 실행했다(김삼웅, 『저항인 함석헌 평전』, 앞의 책, 117쪽).

38 함석헌, 『수평선 너머』, 앞의 책, 470쪽.

1950년 6·25전쟁 이후에는 부산에 살면서 성경공부 모임을 계속했으나, 1952년 말 부산에서 그는 무교회주의와 결별한다. 그해 크리스마스에 동료들에게 발표한 장편시 「흰 손」에서 "인격의 부닥침이 있기 전에/대속이 무슨 대속이냐?"라고 노래했다. 1953년에는 시집 『수평선 너머』를 간행했다. 1956년부터는 《사상계》를 중심으로 집필활동을 시작하였고,[39] 1957년부터 천안에서 씨알농장을 시작했다.[40] 그곳의 일꾼인 홍명순은 한국 최초의 양심적 병역거부자로 1년 4개월의 옥고를 치렀다. 함석헌 자신도 1958년 8월, 《사상계》에 쓴 「생각하는 백성이라야 산다」는 글 때문에 20일간 구금되기도 했다.

함석헌의
투사기

1961년 7월, 그는 두 달 전에 터진 5·16을 정면으로 비판한 「5·16을 어떻게 볼까」라는 글을 《사상계》에 발표했다. 그해 겨울에는 해인사에 머물면서 『성서적 입장에서 본 조선 역사』를 개작하여 이듬해인 1962년 3월, 『뜻으로 본 한국역사』라는 제목으로 출간했다.

그 2개월 뒤인 1962년 5월부터 함석헌은 미국 국무부 초청으로 3개월간 미국여행을 한데 이어 10개월간 퀘이커 학교에서 수학한 뒤 영국, 네덜

---

39 일반인을 상대로 한 최초의 글은 《사상계》 1956년 1월호에 실은 「한국 기독교는 무엇을 하고 있는가」였고, 사회에 대한 최초의 발언은 1957년 3월호에 실은 「할 말이 있다」였다. 이 무렵 그는 신촌에서 양계장을 하며 퀘이커와 교류했다.

40 김삼웅에 의하면 함석헌은 이 무렵 간디의 『자서전』을 읽었다(『저항인 함석헌 평전』, 앞의 책, 142쪽).

란드, 독일을 방문하고, 1963년 6월에 귀국한다. 한국에 돌아온 직후《사상계》에 쓴 「꿈틀거리는 백성이라야 산다」에서 함석헌은 단 하나, "군인이 제자리로 도로 물러가고 민정"[41]을 해야 한다고 주장했다. 이어 1964년에는 한일회담에 반대하면서 우리 역사의 모든 문제는 일본 때문이라고 했다.[42] "일본 제국주의 밑에 36년 종살이가 그들의 잘못이지 어찌 우리 잘못인가."[43] 1965년 말 한일협정이 비준되자 절망한 함석헌은 강원도 산속으로 들어가 명상을 하면서 종교와 과학, 특히 기독교와 진화론을 종합하려고 한 테야르 드 샤르댕(P. Teilhard de Chardin, 1881~1955)의 『인간현상 The Phenomenon of Man』을 읽었고 「비폭력혁명」을 비롯하여 간디에 공감하는 글을 많이 썼다.

함석헌은 1970년부터는 월간《씨알의 소리》를 내고 집필과 강연 활동을 전개했다. 1971년 8월의 삼선개헌 반대투쟁 직후《씨알의 소리》10월호에 쓴 「군인정치 10년을 돌아본다」에서 "5·16은 와서는 아니 되는 것"이라고 하고 "우리나라는 이날까지 농업국이다. 그러면 설혹 앞을 보아 공업화한다 해도 이 파리한 농민을 키워 그들을 살찌워 그들이 자기 손으로 모은 자본으로 공업을 일으키도록 하는 것이 원리원칙이다"라고 했다.[44] 함석

---

41 함석헌, 「꿈틀거리는 백성이라야 산다」, 『민중이 정부를 다스려야 한다』, 앞의 책, 18쪽.

42 함석헌은 그 이유를 다음과 같이 설명했다. "우리가 이렇게 못살게 된 것은 주로 일본 때문이었다. 신라를 늦도록 발전 못하게 한 것이 그들이요, 백제를 속인 것이 그들이요, 고려를 약하게 만든 것도 그들이요, 이씨조선을 망하게 한 것도 그들이다."(같은 책, 49쪽) 여기서 함석헌의 일본관을 길게 인용하는 것은 뒤에서 볼 『뜻으로 본 한국역사』에서 함석헌이 전개한 섭리적 일본관과 비교하기 위해서다. 함석헌은 한일조약에 반대한 학생데모가 섭리, 즉 하늘의 계시라고 했다(함석헌, 「단식에 앞서 동포에게 드립니다」, 『민중이 정부를 다스려야 한다』, 앞의 책, 56~57쪽).

43 같은 책, 81쪽.

44 같은 쪽, 262쪽.

헌을 비롯한 당시 일부 세력의 그런 주장은 결국 채택되지 못했다.

그 뒤 함석헌은 1974년 11월의 민주회복국민회의 대표 활동, 1976년 3월의 3·1민주구국선언 참여, 1983년 6월의 민주화를 위한 단식 투쟁 등의 정치활동을 하다가 1989년 2월 88세로 죽었다. 죽기 직전인 1988년 서울올림픽평화대회 위원장을 지냈다는 사실은 함석헌의 생애 중 이해하기 어려운 부분이다.

함석헌에게
영향을 준 사상들

함석헌과
디오게네스

2013년에 나온 김삼웅의 함석헌 평전의 제목은 『저항인 함석헌 평전』이다. 지금까지 나온 함석헌의 평전은 세 권이다. 모두 훌륭하다. 가장 먼저 나온 김성수의 책이나 이치석의 책도 훌륭하지만 저항인이라는 점을 가장 잘 부각한 김삼웅의 책도 훌륭하다. 함석헌은 저항인을 들사람, 즉 야인이라 고도 했다.

함석헌이 드는 야인의 보기 중 역사상 가장 먼저 태어난 사람은 디오 게네스(Diogenes)다. 함석헌이 한 이야기는 『플루타르크 영웅전』에 나오는 것이지만[45] 함석헌이 각색한 것인 만큼 그 이야기를 처음으로 전한 라에르 티오스(Diogenes Laertius, 기원후 3세기경)에 따라 다시 정리해보자.

기원전 336년의 가을과 겨울, 디오게네스는 크레타 섬에서 알렉산드

---

45 플루타르코스, 『플루타르크 영웅전』, 제5권, 김병철 옮김, 범우사, 1994, 241쪽.

로스[46]를 만났다. 당시 알렉산드로스는 마케도니아의 왕에 즉위한 직후였고, 크레타에 있는 그리스인들에 의해 페르시아 정복을 위한 전쟁을 책임지는 총사령관으로 선출되어 그곳에 머물고 있었다. 알렉산드로스가 디오게네스의 앞에 서서 "나는 대왕인 알렉산드로스다"라고 하자 디오게네스는 "나는 개[犬]인 디오게네스다"라고 했다. 알렉산드로스가 왜 개로 불리느냐고 묻자 "무엇인가 주는 사람들에게는 꼬리를 흔들고, 주지 않는 사람에게는 짖어대고, 나쁜 자들은 물어뜯기 때문"[47]이라고 답했다. 그리고 알렉산드로스가 "무엇이건 원하는 것을 말해보라"고 하자 디오게네스는 "햇빛이나 가리지 말고 비켜라"라고 대답했다.[48]

알렉산드로스가 "그대는 짐이 두렵지 않은가"라고 묻자 디오게네스는 "도대체 당신이 누구인가? 선한 자인가, 아니 악한 자인가?"라고 되물었다. 이에 대왕이 "물론 선한 자다"라고 대답하자 디오게네스는 "그러면 누가 선한 자를 두려워하겠는가?"라고 말했다.[49] 그 뒤에 알렉산드로스는 만일 자신이 알렉산드로스가 아니었으면 디오게네스이기를 바랐을 것이라고 말했다고 한다.[50]

함석헌의 디오게네스 이야기는 여기서 그치고 있으나, 더 중요한 점은

---

46 함석헌은 《성서조선》 7·8·11·12호(1929. 1·8·11·12)에 쓴 「민족 위에 나타난 신의 섭리」에서는 알렉산드로스를 "명을 받은 인물"로 그의 정복으로 인해 여러 나라에 퍼진 그리스어로 성서의 원문이 쓰여 기독교를 세계의 종교가 되게 하는 기틀을 마련했다고 평가했다(함석헌, 「민족 위에 나타난 신의 섭리」, 『먼저 그 의를 구하라』, 앞의 책, 92~93쪽). 따라서 알렉산드로스를 적극적으로 평가한 이러한 태도 대신 그에 대응되는 디오게네스의 야인적 삶을 적극적으로 평가한 것은 상당히 뒤의 일이다.

47 디오게네스 라에르티오스, 『그리스 철학자 열전』, 전양범 옮김, 동서문화사, 2008, 372쪽.

48 같은 책, 360쪽.

49 같은 책, 375쪽.

50 같은 책, 357쪽.

디오게네스의 삶과 생각이 그 자신 극장에 들어갈 때 나오는 사람들과 맞부딪치듯이 들어가는 것에 대해 한 말, 즉 "나의 전 생애를 통해서 이루려고 힘쓰고 있는 것"[51]이라는 말로 요약된 점이다. 다시 말해 그는 평생 주류를 거스르는 생각과 일만 했다. 그는 당시의 계급제와 노예제에 반대했고, 그리스 중심주의에 반대했다.

이런 의미에서 그는 최초의 비주류였고, 최초의 반체제 인사였다. 그렇다고 기이한 행동을 일삼은 철학자로만 그를 보아서는 안 된다. 그동안은 그런 점만 부각됐다. 최근에는 그의 세계시민주의도 주목되고 있지만, 그의 철학에서 가장 중요한 측면은 반화폐주의, 반물질주의, 반경제주의, 반자본주의, 반성장주의에 있다. 요컨대 그는 돈, 돈, 돈 하는 것에 대해 반대했다. 이런 태도는 그가 최초로 철학을 하게 된 계기였다는 통화위조 사건과 관련이 있다. 디오게네스는 가치 있는 모든 것이 무가치한 화폐와 교환되는 당시의 경제 현실에 분노하여 당당하게 화폐를 위조했다. "금전에 대한 사랑은 모든 화의 근원"[52]임을 주장하고 "무지한 부자를 그는 황금색 양"이라고 불렀다.[53] 돈에 초연해진 그는 스스로 돈이 필요하게 되면 "빌려 달라"고 하지 않고 항상 "돌려 달라"고 했다.[54]

통화위조 사건으로 인해 추방당하게 된 것이 디오게네스가 철학을 하게 된 계기였다. 누군가가 디오게네스에게 "시노페인들이 당신에게 추방을 선고한 것이군"이라고 말하자 디오게네스는 "그러나 나는 그들에게 고

51 같은 책, 374쪽.
52 같은 책, 366쪽.
53 같은 책, 364쪽.
54 같은 책, 364쪽.

국에 머물도록 선고했다"고 대답했다.[55] 또 "당신은 어느 나라 사람이냐"는 물음에 디오게네스는 "세계시민"이라고 대답했다.[56] 그리고 "유일하게 올바른 국가는 세계적인 규모의 것"[57]이라고도 말했다.

세계시민사상은 함석헌에게도 공유된 것이지만 함석헌이 통화위조를 생각했을 리는 없다. 그러나 함석헌의 역사관과 가장 유사한 역사관을 보였던 신채호는 조선 독립의 자금을 충당하기 위해 일본의 통화를 위조한 위폐를 환전하려다가 체포되어 감옥에 갇혀 결국 옥사했다. 함석헌과 신채호의 역사관을 비교하는 것은 대단히 흥미로운 일이지만 아나키스트였던 신채호와 함석헌의 삶은 매우 달랐다.

함석헌과
신채호

신채호는 함석헌보다 한 세대 앞서 태어났지만 세 세대 정도 앞선 56세에 죽었다.[58] 함석헌은 평생 기독교를 믿은 비폭력주의자였지만,[59] 신채호는 평

---

55 같은 책, 365쪽.

56 같은 책, 373쪽.

57 같은 책, 378쪽.

58 신채호와 함석헌은 만난 적이 없다. 그러나 신채호는 1910년 만주로 망명하는 길에 오산학교에 들려서 설립자인 오랜 동지 이승훈 등을 만났고, 이광수를 처음으로 만났다.

59 「조선혁명선언」 등에서 볼 수 있는 신채호의 명확한 노선과 달리 함석헌의 경우 어떤 민족독립운동의 방법론을 주장했는지 명확하지 않다. 굳이 가깝다고 한다면 이광수 등의 『민족개조론』(1922)이 아닐지 모른다. 그러나 이광수는 함석헌이 주장하는 기독교가 아니라 한국의 종교나 관습이나 생활양식 등의 문화 보전을 주장한 점에서 반드시 함석헌과 같지 않았다.

생 기독교를 믿은 적이 없고[60] 어려서부터 유학을 공부한 선비에서 아나키스트로 변모한 폭력주의자였다.[61] 즉 1910년 한일합방 직전 블라디보스톡 망명 시부터 무장독립운동을 지지했고 스스로 실천했으며, 결국 그런 일로 감옥에 갇혔다가 죽었다. 그러나 신채호가 1926년에 쓴 「조선사 정리에 대한 사의(私疑)」에서 다음과 같이 말한 것은 함석헌의 관점과 조금도 다르지 않았다.

어떠하여야 참조선의 역사라 하겠는가? 조선 민중 전체의 발전, 변화하는 모양을 서술하는 것이라야 참조선의 역사가 될 터이지만, 그러나 민중을 표준삼는 20세기 싹트는 나라이니, 이는 너무 사치스러운 선택이라 내가 말하는 참조선의 역사는 곧 조선적인 조선을 적은 조선의 역사를 말하는 것이며, 위인적 조선을 적은 조선의 역사이거나 다만 조선을 주체로 하고 충실히 적은 조선의 역사를 가리킴이다.

그래서 함석헌 이전에 신채호는 참역사─중국에 대한 사대나 종교적 편견에 의해 민중의 역사를 주체적으로 적은 것─가 『삼국사기』나 『삼국유사』에는 물론 왕조의 미화에 급급한 『동사강목』이나 기자조선 및 위만조선을 인정한 『동국통감』이나 『동국사략』에도 없다고 했다. 두 사람 모두

---

60   신채호는 고토쿠 슈스이(幸德秋水, 1871~1911)의 『기독말살론(基督抹殺論)』을 한역하여 중국 신문에 소개했다.
61   한때 승려생활을 하기도 했다.

전통적인 역사서술을 거부한 것이다. 이는 함석헌이 신채호의 영향을 받았음을 보여준다. 또 신채호가 한국 전통 사회의 파벌을 비판한 점도 함석헌과 같았다.

> 더욱이 오늘날 한국인은 4천년 역사를 가진 나라로 지금까지 아직도 영아의 상태를 탈각하지 못하여 가족적 관념은 있으되 민족적 관념은 없으며, 지방적 관념은 있으되 국가적 관념은 없으니, 이것이 무슨 까닭이뇨. ……이는 수백 년간 폐관(閉關)의 결과인저.[62]

그러나 역사관 자체의 차원에서 함석헌이 신채호의 영향을 받은 부분은 고대사를 만주 중심으로 서술한 점이었다. 1908년 《대해(大海)》에 연재한 「독사신론(讀史新論)」에서 그는 중국의 한족에 대립되는 부여족이 한민족의 주체적 국가를 이끌어온 중심 세력이라고 하고, 부여족에서 고구려로 발전해온 부여 및 고구려 중심의 역사를 한민족 주체의 역사로 보았다.

함석헌은 역사가이자 시인이었다. 함석헌은 한국 시인에 대해 말한 적이 거의 없지만 나는 이육사를 읽을 때 함석헌이 생각난다. 이육사에게도 「서풍」[63]이라는 시가 있지만 두 사람을 동시에 생각하게 하는 이육사의 시는 「광야」, 특히 그 마지막 구절이다.

---

62 신채호, 「사상 변천의 계급」, 『신채호 전집』, 별집, 형설출판사, 1977, 163쪽.
63 손병희 엮음, 『광야에서 부르리라』, 이육사문학관, 2004, 41쪽.

다시 천고(千古)의 뒤에

백마 타고 오는 초인이 있어

이 광야에서 목놓아 부르게 하리라[64]

함석헌, 간디,
톨스토이, 우치무라

함석헌은 간디를 자주 언급했지만, 간디가 언급한 만큼 톨스토이에 대해서는 거의 언급하지 않았다.[65] 톨스토이는 함석헌이 초등학교를 다니기 전부터 일본과 한국에서 유명했다. 그는 오산학교에 다닐 때 톨스토이의 책을 읽었다고 하지만 무슨 책인지 알 수 없다. 간디의 경우는 톨스토이의 소위 『참회』 이후의 종교서, 특히 그가 『인도의 자치』를 읽은 독자들에게 추천도서로 제시한 톨스토이의 『천국이 네 안에 있다』, 『예술이란 무엇인가?』, 『우리 시대의 노예제도』, 『첫 걸음』, 『우리가 어떻게 도망갈까?』, 『인도인에게 보내는 편지』 등이 그에게 가장 중요한 책들이었다. 간디의 기독교 이해는 물론 비폭력주의 자체가 톨스토이에서 비롯된다고 해도 과언이 아니다. 함석헌의 스승인 우치무라도 톨스토이의 영향을 크게 받았는데 함석헌은 톨스토이에 대해

---

64 같은 책, 53쪽.

65 함석헌이 톨스토이에 대해 언급한 것은 톨스토이의 소설 「이제 여기서 이대로」라는 작품을 통해 톨스토이의 삶까지 설명하는 부분뿐이다(가령 「이제 여기 이대로」, 『펜들힐의 명상』, 함석헌저작집 15권, 한길사, 2009, 67~70쪽). 김삼웅이 쓴 함석헌 평전에는 톨스토이가 아예 언급되지 않고 김성수가 쓴 함석헌 평전에는 톨스토이와 함석헌이 도덕적 가치를 추구한 점에서는 같았고 서양인으로서 노자를 가장 먼저 언급한 사람이 톨스토이라는 점 등이 관련성으로 언급된다(김성수, 『함석헌 평전』, 앞의 책, 163~164쪽).

거의 언급하지 않는다. 앞의 책들에 대해 언급한 적도 없다.

무교회주의자이기도 한 톨스토이에 대해 함석헌이 당연히 큰 관심을 기울일 수 있음에도 이처럼 무관심했다는 점은 이해하기 참으로 어렵다. 아마도 일제강점기에 그가 가졌던 민족주의 내지 국가주의 사상이 톨스토이의 급진적인 아나키즘적 사상과 맞지 않았기 때문인 것으로 보인다. 함석헌의 반국가 평화주의 사상은 해방 후, 특히 6·25 이후에 본격적으로 전개되었기 때문이다. 함석헌이 해방 이전에 간디에 대해 특별히 관심을 갖지 못한 점도 마찬가지로 이해할 수 있다. 반면 톨스토이와 마찬가지로 무교회주의자였던 우치무라를 함석헌은 일본 비판자이면서도 애국자라고 이해했는데, 바로 이 점 때문에 그는 톨스토이보다 우치무라를 가깝게 여긴 듯하다.

그러나 우치무라는 청일전쟁을 정의로운 전쟁, 즉 의전(義戰)이라고 하고, 한국병합에 대해 침묵했으며, 관동대진재 때의 한국인 학살에 대해서도 침묵했다는 점에서 함석헌으로서는 스승으로 삼기 힘든 사람이었다. 이 점에 대해 함석헌은 일본 유학 시절에는 그 사실들을 몰랐고 김교신을 통해 한참 뒤에 알았다고 했으나, 의문이다. 그 밖에도 그때에서야 비로소 우치무라가 너무 일본주의적이었음을 알았다고도 했다.

우치무라만이 아니라 그의 제자로서 일제의 동화주의 식민정책을 비판하고 식민지 민중에게 의회를 통한 의사표현의 기회를 주는 '자주주의 식민정책'을 주장한 야나이하라 다다오(矢內原忠雄, 1893~1961)에 대해서도 한참 뒤에 의문을 가졌다고 말했다.[66] 그래서 결국 함석헌은 무교회주의와

---

66 함석헌은 이러한 점에 대해 1983년 《우치무라 전집 월보》 39호(이와나미 서점)에서 처음으로 적시했다. 이에 대해 함석헌은 김교신과 마찬가지로 불만이었다고 했다(함석헌, 「내가 아는 우치무라 간조 선생」, 『오늘 다시 그리워지는 사람들』, 앞의 책, 228~229쪽).

결별하게 되지만 과연 우치무라를 처음 만났을 때 그런 사실을 정말 몰랐는지 의문이다. 일제기에 일본인을 가까이 하고자 하면 그가 한국에 대해 어떤 생각을 하고 어떤 태도를 취했는지 먼저 정확하게 아는 것이 당연하지 않을까? 게다가 우치무라나 그 제자들은 이미 일본에서 저명한 공인들로서 그들의 글이나 말, 그리고 태도는 충분히 공적으로 알려져 있지 않았던가?

여하튼 오로지 그런 이유 때문에 함석헌이 무교회주의를 떠난 것은 아니었다. 그러나 만일 함석헌이 톨스토이를 통해 무교회주의자가 되었다면 우치무라와 같은 그런 결별은 없지 않았을까? 그가 처음부터 퀘이커를 찾았다면 그런 결별은 없지 않았을까? 그러나 함석헌이 톨스토이나 퀘이커가 아니라 우치무라에 매료된 이유는 우치무라의 애국심과 함께 퀘이커를 포함한 외국 선교사에서 벗어나고자 한 점에 공감했기 때문이다. 어쩌면 함석헌은 우치무라나 야나이하라, 그리고 뒤에서 보게 될 우치무라의 제자 후지이 등의 노선에 적극 공감한 게 아니었을까? 이는 20세기 초엽의 웰스를 비롯한 영국 진보들에게 그가 공감했다는 사실과 통하는 점이 있기 때문에 더욱더 의문으로 남는다.

웰스, 함석헌, 웨브

함석헌은 톨스토이보다 웰스(Herbert George Wells, 1866~1946)를 좋아했다. 청년 시절 웰스로부터 함석헌은 "평화주의의 필요성, 세계주의에 입각한 역사관 및 종교관 형성에 근본적 영향"을 받았고, "역사, 진화론, 과학주의에 관심을 갖게 되었"[67]으며, 뒤에 역사가가 되어 『뜻으로 본 한국역사』를 쓰게 되었다고도 한다.[68]

함석헌은 웰스의 『세계문화사대계Outline of History』가 "성경 다음으로 많이 나갔다"고 하면서 "지금까지의 역사가 왕이나 영웅 중심이었던 것을 완전히 뒤집어 민중 편에서 역사를 보고 그런 각도에서 세계사를 간략하게 정리했는데, 인기가 대단했다"고 했다.[69] 일제강점기부터 웰스의 책은 널리 알려졌었고, 해방 후 지금까지 번역본이 나오고 있는 지명관의 번역서를 비롯하여 4종의 번역이 있었으며, 그 책을 모태로 한 세계문화사 책도 다수 나왔다. 그러나 그 책은 함석헌이 말한 민중적 관점보다도 낙관주의적 관점을 특징으로 한 것이었다. 나아가 그 책의 곳곳에는 전체주의적 요소도 있었다. 가령 다음 문장을 읽어보자.

> 인류는 하나의 공동체로 되어 가고 있으며 그러한 점에 있어서
> 공통의 세계적인 통제가 더욱더 필요하다는 사실이 점점 명백
> 해지고 있다. 예를 든다면 전 지구는 이제 하나의 경제적 공동
> 체이며 그 자연적 자원을 적절히 이용하기 위해서는 하나의 총
> 괄적인 지휘가 필요하다. ……이 모든 사정은 지금까지 있던 어
> 떠한 정부보다도 더욱 광범위하고 더욱 포괄적인 통제와 권위의

---

67 함석헌의 진화론 및 과학이라고 하는 것의 정확한 의미가 밝혀져야 한다. 즉 다윈이나 스펜서 또는 토머스 헉슬리 등의 진화론이나 우생학 또는 인종차별론 등과 어떤 관계가 있는지 밝혀져야 한다.
68 함석헌, 「내가 아는 우치무라 간조 선생」, 『오늘 다시 그리워지는 사람들』, 앞의 책, 104~105쪽.
69 함석헌, 『함석헌과의 대화』, 한길사, 2009, 18쪽.

출현을 요구한다.[70]

위에서 웰스가 말한 "더욱 광범위하고 포괄적인 통제와 권위"란 웰스가 진보적 리더(그는 이들을 사무라이라고 불렀다)들이 그들의 생각을 이루려면 진보적 파시스트 또는 계몽된 나치가 되어야 한다고 주장한 것과 얼마나 다른 것일까? 그 근거로 웰스는 우생학 이론을 믿었다. 즉 인류 종족의 개선 가능성은 우등한 자들을 번식시키는 것이 아니라 열등한 자들을 없애는 데에 있다고 했다.[71] 웰스는 1902년 "흑인, 황인 등은 열등하니 백인에게 나쁜 영향을 끼치기 전에 다 죽여야 된다"라는 글을 투고하는 등 제국주의와 더불어 백인 우월주의 사상도 함께 가지고 있었다. 장애인과 마찬가지로 기독교도 없어져야 한다고 주장했다. 그는 네거티브 우생학을 부각시키고 1904년에는 정신지체자의 불임수술을 적극 권장했다.[72]

블로흐(Ernst Bloch, 1885~1977)가 말했듯이 "자본주의라는 사회가 마치 새롭게 처녀로 화할 수 있는 것처럼 웰스는 그렇게 얼토당토않은 주장을 내세우"지만, 윌슨의 민족자결권이라는 것이 자본주의적 관심사를 은폐하기 위한 것이듯 "서구 자본주의가 표방하는 자유의 유토피아는 한마디로 마취제 클로로포름이나 다름이 없"었다.[73] 특히 "『타임 머신*Time machine*』[74]에는

---

70 H. G. 웰스, 지명관 옮김, 『세계문화소사』, 을유문화사, 1964, 223~224쪽. 지명관에 의한 번역은 지금까지도 나오고 있다.

71 웰스와 같은 페이비언주의자들은 대부분 국가주의자로서 영국의 제국주의를 지지했다.

72 앙드레 피쇼, 이정희 옮김, 『우생학:유전학의 숨겨진 역사』, 아침이슬, 2009, 177쪽.

73 에른스트 블로흐, 박설호 옮김, 『희망의 원리』, 2권, 열린책들, 2004, 1193쪽.

74 블로흐는 『타임엔진』이라고 하지만 이는 『타임머신』의 오류다.

최소한의 자유주의적인 요소마저도 과감하게 삭제되"었다.[75]

이런 점을 함석헌은 잘 몰랐을 수도 있다. 하지만 조금만 주의해 웰스의 책을 읽었다면 충분히 알 수 있었던 것들이다. 아니면 함석헌은 웰스의 그런 점마저 포함해서 그를 좋아했고, 웰스와 같은 의미로 세계국가주의를 주장한 것이 아니었을까?

웰스는 한국에 대해 언급한 적이 없다. 그러나 웰스와 함께 페이비언 사회주의자였던 비어트리스 웨브(Beatrice Webb, 1858~1943)[76]는 1910년 한국이 일본에 합병된 뒤 한반도를 방문하여 다음과 같이 썼다.

> 한국인들은 더러운 진흙집에 살면서, 활동하기 불편한 더러운
> 흰옷을 입은 채 이리저리 배회하는 불결하고, 비천하고, 무뚝뚝
> 하고, 게으르고, 신앙심이 없는 미개인 1,200만 명이다.

반면 일본인은 "지나치게 여가를 즐기고, 참을 수 없을 정도로 개인적 독립성이 강"하고 일본에서는 "사람들에게 도통 생각하는 법을 가르치려 하지를 않는다"고 썼다. 일본인에 대해서도 썩 호의적으로 보이지는 않지만, 한국인에 대한 표현보다는 훨씬 호의적이다.[77] 아마 웰스도 웨브와 비슷한 견해를 가졌을 것이다.

사실 그런 묘사는 웹 부처보다 17년이나 빠른 1894년, 조선과 일본을

---

75 블로흐, 앞의 책, 1256쪽.

76 그녀의 남편 시드니 웨브(Sidney Webb, 1859~1947)는 우생학적 신념을 강력하게 주장했다(같은 책, 같은 곳).

77 장하준, 『나쁜 사마리아들』, 부키, 2007, 282쪽.

여행하고 다음과 같이 비교한 윌리엄 길모어(William Gilmore, 1857~?)를 비롯한 수많은 서양인들의 글에서도 마찬가지로 볼 수 있으니 웹 특유의 것이라고 보기는 어렵다.

> 일본을 지나칠 때마다 감각을 매혹하는 것들을 보게 된다. 그곳에는 흥미로운 얼굴, 아름다운 복장, 깔끔한 집, 정성스럽게 짓는 농업, 희한한 나무, 활기, 기지와 우아함이 넘쳐 난다. 또한 일본 사람들의 천성적인 상냥함이 이 모든 것들에 또 하나의 매력을 추가한다. 그러나 한국에서는 사람들의 얼굴이 멍해 보이고, 복장은 단조로우며, 집은 가난하고 장식이 없고, 농업은 등한시되고 있으며, 조경은 귀족들의 무덤에 조악하게 시도된 경우를 제외하면 아예 신경 쓸 대상도 아닌 것으로 보인다. 그리고 사람들은 멍청해 보이고, 재미가 없으며, 입을 헤벌린 채로 낯선 광경을 바라보고, 때때로 타고난 생각마저도 없는 것처럼 보인다.[78]

그러니 웹 부처의 이 글을 우리나라에 처음 소개한 케임브리지대학의 장하준 교수가 그것을 이상한 글이라고 하기는커녕 당시 영국에서는 최고의 지성인들이 쓴 것이니 이의를 제기하거나 의문을 품을 수 없는 지극히 당연한 '말씀'으로 보면서, 도리어 그런 우리가 지금은 세계적인 경제대국이 된 것을 자랑하는 것이 크게 이상하게 보이지 않는다. 그러나 현재의

---

78 윌리엄 길모어, 이복기 옮김, 『서양인 교사 위리엄 길모어, 서울을 걷다 1894: 14개의 주제로 보는 1894년의 조선』, 살림, 2009, 15~16쪽.

반전 같은 것 없이, 과거의 모멸뿐인 글만을 읽는다면 분명히 좋은 기분은 아닐 것이다. 1960년대 이전 우리의 국민소득이 아프리카 여러 나라의 그것보다 적었을 때 그런 글을 읽었다면, 마치 지금 우리가 기아선상에 허덕이는 아프리카 사람들이 1세기 전부터 그러했고, 지금도 그러하니 앞으로도 영원히 그럴 것 같다고 해도 크게 이상하지 않은 것처럼 우리 자신에 대해서도 절망했을지 모른다. 그래서 모두들 한강의 기적을 이루었다는 박정희를 그렇게도 좋아하여 그가 죽은 지 38년이 지난 지금도 그의 그림자 밑에서 살고 있는 것일까?

웹 부처가 19세기 후반과 20세기 전반, 세계 최고의 문명국임을 자랑하던 영국에서 산 사람들로, 당시 그곳 사람들이 대부분 소위 사회적 다위니즘만이 아니라 우생학을 신봉하여[79] 흑인종은 물론 황인종까지 열등 인종으로 경멸하였던 점을 고려하면 그런 묘사에는 분명 문제가 있다고 보아야 할 것이다. 명색이 지성인, 그것도 사회과학자라면 조선이 왜 그렇게 되었는지, 일본 침략으로 인해 그렇게 된 것은 아닌지, 또는 조선의 지배계급이 잔혹해서 일반 인민들의 삶이 그렇게 처참하게 된 것은 아닌지 등등에 대한 철저한 분석이 마땅히 병행되었어야 한다. 물론 그런 것에 전혀 관심이 없는 사람들에게 이런 식의 고찰을 요구하는 것 자체가 무리일지도 모르지만 말이다. 그들은 조선에 그냥 구경이나 갔던 게 아닐까?

그러나 웹 부부는 당시로서는 가장 진보적인 사상을 가졌던 사람들이다. 그렇게 비참하게 사는 조선인들을 인간적으로 동정하고 그 원인을 정치·경제·사회·문화적으로 분석했어야 하지 않을까? 그래야 다른 명청한

---

79 앙드레 피쇼, 앞의 책, 177쪽.

관광객보다 조금이나마 낫다고 할 수 있지 않을까? 여하튼 우리는 그런 여행객들이 주마간산처럼 적은 그런 여행기에 크게 신경 쓸 필요가 없다.

혹자는 이런 글들을 지금 우리로서는 도저히 용납할 수 없는 오리엔탈리즘이라고 비판하고, 세계 최초의 활자 발명이니 한글 창제니 등을 들먹이며 찬란한 문화를 가진 우리의 역사를 무시했다고 분노할지도 모른다. 또는 진흙집만이 아니라 기와집도 많았고 흰옷만이 아니라 색동저고리나 화려한 궁중복도 많았으며 신선로 같은 고급 음식도 많았다고 자랑할지 모른다. 그러나 나에게는 그런 것이 도리어 더 오리엔탈리즘적인 것으로 보인다. 서양인들의 묘사는 피상적이었지만, 그것을 완전히 거짓이라고 할 수 없다. 장하준 교수가 밝히듯이 1945년 해방 직후 문맹률 조사에서 78%의 국민들이 글자를 모르는 상태였다는 통계[80]와 함께 생각해본다면 더욱 그렇다.

아마도 그 반세기 전의 문맹률은 더욱 높았을 것이다. 지극히 한정된 사람들만 한자로 쓴 유교 경전 중심의 책만 읽을 수 있었을 뿐, 도서관은 물론 책방도 없었던 나라여서 일반 민중은 그야말로 까막눈으로 평생을 살았다. 글을 읽을 줄 아는 자들이라고 해도 과거 시험을 보기 위해 유교 경전을 읽는 정도였으니 별 의미가 없기는 마찬가지다. 조선시대에 형성된 그런 전통은 21세기가 벌써 17년이나 지난 지금까지 막강하다. 세상은 크게 변하지 않았다. 여전히 대학 도서관이 각종 수험서로 뒤덮여 있는 야만을 보면 더욱더 그렇다.

사실 지금 한국에서도 일반인은 물론이고 진보라고 하는 사람들이 인도나 아프리카 등지에 대해 하는 말들을 보면 지금부터 1세기 전 웹 부처

---

80 장하준, 앞의 책.

가 조선을 보고 했던 말도 별로 이상하게 들리지 않을 것이다. 사실 지금 영국인이나 서양인 중에서도 한국에 대해 웹 부처와 같은 말을 하는 사람이 있을지도 모른다. 물론 그 내용은 조금 달라질 것이다. 가령 집은 진흙으로 지은 것이 아니라 시멘트로 지은 고층 아파트이고, 복장은 기성복이나 기능복으로 바뀔 수 있다. 그러나 그 밖에 크게 달라질 것이 무엇일까? 가령 지금 우리는 세계 10대 경제대국이라는 위상에 걸맞게 민주주의를 제대로 하고 있을까? 복지국가라고 할 수 있을까? 산업국가라고 할 수 있을까? 노동국가라고 할 수 있을까? 아니 그런 것들은 없어도 좋다. 나는 100년이 지난 뒤에 다음과 같은 평가가 나오는 것이 두렵다.

> 한국인들은 모두 회색 아파트에 살면서, 활동하기 편한 기능복을 입은 채 이리저리 배회하는 청결하고 부지런하고 신앙심이 있기는 하지만, 비천하고 무뚝뚝한 문명인 6,000만 명이다.

함석헌과 **무교회**

함석헌은 장로교 장로의 아들로 태어나 어려서부터 기독교를 믿었다. 일본 유학시절인 1924년부터 무교회주의자가 되었으나 1960년부터는 퀘이커 모임에 나가 죽을 때까지 퀘이커교도로 살았다. 즉 태어나면서부터 한국의 기독교인 대부분처럼 교회를 다녔다가, 20대부터는 한국에서는 극히 예외적인 무교회주의자가 되었고, 60대부터는 퀘이커가 되었다. 퀘이커도 한국에서는 예외적인 기독교 교파이니 함석헌은 거의 평생 '이단' 기독교도로 살았다고 할 수 있다.

1930년대 조선에서 이용도(李龍道, 1901~1933)를 비롯한 여러 부흥사들이 방방곡곡을 다니며 교회 부흥을 외칠 때 함석헌이 무교회를 외친 것은 그야말로 이단적인 행동이었다. 함석헌에 의하면 교회는 오직 그리스도만으로 서야 한다. 그리스도 이외의 힘을 빌려서 교회가 서야 한다면 이미 그 교회는 죽은 교회요, 더 이상 그리스도의 교회가 아니다. 따라서 교회에 조직이 들어서는 것은 곧 인간주의의 승인이요, 이는 하나님과 대적하는 태도다.

원시 기독교에는 교회가 없었다. 성속(聖俗)의 구별도 없는 '단순한 신앙 모임'이었다. 그런데 이 모임이 점점 커져가면서 로마 교회에까지 이르게 된다. 비대해진 교회의 교권은 개개의 신자를 초월한 조직체로서 명령적인 권위를 가지고 개인 위에 군림했다. 이는 사랑이어야 할 신앙을 복종으로 오해하게 하고, 사람을 속이는 시대착오로 복음의 능력에 의한 자유를 짓밟았으며, 직접 신 앞에 나가는 길을 차단하고 말았다. 이것이 바로 교회주의의 참모습이다.

교회주의에 대립한 무교회주의는 함석헌의 독창이 아니었다. 우치무라 이전에 예레미야스, 슈바이처, 케제만 등도 그렇게 주장했다. 그런데 함석헌은 1955년에 쓴 「새 시대의 종교」라는 글에서부터 무교회를 부정하는 입장을 취한다. 그 이유로 무교회가 한국에서 태어난 것이 아니고, 시대에 뒤처졌으며, 독선적이라는 점을 든다. 그러면서 새로운 조직의 필요성을 주장했다. 조직 자체를 부정하면 자칫 현실을 외면하게 되는데, 우리나라 교계가 처한 참담한 현실을 구하려면 새로운 조직의 필요성을 고려하지 않을 수 없다는 것이 그 이유였다. 그래서 그는 퀘이커에 들어간다.[81] 함석헌의

---

81 무교회운동도 퀘이커에서 비롯되었다고 보는 견해도 있는데, 그렇게 본다면 함석헌은 본래의 근원으

이러한 주장도 그의 독창이라기보다는 아돌프 하르낙(Adolf von Harnack, 1851~1930) 이후 강하게 주장된 것이었다. 예수가 열두 제자를 임명하고, 회계를 두고, 또는 70인 전도인들을 파송했던 것도 예수의 조직적 행동으로 받아들일 수 있다는 의미였다.

함석헌과 **퀘이커**

함석헌은 1924년부터 1928년까지 4년 동안 동경에 유학했다. 이 시기 그에게 가장 중요했던 경험은 무교회운동에 참가했던 일이다. 이는 그가 1962년,[82] 1971년, 1979년에 걸쳐 세 차례 세계여행을 한 목적이 주로 퀘이커와 관련되었다는 사실에서 알 수 있다.[83] 1962년 미국 여행 당시 참가했던 퀘이커 모임에 대해 함석헌은 다음과 같이 묘사한다.

> 참 퀘이커들은 일요일·월요일 하는 말을 쓰지 않습니다.[84] 그들
> 은 속의 참빛을 찾는 것이 목적이므로 모든 뜻 없는 형식적인
> 것과 기분의 만족을 위한 지저분한 것을 될수록 물리칩니다. 그

로 돌아간 셈이다. 함석헌은 일본 유학시절 우치무라와 니도베와 함께 퀘이커 모임에 갔었는데, 우치무라는 무교회주의자가 되었고 니도베는 퀘이커가 되었다고 했다(함석헌, 「퀘이커와 평화사상」).

82 함석헌은 펜들 힐에 머물면서 하워드 브린튼의 『퀘이커 3백년』을 번역했다(함석헌저작집 26권, 한길사, 2009).

83 함석헌은 1947년부터 퀘이커에 관심을 가졌고, 1960년부터 그 모임에 참석하다가, 제4차 세계 퀘이커 대회가 열린 1967년 정식으로 회원이 되었다.

84 요일의 이름은 다신교인 그리스로마 신화에서 나왔다고 하는 이유에서 사용하지 않고 첫 달, 첫 날이라는 식으로 부른다.

래서 교회라 하지 않고 단순한 모임이라 하며 목사도 교직자도 이른바 지도자란 것은 아무 것도 없습니다. 모이는 장소에 가도 다른 종교모임의 장소에서 보는 것 같은 제단이니 강단이니 하는 것이 없습니다. 촛불이요 가운이요 그런 따위는 말할 것도 없고 테이블조차 없습니다. 미사요 성찬이요 설교요 찬송이요 아무 것도 없습니다. ……

시간이 되면 각각 들어가 앉아 대개 한 시간쯤 고요히 앉아 있고 그동안 누구나 속에 떠오르는 것이 있으면 일어서서 이야기하거나 혹은 기도를 합니다. ……

제각기 고요한 가운데 하나님과 직접 부대끼는 것이요 고요한 시간 그대로가 목적이요 힘입니다. 그들은 그렇게 하여 300년을 온 것입니다.[85]

정식 명칭이 친우회(Society of Friends, 한국에서는 종교친우회)인 퀘이커는 1650년대에 영국의 조지 폭스(George Fox, 1624~1691)가 제창한 명상운동이다. 퀘이커는 영국 정부에 의해 탄압받았으나, 퀘이커 신도 윌리엄 펜(William Penn, 1644~1718)이 불하받은 북아메리카 식민지 영토에 도시(현미국 펜실베이니아)를 세움으로써 종교의 자유를 허용 받고 크게 발전했다. 퀘이커란 '하나님 앞에서 벌벌 떤다'는 뜻으로 다음 여섯 가지를 지향한다.

1. 모든 사람의 내면에는 신성한 무엇(성령)이 있다.

---

85 함석헌, 『세계의 한길 위에서』, 함석헌저작집 11권, 한길사, 2009, 44~45쪽.

2. 모든 사람은 하느님 앞에 평등하다.

3. 종교는 삶 전체에 관한 것이다.

4. 우리는 보다 깊은 하느님의 현존을 느끼기 위해 고요한 가운데서 모인다.

5. 참 종교는 지구와 그 위의 모든 생명을 존중하는 데 이르게 한다.

6. 각 사람은 고유하고, 소중한, 하느님의 자녀이다.

함석헌에 의하면 퀘이커가 '보통사람에게는 맞지 않아 그런지 전도가 잘 되지'[86] 않았기에 1970년대 퀘이커 수는 전 세계에 20만 명 정도이고 발생지인 영국에도 약 2만 명, 신도 수 최대국인 미국에 약 10만 명, 독일이 4~5백 명 정도였다.[87] 그로부터 40여 년이 지난 지금은 30만 명 정도이다. 그러나 퀘이커는 '늘 시대의 앞장'을 섰다. 양심적 병역 거부 운동, 감옥 개선 운동, 노예 해방 운동, 여성 운동, 정신병원의 시작, 과학교육의 시작 등이 다 그들이 한 일이다.[88]

한국에 퀘이커가 처음 전해진 것은 6·25가 끝난 뒤 영미의 퀘이커들이 복구 지원과 봉사활동을 위해 전북 군산의 도립병원에 오고서부터다. 그들이 떠난 뒤 한국인 친우들은 각자의 집을 돌며 예배모임을 시작했다.[89] 1960년대 함석헌의 참가로 크게 붐을 이루었으나 1989년 함석헌 사망 이후 내부 혼란과 갈등으로 10년 이상 모임조차 없다가 2000년부터 다시 모

---

86 같은 책, 188쪽.

87 같은 책, 187쪽.

88 같은 책, 229쪽.

89 장로교와 감리교가 우세한 한국에서는 군소 교파가 뿌리내리기 힘들다.

이고 있다.

퀘이커 중에서 함석헌은 특히 제럴드 허드(Gerald Heard, 1889~1971)에
주목했는데, 그와 함께 활동한 웰스 등을 함석헌은 "대영제국의 제국주의
정치의 전성시대에 살면서도 민족주의·국가주의의 종이 되지 않은 사람
들"[90]이라고 했지만, 앞에서 보았듯이 웰스는 스탈린주의나 파시즘에 기울
기도 했다.

함석헌의 **미국 여행**

함석헌이 1962년 미국 정부 초청으로 미국여행을 했다는 것은, 1988년 서
울올림픽평화대회 위원장을 지낸 것과 함께 함석헌의 생애 중 이해하기 어
려운 부분이다.[91] 함석헌은 친미주의자가 아니었고 국가주의자도 아니었음
에도 친미주의자를 키우고자 시도한 미국 정부의 초청에 응했기 때문이
다.[92] 그는 분단에 대해 미국이 책임을 져야 한다고 주장하지 않았던가? 자
신이 반대한 5·16에 미국이 찬성함으로써 군사정권이 유지되지 않았던가?

---

90 함석헌, 『세계의 한길 위에서』, 앞의 책, 242쪽.

91 1960년대에 함석헌이 유명 인사가 되었다는 것은 분명한 사실이지만 그렇다고 해서 미국무부의 초청
    을 받아 3개월간 미국여행을 하는 것이 당연했다고 할 수 없다. 대부분의 유명 인사가 그렇게 응한다
    해도 함석헌만은 그렇게 하지 말아야 했던 것이 아닐까? 게다가 1970년 유럽여행을 하면서 각국에 있
    는 한국대사관에서 대사나 직원이 차를 가지고 그를 응접하고 대사 집에서 저녁 식사를 하는 등 대접
    받는 부분은 박정희 정권을 비판한 그로서 과연 할 수 있는 일이었는지 이해가 되지 않는다.

92 함석헌은 미국에 온 것을 미국과 한국의 생존 경쟁에서 한국이 패배해 '전쟁 포로'로 왔다고 말했지
    만 (함석헌, 「실패의 사람」, 『세계의 한길 위에서』, 앞의 책, 251쪽.) 이해하기 어렵다. 또 김삼웅은 주한
    미대사관 문정관이 함석헌의 글을 영역하여 미국무성에 보냈고 이를 본 국무성이 초청했다는 사실을
    들어 다른 친미파의 경우와 다르다고 하지만(김삼웅, 앞의 책, 176쪽) 역시 의문이다.

1973년 《씨알의 소리》에 쓴 글에 의하면 1962년 당시 미국대사관 관리가 그에게 "그 전부터 초청할 계획이 있었지만 승낙할지 의문이어서 그때까지 기다렸다"고 말한 것도[93] 나의 의문과 관련된다. 적어도 함석헌이 유명하게 된 1958년 이후 미국대사관은 그런 계획을 세웠을 수 있다. 미국대사관은 함석헌을 미국의 친구로 만들려고 그런 계획을 세웠을 것이다.

함석헌은 미국의 초청을 승낙한 이유 중 하나가 미국에서 돌아올 때 유럽을 경유하는 세계여행을 하면서 마지막 석 달을 인도에서 보내고자 함이었다고 말했다. 그런데 인도로 가기 직전 한국의 헌법 개정을 위한 국민투표 움직임에 대한 소식을 듣게 되어 인도로 가지 못하고 독일에서 바로 귀국했다고 한다.[94] 인도 여행은 1921년 타고르에 대한 이야기를 처음 듣고 그의 책을 읽었을 때부터 계획했고,[95] 1928년 일본 유학을 마친 뒤에도 가고 싶어 했으며,[96] 1948년 간디가 암살당한 뒤 정말 가고 싶었다고 하니 이해가 되지 않는 바는 아니다. 그러나 인도 방문이 정말로 유일한 소망이었다면 미국 방문과 상관없이 바로 갈 수도 있었을 것이다.

함석헌은 미국에서 보낸 편지에서 항상 다음과 같이 미국이 넓고, 그래서 잘살고 있으니 우리도 그렇게 해야 한다는 이야기를 했다.

---

93 함석헌, 「실패의 사람」, 『세계의 한길 위에서』, 앞의 책, 259쪽. 함석헌은 《새생명》 123호(1972. 4)에서는 1961년 초에 나라 밖을 가보고 싶어서 장준하에게 부탁했는데, 마침 미대사관과 한미재단 합작으로 그런 교섭이 와 있어서 그것을 받아들였으나 5·16으로 인해 1962년에 떠났다고 했다(함석헌, 「자기 비밀을 나눠 주던 사람」, 『오늘 다시 그리워지는 사람들』, 앞의 책, 308쪽).

94 함석헌, 「실패의 사람」, 『세계의 한길 위에서』, 앞의 책, 260~262쪽.

95 같은 책, 257쪽.

96 같은 책, 256쪽.

터전이 넓어야 사람이 커지고, 들판 없이 문화는 있을 수 없습니다. ……그렇기에 어서 이민 나가라 하십시오. ……좁은 데서 먹을 것도 없이 싸우지만 말고, 널찍널찍한 곳으로 가서 기운을 펴고 살고 볼 것입니다. 아브라함도 되고, 모세도 돼야 할 것입니다. 땅을 다오! 우리에게 땅을 다오! ……

이 역사를 한번 고쳐 만들어봅시다. 그러려면 터부터 넓혀야 합니다. 민족의 이름 아래 사람의 목을 졸라매지 마시오. 세계는 달라집니다. 생각을 크게 합시다.

비관할 것은 없는 줄 압니다. 역사와 지리가 지금까지는 사람들의 살림을 얽매어왔지만, 이제 이 발달된 교통기관과 기계를 이용만 잘하면 얼마든지 새로 계획할 수 있습니다. 나라란 것이 이제는 차차 감옥으로 되어갑니다. 낡은 국가관념을 버려야 할 것입니다. 우리는 우연히 터를 잘못 잡았다가 그 국가주의에 희생이 된 민족입니다.[97]

위 글에서 적어도 "발달된 교통기관과 기계를 이용" 운운하는 부분은 간디와 생각이 다른 부분인 동시에 함석헌 자신 문명, 특히 기계문명이나 물질문명이 병이라고 비판한 것과도 모순되는 대목이다. 게다가 위 글은 함석헌의 지리결정론도 보여준다. 한국은 나라가 좁아서 사람도 작고 문화도 없다는 것이다. 그러나 국민 모두가 이민을 갈 수는 없다. 결국은 함석헌이 옛날의 우리 땅이라고 한 만주를 되찾는 수밖에 없는지도 모른다.

97 같은 책, 38쪽.

이처럼 좁은 땅에서는 모세 같은 야인도 나올 수 없다. 그러니 함석헌이 주장하는 저항도 불가능하다. 민주주의도 불가능하다. 국가주의도 땅이 좁은 탓이다. 그러니 함석헌과 같이 세계주의를 주장하려면 무엇보다도 땅부터 넓히거나 최소한 이민을 가야 한다. 그러나 이민을 가면 결국은 그곳 나라 사람처럼 살 수밖에 없다. 함석헌이 안타까워하듯이 외국에서는 제 민족을 잊을 수밖에 없다. 함석헌은 세계주의를 주장하면서도 왜 민족애를 그렇게도 찾는 것일까?

미국 여행에서 함석헌은 미국인들에게 자신이 『뜻으로 본 한국역사』에서 말한 고난의 역사관을 설명했지만 미국인들은 이해하기 어려워했다고 한다. 안병무가 독일에서 그 이야기를 해도 마찬가지 반응이었다고 했다.[98] 한국인인 나도 이해하기 어려운데 어떻게 외국인에게 이해시킬 수 있겠는가?

테야르 드 샤르댕

앞에서 보았듯이 함석헌은 1965년부터 테야르 드 샤르댕의 『인간현상』을 읽었다. 어느 판본을 읽었는지 확인할 길은 없지만 당시까지 우리말 번역본이 없었으니 프랑스어 원본이나 영어 번역본 또는 1964년 일본어로 번역된 책을 읽었을 것이다.

종교와 과학, 특히 기독교와 진화론을 종합하려고 한 샤르댕은 근본적으로 낙관적 성격을 띤 진화론적 역사관을 '보편 역사의 주(主)로서의 그리스도관'에 매개시킴으로써 그리스도교 신앙의 핵심 진리를 현대의 서구

---

98 같은 책, 74~75쪽.

중심적 세계관에 적응시키려고 했다. 이러한 신학은 인류의 역사를 하느님의 현현(顯現)이자 역사의 장(場)으로 파악하는 한에서 모든 문화와 종교적 가치를 포함하는 역사 현상 일반에 대해 긍정적이고 개방적인 자세를 지니게 마련이었다. 그러면서도 이러한 신학사조들은 그리스도 신앙의 절대성 내지 우월성을 고수하고 있다고 볼 수 있었다.

따라서 그것은 대단히 보수화할 우려도 있었다. 한국에서 샤르댕 저술의 대부분을 번역한 학자나 신부가 이효상(李孝祥, 1906~1989)[99]과 그 아들들인 이문호 교수나 이문희 주교처럼 대체로 보수적인 것도 샤르댕 사상의 보수성과 무관하지 않았다. 샤르댕의 책 대부분은 이효상 번역으로 1973년 공화출판사에 간행된 『샤르댕전집』 16권에 포함되었다.

최근 다시 샤르댕의 책이 번역되고 있는 것은 종교와 과학의 결합을 주장하는 창조과학 쪽 사람들이 샤르댕의 다음 말을 자주 인용하는 점과 관련될 수 있다는 데서 주목할 만하다. "진화는 모든 이론, 모든 가설, 모든 체계가 그 아래 복속되어야 하고, 그것들이 고려할 만하고 참이기 위해서 만족시켜야 하는 대 전제이다. 진화는 모든 사실을 비추는 빛이고 모든 사고 과정이 따라야만 하는 길이다."[100]

---

99 16권으로 된 방대한 『샤르댕 전집』의 번역자는 이효상 1인으로 되어 있지만 당시 정치 활동으로 엄청 바빴을 그가 과연 그 작업을 다 할 수 있었을지는 의심스럽다. 그 전집은 1969년에 일본에서 나온 전집을 중역했거나 적어도 참고한 것일 수도 있었다. 그 목록은 다음과 같다: 1.인간의 현상, 2.인간의 출현, 3.과거의 비전, 4.신의 영역, 5.인간의 일반주기, 6.인간의 에네르기, 7.에네르기의 활성화, 8.자연 안에서의 인간의 위치, 9.과학과 그리스도, 10.우주찬가, 11.한 사상의 탄생, 12.여행 중의 편지, 13.나의 신앙, 14.사랑, 15.전시의 저술(상), 16.전시의 저술(하).

100 Francisco Ayala, *Nothing in biology makes sense except in the light of evolution, Theodosius Dobzhansky: 1900~1975*. Journal of Heredity, 68(1977, Jan/Feb), p. 3.

3장 함석헌의 간디 수용

국가는
여러분의 세속의 복지, 건강, 의사소통,
외국과의 관계, 화폐 등을 돌보지만
여러분의 종교, 내 종교는
돌보지 않을 것입니다.

'한국의 간디'
함석헌

흔히들 '함석헌은 한국의 간디'라고 한다. 『함석헌 평전』을 쓴 김성수는 1970년대 서구의 보도매체에 의해 그렇게 알려졌다고 했으나 그 매체란 극히 제한된 것이었다.[1] 김성수는 그런 말이 나온 이유를 두 사람의 "행적의 유사함뿐만 아니라 근본적으로 사랑과 정의, 종교와 정치의 문제를 떼어놓고 생각할 수 없는 관계"라고 보는 입장이 일치하기 때문이라고 한다.[2] 하지만 이는 서구의 보도매체가 그렇게 본 게 아니었다. 서구의 매체가 함석헌을 '한국의 간디'라고 한 것은 함석헌을 서구에 알리기 위한 하나의 비유였다고 할 수 있다. 그러나 김성수는 간디를 따랐던 함석헌이 "범국민적인 인권운동을 조직하고 동원하는 데 간디만큼 적극적이었던 같지는 않다"고 평가한다.[3] 이는 두 사람의 입장 일치에도 불구하고 그러했던 것일

---

1   김성수, 앞의 책, 64쪽. 김성수가 그 근거로 드는 매체는 미국 퀘이커 단체의 간행물인 〈프렌즈 저널 *Friends Journal*〉 1965년(같은 책, 308쪽)과 영국 퀘이커 주간지 〈프렌드*Friend*〉 1976년 9월 3일호이다(같은 책, 336쪽). 영미의 퀘이커교도들은 1920년대부터 간디에 주목했다(Sean Scalmer, *Gandhi in the West*, Cambridge University Press, 2011, p.42 등 참조).

2   김성수, 앞의 책, 244쪽.

3   같은 책, 64쪽.

까? 혹시 입장 차이에서 나온 것은 아닐까? 나아가 그 입장이란 종교와 정치 문제에만 한정되는 것일까? 아니면 그보다 더 넓고 깊은 것일까? 이번 장은 이 같은 의문에서 출발한다.

한편 김영호는 함석헌을 우리나라에서 간디를 가장 잘 알았고 "간디를 발견하고 비폭력원리를 찾아낸 것만으로도 논할 가치가 충분한" 사람이라고 본다.[4] 그러나 함석헌이 우리나라에서 처음으로 간디를 '발견'하고 비폭력원리를 '찾아낸' 사람인지 의문이다. 함석헌 자신은 3·1운동 이후부터 외국 인물로서 우리나라 일반인에게 가장 존경받은 사람이 간디라고 했으니[5] 실제로 간디는 함석헌 이전에 발견되었다고 보는 게 옳다.[6] 그러나 간디의 길을 따르자고 처음으로 주장한 사람은 역시 1961년의 함석헌이 최초였다. 그 전에 간디는 일제하 조선에서 열렬히 소개되었으나 그 길을 따르자고 한 사람은 없었다. 왜 그랬을까? 그리고 함석헌은 왜 1961년 60세의 나이에 처음으로 간디의 길을 따르자고 했을까? 앞에서 제기한 의문과 마찬가지로 이러한 의문 역시 이 글의 출발점이 되었다.

김영호는 함석헌의 비폭력운동이 "간디처럼 그를 이해하는 사람들이 적었으며 현명한 추종자들이 거의 없어서 구호로 그친 감이 있다"고 하면서 "그만큼 인도인과 한국인의 정신적 가치 파악의 수준 차"가 있는지도 모른다고 했다.[7] 즉 "한국 민중운동가들은 함석헌을 앞장세우고 민중 사상

4   김영호, 「함석헌과 인도사상」, 함석헌기념사업회 엮음, 『함석헌 사상을 찾아서』, 삼인, 2001, 203쪽 이하.
5   간디, 함석헌 옮김, 『간디 자서전』, 함석헌저작집 29권, 한길사, 2009, 15쪽.
6   일본에서는 1925년 春秋社의 『세계대사상전집』의 하나로 『간디문집』이 간행되는 등 여러 책이 나왔는데 함석헌은 이를 읽었을지 모른다.
7   김영호, 앞의 책, 247쪽.

의 출발점으로 삼았지만, 그들이 필요한 부분만 수용할 줄 알았지 전체를 보거나 받아들이려고 하지 않고 '사랑의 폭력'이니 '방어적 폭력'이니 하며 폭력을 정당화하거나 비폭력을 찬성하더라도 꼬리를 달았"[8]으며, 자기희생이나 자기정화라는 비폭력운동의 중요한 요소를 놓쳐 폭력화하고, "계급적·차별적이어서" 극한 대립만을 초래했으며,[9] "전태일, 이지문, 이문옥, 한준수 사건의 호재를 조직적으로 살리지 못했다"고도 한다.[10]

이러한 김성수와 김영호의 견해에는 차이가 있다. 즉 어느 견해나 함석헌이 간디를 따랐다고 평가하면서도 김성수는 함석헌 자신이 인권운동에 소극적이었다고 본 반면, 김영호는 함석헌의 비폭력운동에 우리나라 민중운동가들이 소극적이었다고 본 것이다. 이러한 두 견해를 살펴보기 위해서는 한국의 인권운동 내지 민중운동, 나아가 "인도인과 한국인의 정신적 가치 파악의 수준 차"에 대한 검토가 필요할 것이다. 하지만 이 글은 그러한 검토가 아니라 함석헌의 간디 사상 수용이라는 차원에서만 검토하는 것을 목적으로 한다. 물론 적어도 "인도인과 한국인의 정신적 가치 파악의 수준 차"라는 지극히 추상적인 판단 문제에 대해서는, 그 어떤 방법으로도 이를 객관적으로 파악할 수 없다면 무의미할 수 있다는 점을 언급할 필요가 있다. 또 한국의 민중운동에 대한 평가도 이를 단순히 비폭력이라는 기준에서만 판단할 것이 아니라 그 자체의 의미로 판단되어야 한다는 유보도 필요할 것이다.

8 같은 책.
9 같은 책, 248쪽.
10 같은 책, 252쪽.

반면 송현은 함석헌을 한국의 간디라고 함은 함석헌의 "참모습을 모르고 하는 말"이고, "간디에 못지않은" 혹은 "나름의 삶의 방식과 사상체계를 이룬 위대한 사상가"인 그를 "과소평가하는 말"이라고 했다.[11] 송현은 함석헌 사상에는 간디만이 아니라 노자, 장자, 공자, 맹자, 바가바드기타, 기독교, 불교, 우치무라, 샤르댕, 웰스, 유영모 등의 사상이 뒤섞여 있다고 말한다. 그리고 함석헌에게는 비폭력사상을 간디에게서 받아들였듯이 각각의 사상가에서 각각의 사상을 받아들여 그 모든 것을 "그 자신 속에서 하나로 아우르게 하는 독특한 능력"이 있었다고 한다.[12] 그러나 송현이 함석헌에게 미친 영향으로 드는 바가바드기타, 기독교, 불교 등은 간디에게도 공통된 영향을 미친 것이며, 다른 나머지 사상가도 간디의 사상과 반드시 다른 것은 아니다. 간디의 비폭력사상이라고 하는 것도 바가바드기타, 기독교, 불교 등에 공통된 것이다. 따라서 함석헌의 간디 수용을 비폭력주의에만 한정할 수 없다. 그러나 함석헌이 바가바드기타나 불교를 이해한 것과 간디가 이를 비폭력주의로 이해한 것이 반드시 일치하는 것은 아니다. 도리어 이동철이 지적했듯이 "함석헌에게서 불교에 관한 언급이나 불교적 특성이 별로 보이지 않는"다.[13] 반면 간디는 불교에 대해 자주 언급했고 깊이 공감했다. 또한 간디는 노자, 장자, 공자, 맹자 등에 대해서는 언급한 바

---

11 송현, 『젊은 날에 만나야 할 시인 함석헌』, 명상, 2000, 23~24쪽.

12 같은 책, 32쪽.

13 이동철, 「동아시아 종교 전통과 한국의 주체적 기독교 수용」, 박경미 외, 『서구 기독교의 주체적 수용』, 이화여자대학교출판부, 2006, 29쪽. 함석헌은 1942년 감옥에서 신란(親鸞, 1173~1263)의 『교행신증(敎行信證)』을 읽은 것이 인연이 되어 『무량수경』, 『반야경』, 『법화경』, 『열반경』, 『금강경』 등을 읽으며 불교와 기독교는 근본에서 다를 것이 없다고 생각했고 출옥 후 『도덕경』을 읽었다고 했다(함석헌, 「이단자가 되기까지」, 『민중의 정부를 다스려야 한다』, 앞의 책, 251쪽).

없지만 함석헌은 자주 언급했다. 이러한 점들도 간디와 함석헌의 차이다.

　무릇 어떤 사상가가 다른 사상가의 영향을 받았다고 하는 것은 그 두 사상가의 사상 전체에서 판단해야 할 일이다. 물론 어떤 사상가가 다른 사상가의 사상을 받아들일 때 그 일부는 제외할 수 있다. 함석헌의 경우에도 간디의 사상에서 사회주의 등 일부는 제외했고, 역사관 등도 달랐다. 이는 간디와 함석헌의 입장이 달랐기 때문이다. 가령 사회주의만 해도 그렇다. 사회주의는 그것이 허용된 인도에서와 달리 일제하 조선이나 반공주의 한국에서는 받아들일 수 없었다. 게다가 함석헌은 신의 섭리를 믿는 정통 기독교도였기 때문에 더더욱 이를 받아들일 수 없었을 것이다. 그러나 함석헌이 간디를 수용한 것은 신의 섭리가 아니라 자발적 선택에 의한 것이었고, 간디를 수용하면서 그의 사상을 선택적으로 받아들인 것도 그의 자발적 선택에 의한 것이었다. 사상은 추상적인 것이 아니라 구체적인 것이고 시대에 따르는 것이므로 함석헌도 그 여러 사상을 받아들이는 시점이 다를 수밖에 없었다. 즉 간디 사상을 받아들인 시점도, 받아들인 내용도 함석헌의 사상 형성 과정에서 특이하게 나타난다.

함석헌은 간디를
언제 어떻게 받아들였나?

일제하 조선의
간디 수용

일제하 조선에서는 간디를 어떻게 받아들였을까? 이옥순이 분석[14]한 바에 따르면 간디는 시기에 따라 다르게 수용되었다. 가령 〈동아일보〉는 1920년 창간 직후부터 간디의 비폭력운동을 자주 보도했고, 1921년에만 해도 150 건을 상회하는 기사를 실었다. 간디에 대한 기사를 가장 많이 다루었던 1930~1931년의 추세도 비슷하다. 하지만 이후로는 기사의 수가 적어졌다.[15] 그러니 함석헌 같은 당대 지식인이라면 당연히 간디에 대해 알고 있었을 것이다.

신문보다 심층적인 글을 실은 잡지의 경우, 가령 《동광》 1931년 17호[16]에 서 26호에는 간디 『자서전』 1부의 일부인 어린 시절의 회고를 초역해서 신

---

14 이옥순, 『식민지 조선의 희망과 절망, 인도』, 푸른역사, 2006.
15 같은 책, 30쪽.
16 같은 책, 107쪽에서 이옥순은 18호부터라고 한다.

는 등 간디 자신의 글을 포함한 글들을 많이 실었다. 함석헌도 그것을 읽었을 가능성이 높다. 이러한 글들을 분석하면서 이옥순은 조선인의 기사가 간디에 대한 실망감과 편견을 드러냈다고 썼다. 그리고 이를 "더디게 진행되는 인도의 독립 과정에 대한 조선 사회의 조급함을 반영"한 것이라 보고[17] 그 이유를 다음과 같이 설명한다.

이는 조선의 지식인들이 비폭력을 쓰는 간디 방식의 스와라지와 그의 리더십을 이해하지 못하고 지배자가 예견할 수 있고 그래서 통제가 가능한, 힘에 근거한 대결과 승리와 패배라는 공식에 익숙한 때문이었다.[18]

간디의 『자서전』 중 어린 시절 일부만 번역해도 될 만큼 당시 조선의 지식인들이 간디를 충분히 이해했다고 보기는 어렵다. 하지만 그에게 공감하고 있었다는 것만큼은 분명하다. 나아가 이옥순은 간디의 소박한 모습 등을 전한 당시의 기사가 간디를 폄훼하거나 오해했다고 보지만,[19] 그 근거로 드는 기사들이 외신이나 처칠 등 서양인 발언의 번역이기 때문에 이를 반드시 조선인의 시각이라고 보기 어렵다. 그 내용 역시 반드시 폄훼나 오해라고 보기도 어렵다. 도리어 간디에 대한 존경심의 발로라고 볼 수 있다. 당시의 외신들은 인도의 영국 정부에 의해 철저하게 통제되었기 때문에 간

---

17 같은 책, 110~111쪽.
18 같은 책, 111쪽.
19 같은 책, 112~118쪽.

디에 대해서도 왜곡된 기사밖에 실을 수 없었다.[20] 이 점에 대해서 간디 자신 항상 불만을 표명했을 정도다.[21] 그러니 당시 인도에 특파원을 보낼 수 없었던 조선의 언론기관으로서는 그처럼 왜곡된 기사밖에 전하지 못했을 것이다. 따라서 이를 당시 조선인의 오리엔탈리즘 탓으로 비난할 수는 없다.

또한 당시 조선인들이 간디에 대해 비판적이었던 점도 굳이 폄훼[22]라기보다는 나름의 판단으로 볼 수 있지 않을까? 특히 좌익 인사들은 간디를 가혹하게 비판했는데, 이는 당시의 조선 좌익만이 아니라 인도 내외의 좌익과도 거의 일치하는 비판이었다. 여하튼 1930년대에 이르러 간디는 조선에서 잊히고 만다. 이 점도 조선인의 자발적 선택에 의한 것이라기보다 당시 영국 정부의 언론 통제 및 일제의 언론 통제 결과였다고 보아야 할 것이다.

여하튼 일제하 조선에서 간디는 외신을 전한 언론에 의해 상당히 주목되었지만(그것이 일반 시민에게 얼마나 파급력을 가졌는지는 알 수 없다), 그의 비폭력주의를 민족해방의 노선으로 채택하자는 주장은 전무했다. 이는 당시 다른 식민지에서도 마찬가지였다. 조선만의 특별한 상황은 아니었다. 즉 당시 다른 식민지에서와 마찬가지로 조선에서도 간디의 비폭력주의를 민족해방의 노선으로 채택하기 어렵다는 인식이 일반적이었던 것이다. 이와 관련해 김성수는 "식민지 조선에 대한 일제의 억압은 대영제국이 그 식민지를 통치하는 경우와는 그 잔악성에서 하늘과 땅 차이였다"고 했다. 그러면서 영국 정치학자 샌더스(David Sanders)가 "간디의 시민불복종 운동이

---

20 Sean Scalmer, 앞의 책, p. 9 이하.

21 같은 책, 42쪽 이하.

22 이옥순, 앞의 책, 118~135쪽.

1940~41년에는 잠잠했던 이유는 당시 버마에 주둔한 일본이 영국을 대신해 인도를 점령 통치할 가능성을 원치 않았기 때문이다"라고 말한 데서도 그 근거를 엿볼 수 있다고 말했다.[23] 그러나 이는 당시 간디가 영국보다 일본의 통치가 더 잔악하다고 생각해서가 아니라 간디가 "우리는 영국의 폐허에서 우리의 독립을 구하지 않는다. 그것은 비폭력의 길이 아니다"라고 생각한 탓일 수도 있다.[24] 또한 당시 비폭력운동이 "잠잠했다"고 함은 실제로는 계속된 비폭력운동이 "전시 통제 아래서 그 사건이 언론에 보도되지 않았기 때문"으로 볼 수도 있다.[25]

김성수는 식민지에서의 일본 통치와 영국 통치를 "그 잔악성에서 하늘과 땅 차이였다"고 볼 수 있는 예로 조선어 말살, 창씨개명, 조선사 왜곡 사업 등을 들었다. 그러나 쿨란스키(Mark Kurlansky)가 지적했듯이 이는 "영국의 식민 통치가 얼마나 무자비하고 잔혹했는가를 간과하는"[26] 것일 수 있다. 여하튼 나치의 억압을 받은 유태인에 대해서도 간디는 비폭력투쟁을 권유했고,[27] 일제하 조선인에게도 비폭력투쟁을 권했다.[28]간디의 권유에 대해 유태인 부버(Martin Buber, 1878~1965)나 아렌트(Hannah Arendt, 1906~1975) 또는 니부어(Karl Paul Reinhold Niebuhr, 1892~1971)는 인도에서와 달리 나치 지배하에서는 비폭력운동이 불가능하다고 말했다. 마찬가

---

23 김성수, 앞의 책, 57쪽.

24 요게시 차다, 정영목 옮김, 『마하트마 간디』, 한길사, 2001, 639쪽.

25 같은 책, 645쪽.

26 마크 쿨란스키, 전제아 옮김, 『비폭력』, 을유문화사, 2007, 187쪽.

27 요게시 차다, 앞의 책, 628쪽.

28 〈동아일보〉, 1927. 1. 5.

지로 일제하의 조선인은 물론 김성수와 같은 현대 한국인도 식민지하에서는 비폭력운동이 불가능했다고 할지 모른다. 하지만 간디는 결코 그렇게 생각하지 않았다.

1959년 이전
함석헌의 간디 수용

함석헌은 우리나라 사람들이 그렇게 간디를 좋아했음에도 불구하고 해방될 때까지 간디 전기가 번역되지 못했는데,[29] 만일 번역되었다면 우리나라가 달라졌으리라고 한 적이 있다.[30] 가정법에 불과한 말이니 그 진실을 알수는 없으나, 널리 알려진 대로 해방 직후 한국에서는 출판의 시대라고 해도 과언이 아닐 정도로 함석헌의 여러 책을 포함한 많은 책들이 출판되었음에도 간디에 대한 책은 물론 간디의 『자서전』 등도 전혀 번역·출판되지 않았다. 이는 적어도 해방 전까지 함석헌 자신은 물론 여타 한국인에게 간디가 중요한 관심의 대상이 아니었음을 뜻한다. 함석헌이 쓴 책에서 간디가 등장하는 것도 6·25 전후에 출판했다고 하는[31] 『바가바드기타』 해석에서부터다.[32]

　김성수는 함석헌이 간디 사상을 처음 접한 시기가 오산학교에 다닐 때

29　앞에서 보았듯이 일부는 번역되었는데 함석헌은 이 사실에 대해 언급하지 않았다.

30　함석헌, 『간디의 참모습/간디자서전』, 앞의 책, 47쪽.

31　김성수, 앞의 책, 234쪽.

32　함석헌이 1945년 이전 《성서조선》에 쓴 글을 모은 『먼저 그 의를 구하라』(함석헌저작집 18권)이나 『성서로 본 조선역사』, 『성서적 입장에서 본 세계역사』 등에서도 간디는 나타나지 않는다.

인 1921년부터라고 했다. 그때 간디가 주관한 잡지 《젊은 인도Young India》를 정기적으로 읽었다는 것이다.[33] 그러나 함석헌 자신은 오산학교 학생 시절을 회고하면서[34] 그런 말을 한 적이 없다. 그저 당시에 간디의 이름을 들었다고 했을 뿐이다.[35] 함석헌 자신은 1924~25년 동경 유학시절[36] 로맹 롤랑이 쓴 간디 전기를 읽었다고 하면서[37] 1975년 시점에서 롤랑이 자기 책에 "간디는 외양으로는 분주한 정치활동을 하고 있으나 속살은 종교의 사람이다"[38]고 썼음을 기억한다고 했다.

함석헌은 당시 동경에서 단행본으로 된 『젊은 인도』를 미국에 주문해

---

33 김성수, 앞의 244쪽. 2013년 김삼웅이 쓴 『저항인 함석헌 평전』에는 일본 유학 시절에 간디를 읽었다고 한다(67쪽).

34 노명식 엮음, 앞의 책, 146쪽. 오산에서는 톨스토이, 롤랭, 베르그송, 입센, 블레이크, 타고르, 웰스의 책을 읽었다고 했다. 함석헌은 동문회에서 산 책인 톨스토이, 투르게네프, 입센, 괴테, 실러, 롤랑(롤랑의 책으로 처음 읽은 책은 『장 크리스토프』였다), 블레이크, 니체, 베르그송, 타고르 등을 읽었다. 그 밖에 이광수의 『무정』을 읽고 감동했다고 했다. 그중 가장 큰 영향을 준 책은 웰스의 『세계문화사대계The Outline of History』(1920)라고 했는데 그가 페이비언협회 회원이고 세계국가주의자임을 뒤에 동경에서 알았지만 함석헌이 세계국가를 주장한 그의 영향이고 역사에 대한 흥미나 진화론을 새로 보게 된 것도 그의 영향이라고 했다(함석헌, 「이단자가 되기까지」, 『죽을 때까지 이 걸음으로』, 앞의 책, 243~244쪽). 김성수(104쪽)와 김삼웅(60쪽)은 그들이 쓴 함석헌 평전에서, 위 책들 외에 칼라일의 『의상철학』과 셸리의 『시 모음』도 읽었다고 하는데, 함석헌은 셸리를 동경고등사범학교에서 알았다고 했다. 또 김성수는 폭스의 『일지Journal』도 읽었다고 하지만(104쪽) 의문이다. 뒤에서 보듯이 함석헌이 퀘이커에 관심을 갖는 것은 그 후이기 때문이다.

35 함석헌, 「마하트마 간디」, 『오늘 다시 그리워지는 사람들』, 앞의 책, 53쪽.

36 함석헌은 인도에 대한 최초의 독서가 동경에서 타고르의 『기탄잘리』를 읽은 것이라고 했고 그 뒤 간디를 읽었다고 했다(함석헌, 「이단자가 되기까지」, 『죽을 때까지 이 걸음으로』, 앞의 책, 249쪽). 1985년 12월 강연에서는 동경고등사범학교에 입학해서 간디를 알았다고 했다(함석헌, 「한국의 민족운동과 나의 길」, 『우리 민족의 이상』, 함석헌저작집 13권, 한길사, 2009, 226쪽).

37 함석헌, 「간디의 길」, 『오늘 다시 그리워지는 사람들』, 앞의 책, 53쪽.

38 같은 책.

읽었다고도 하고,[39] 그 뒤 오산학교에서 교사로 근무하며 연구해보려고 『젊은 인도』를 사다놓았지만 읽지 못하다가 1948년에 읽었다고 하기도 했다.[40] 그러니 『젊은 인도』를 산 것은 오산학교 교사 시절일 수도 있다. 함석헌은 1950년 『성서적 입장에서 본 조선역사』를 처음으로 출간하면서 본래 《성서조선》에 싣지 못한 부분을 실을 때 처음으로 『젊은 인도』를 인용했다.

함석헌은 1934년부터 1935년 사이에 잡지 《성서조선》에 연재한 「성서적 입장에서 본 조선역사」를 쓸 때부터 간디 등의 영향을 받았다고 말했으나[41] 당시 연재분에서는 간디가 언급되지 않았으며 내용에서도 간디로부터의 영향을 찾아볼 수 없다. 이는 일제하에서는 함석헌도 간디에 대해 알고는 있었으되 크게 관심을 두지 않았다는 뜻이 아닐까?

한편 함석헌은 해방 후 북한에 온 소련군이 북한 사람들을 속이려고 가장 먼저 한 일이 "소련측이 조만식을 내세우며 '조선의 간디'라고 한 것"이라고 했다. 조만식이 일본에 유학한 1908년부터 간디에 감동했다는 백과사전[42]의 설명은 의문이지만(당시 40세인 간디는 남아프리카에 있었고 아직 국제적으로는 그다지 유명하지 않았다), 조만식이 1922년 조선물산장려회 회장으로 국산품 애용운동에 앞장선 것은 간디의 영향을 받은 것이라고 할 수 있을지 모른다. 함석헌은 소련군과 간디가 180도 반대라고 보았다. 그런데도 소련군이 간디를 전면에 내세운 것은 북한 사람들을 속이려고 한 데 지나지 않는다는 것이다. 하지만 간디는 조만식이나 함석헌과 달리 기독교

39 함석헌, 『세계의 한길 위에서』, 앞의 책, 259쪽. 단행본으로 된 『젊은 인도』가 어떤 책인지는 알 수 없다.
40 함석헌, 『죽을 때까지 이 걸음으로』, 앞의 책, 2009, 251쪽. 함석헌은 이 글을 1959년에 썼다.
41 함석헌, 『함석헌과의 대화』, 앞의 책, 314쪽.
42 네이버 백과사전 등.

반공주의자가 아니었다. 도리어 사회주의자였다. 그러므로 소련군과 그다지 멀지 않았으리라고 짐작된다. 물론 간디는 소련식 사회주의자가 아니어서 자본주의에 철저히 반대했다. 따라서 함석헌이 소련군의 조만식 선전을 두고 "간디의 길은 그만큼 우리에게 들어맞는 길"이라는 증거라고 본[43] 것은 간디의 길을 사회주의적인 것이라고 보지 않는 경우에 타당한 말일 수는 있어도 소련군이 북한 사람들을 속이기 위한 것이라고 볼 수는 없다.

함석헌은 1948년 간디 암살 후부터 간디의 글을 읽었고, 그 후 『바가바드기타』를 연구하면서[44] 간디의 해석을 참조했으며, 1957년 간디의 톨스토이 농장을 상기하면서[45] 씨알농장을 만들었으나 1973년 빚더미에 올라앉아 문을 닫았다. 1958년 12월에는 간디 공부모임을 만들었고, 1959년부터 여러 글에서 간디에 대해 언급하기 시작했다. 그 뒤 1964년 『간디 자서전』을 번역했으며, 1981년에는 간디의 『날마다 한 생각』[46]을 공동 번역했다.

1959년 이후
함석헌의 간디 인식

1959년 함석헌은 간디가 영국을 이긴 것을 "인류 역사 이래 이런 일을 일찍이 보지 못했다"고 하면서 "혼의 뚫어비침으로 역사의 흐름이 나아가"

---

43 함석헌, 『간디의 참모습/간디 자서전』, 앞의 책, 47쪽. 함석헌, 『죽을 때까지 이 걸음으로』, 앞의 책, 223쪽에도 같은 말이 나온다.
44 바가바드기타 공부모임은 1974년 4월에 시작되었다.
45 함석헌, 『죽을 때까지 이 걸음으로』, 앞의 책, 99~100쪽.
46 김성수가 이를 간디의 일기라고 함(앞의 책, 245쪽)은 잘못이다.

는 증거로 보았다. 그리고 "이런 의미에서 현대는 종교부흥의 시대"이며 이 때의 종교란 기성 종교가 아니라 새 종교라고 했다.[47] 또 "20세기에 제일 큰 세계적 사건"은 인도 독립이며 이는 간디의 사티아그라하에서 나왔다고도 했다.[48] 마찬가지로 함석헌은 "현대에 있던 사람 중에 가장 위대했던 이는 간디요, 현대사에 그가 지도했던 사티아그라하라 할 것인데 그가 절대 주장한 것은 아힘사, 즉 불살생이었다"[49]고 했다. 이는 함석헌이 적어도 1961년 5·16이후에 쓴 「살림살이」에 나오는 문장들인데 이 모두 함석헌이 초기에 이해했던 간디를 보여주는 것인지 모른다.

또 1961년에 낸 『인간혁명』에서 함석헌은 간디가 기계를 받아들이기 위해 물레부터 돌리자고 했다고도 썼는데 여기에 이해하기 어려운 점이 약간 있다.[50] 그리고 집필 연대를 알 수 없는 「열두 바구니」에서는 "간디같이 위대한 혼이 크리스천이 못된 것은 기독교의 부끄러움"이라고도 썼다.[51] 그러나 처음부터 힌두교인의 입장에서 기독교도가 되고자 생각도 하지 않은 간디에 대해 그렇게 말할 필요가 있는지 의문이다.

함석헌이 그렇게 말한 이유를 알 수는 없지만 1981년의 강연에서 그는 간디가 기독교인이 되지 못한 이유를 다음과 같이 말했다. 간디는 "죄를 짓고 그것이 괴로워서 없어지길 바라는 것보다는 잘못됐으면 잘못된 대로 그것 때문에 그걸 이겨보려고 고민을 하는 게 낫지, 그걸 잊어버리려고 하

47 함석헌, 「정치와 종교」, 『인간혁명』, 함석헌저작집 2권, 한길사, 2009, 87쪽.
48 함석헌, 『죽을 때까지 이 걸음으로』, 앞의 책, 146쪽.
49 함석헌, 『들사람 얼』, 앞의 책, 2009, 96쪽.
50 같은 책, 40쪽.
51 같은 책, 150쪽.

는" 것을 못마땅하게 여겼으며 "간디에게 전도하던 그분들이 부족해서 그랬지, 간디가 안 돼서 기독교인이 못 됐다"고 할 수 없다고 한 것이다.[52] 그러나 간디가 기독교로 개종하지 않은 이유는 그런 문제점 때문이 아니다. 개종 자체를 무의미하다고 본 간디의 다원주의적 종교관 때문이었다. 간디는 모든 종교는 하나이지만 그 믿음의 형태는 다양하다고 보고 기독교나 힌두교도 그 다양한 형태 중 하나에 불과하다고 보았다. 이처럼 1950년대 말 함석헌의 간디 인식은 기독교적 입장에서 내려진 것이라고 볼 수 있다.

함석헌이 본
한국의 '간디의 길'

함석헌은 1961년 2월, 4·19 이후 5·16 직전, 그가 간디를 주제로 하여 최초로 쓴 글인 「간디의 길」에서 한국의 현대사를 철저히 부정적으로 묘사하면서 우리 민족이 "무지무력"[53]이라고 했다. 또한 "이제 우리의 나갈 길은 간디를 배우는 것밖에 없다"[54]고도 했다. 그가 말한 간디의 길이란 사티아그라하, 즉 진리파지(眞理把持), 참을 지킴, 비폭력 저항주의다. 비폭력이란 '혼의 힘'이고 혼은 아트만이며 아트만은 "저(자아)의 힘을 드러냄", "곧 하나님께 이름"에 있다는 것이다. 따라서 그는 "간디의 길은 밖으로는 정치인 동시에 안으로는 종교"라고 보았다.[55] 마찬가지로 함석헌은 우리가 간

---

52 함석헌, 『두려워말고 외쳐라』, 함석헌저작집 21권, 한길사, 2009, 311쪽.
53 함석헌, 「간디의 길」, 『오늘 다시 그리워지는 사람들』, 앞의 책, 81쪽.
54 같은 책, 79쪽.
55 같은 책, 82쪽.

디를 배워야 하는 세 가지 이유 중 둘째로 간디 사상에는 종교와 정치가 하나로 잘 조화되어 있고 정치문제를 종교적으로 해결한 점을 꼽는다.[56] 이는 현대에 이르러 종교와 정치가 완전히 분리되면서 '자아의 분열'을 일으킨 반면 간디는 종교심에 호소하여 대영제국을 물리치고 자유 국가의 기초를 닦았다고 해석한 탓이다.[57]

나아가 위 글에서 함석헌은 간디의 길이 공자, 석가, 예수의 길이라고 하면서, 간디는 처음으로 이웃 사랑을 "단체로서, 나라로서 해보려고"[58] 했던 사람, 그리고 정치와 종교를 처음으로 일치 내지 조화시킨 사람이라 평가했다. 이상이 간디에 대한 함석헌의 설명인데 이러한 설명이 어떤 의미를 가졌는지는 알 수 없다. 그 글이 발표된 4·19 이후 5·16 직전의 상황에 이 글이 어떤 영향을 미쳤다고는 볼 수 없는 탓이다. 당시 한국 상황이란 정치와 종교의 불일치 때문에 문제가 생겼던 것도 아니고, 또 그 문제들이 정치와 종교를 일치시키자는 주장으로 해결될 만한 사안도 아니었으니까.

위 글을 쓸 때 함석헌은 우리와 인도가 가난과 무지와 타락이라는 점에서 비슷하고, "오늘날도 우리 민중의 혈관 속에 흐르고 있는 것은 낙망·원망·비관, 구차한 소망"이라고 보았다. 이를 간디는 인도에서 "깊은 속의 혼을 불러내는 진리 운동"인 비폭력 저항주의로 극복했으므로 이것이야말로 우리가 그를 배워야 하는 첫째 이유라고 주장했다. 셋째 이유로 그는 세계를 위한 평화운동을 든다. 6·25를 경험한 한국이 그 앞장을 서야 하

---

56 같은 책, 84쪽.
57 같은 책, 85쪽.
58 같은 책, 86쪽.

고, 일제 시절부터 강조한 "우리는 세계의 하수구"라는 말을 되풀이한다. 그러면서 "이제 우리야말로 불의의 값을 내 등에 짐으로써 나와 저를 같이 살리자는 간디의 정신이 필요하게 되었다"고 했다.[59]

그런데 위 글과 같은 시기에 쓴 「새 나라 꿈틀거림」에서는 로마와 인도를 대비하고 있다. "인도가 누구보다도 뛰어난 정신문화를 가지면서도 오랫동안 남의 종살이를 면치 못한 것은 정신이 귀한 줄을 아는 한편, 너무 치우쳐 정신만을 생각하고 육신을 업신여기고, 심지어는 미워하고, 힘을 기르는 데 서툴렀기 때문"이라고 한 것이다.[60]

「새 인도와 간디」

한편 「새 인도와 간디」라는 글에서 함석헌은 "세계에 우리 사람처럼 제 가치를 모르는 민족은 없"고 우리는 "잘난 것이 아니라 못났다는 생각에 사는 사람들"이라며 비판의 어조를 높였다.[61] 그가 말하는 우리 민족의 "제 가치"가 그가 『뜻으로 본 한국역사』에서 주장했듯이 6·25에 이르기까지 자신의 고난으로부터 미래에 가져야 할 부활의 가치를 뜻하는 것인지 나로서는 알 수 없는 일이다. 그런 주장을 펼친 함석헌만이 속뜻을 알 수 있는 게 아닐까? 사실 당대의 한국 사상가 중에서 한국인이 못났다는 생각을 함석헌만큼 강하게 주장한 사람은 다시없었다. 간디의 비폭력주의를 정

---

59 같은 책, 83~85쪽.
60 함석헌, 「새 나라 꿈틀거림」, 『새 나라 꿈틀거림』, 함석헌저작집 3권, 앞의 책, 94쪽.
61 함석헌, 「간디의 길」, 『오늘 다시 그리워지는 사람들』, 앞의 책, 68쪽.

치와 종교의 일치로 본 함석헌은 민족성 개조의 방법으로, 그리고 자신이 말한 섭리에 의한 고난으로부터의 부활 방법으로 비폭력주의를 주장했다. 그러나 이는 간디의 사상과 달랐다.

「새 인도와 간디」라는 글에서 함석헌은 독립된 인도에서는 "분열이 없고 부패가 없다"고 하면서 해방 후 우리의 분열과 대조적이었다고 지적한다.[62] 그러나 실제로 해방 후 인도의 모습은 한국과 별반 다르지 않았다. 아니, 한국 이상으로 분열과 부패가 극심했다. 또한 그는 뉴델리의 길거리에 자동차보다 우차(牛車)가 많이 다니는 점을 예로 들면서 인도에는 서민을 위한 정책이 많다고 했지만 사실은 자동차가 없었고 우차가 다니는 것을 방치한 터였다.

그 밖에 함석헌이 인도의 중립주의, 언론 자유, 비종교주의를 지적한 것은 옳았지만, 한국에서 네루 같은 비종교주의가 주장되었다면 네루는 벌써 "찢어지고 말았을 것"[63]이라고 한 데에는 문제가 있다. 왜냐하면 비종교주의란 정치와 종교를 분리한다는 것으로 인도나 한국 등 다른 대부분의 나라에서 택하는 현대 헌법의 보편적인 원리이기 때문이다. 게다가 인도에서 비종교주의가 채택된 것은 이미 영국의 지배 아래에서였지 인도 해방 이후에 비로소 이루어진 것이 아니었다.

함석헌은 "인도를 새로 나게 한 것은 인도 민중"이고 "사티아그라하 운동이 아니라면 인도는 도저히 독립할 수도, 오늘같이 놀라운 의기를 가지

---

62 같은 책, 69쪽.
63 같은 책, 71쪽.

고 일어날 수도 없었을 것"[64]이라고 하지만 이러한 평가에도 의문이 있다.

요컨대 1950년대 말부터 함석헌이 간디를 수용하면서 가장 강조한 점은 정치와 종교의 일치 내지 조화였다. 그러나 그것이 구체적으로 무엇을 말하는지 정확하게 알기는 어렵다. 그는 1959년에 쓴 「정치와 종교」에서 원시시대의 제정일치가 분리된 것은 "생명 성장의 필연적인 법칙"에 의한 것이므로 그 복구를 꿈꿀 수 없고 두 가지의 균형도 이룰 수 없다고 하면서도 정치나 종교의 목적은 '하나 됨', 즉 '세계통일'이라고 했다.[65] 그러나 간디는 정치를 종교로 해결해야 한다든가, 정교일치를 주장한 적이 없다. 간디는 힌두교가 독립 후 인도를 지배해야 한다고 생각한 적도 없다.

> 내가 만일 독재자라면 나는 종교와 국가를 분리시킬 것입니다.
> ……종교는 내 개인적인 문제입니다. 국가는 그것과 아무 관련
> 이 없습니다. 국가는 여러분의 세속의 복지, 건강, 의사소통, 외
> 국과의 관계, 화폐 등을 돌보지만 여러분의 종교, 내 종교는 돌
> 보지 않을 것입니다. 그것은 만인의 개인적인 관심사항입니다.[66]

간디는 정치의 원리와 종교의 원리를 모두 진실의 추구라고 보았다는 점에서 그 두 가지를 일치시키고자 했을 뿐이다. 즉 정치나 종교는 타인에 대한 봉사여야 한다는 것이다. 그러나 그것이 함석헌이 말한 '하나 됨', '세

---

64 같은 책, 71~72쪽.
65 함석헌, 「정치와 종교」, 『인간혁명』, 앞의 책, 91쪽.
66 라가반 이예르 편, 『문명·정치·종교』(하), 앞의 책, 522쪽.

계통일' 등의 정교일치를 주장한 것이 아님은 분명했다.

함석헌이 이해한
인간 간디

함석헌은 1964년에 쓴 「간디 자서전을 옮기면서」에서 "특히 말하고 싶은 것"을 간디의 "스위트한" "인격적 매력"이 "선배를 존경하는" 점이라고 했다. 함석헌은 1965년에 쓴 「간디의 참모습」에서도 간디가 겸손했는데 이는 "선배에 대한 태도에서 잘 알 수 있다"[67]고 했다. 이는 물론 간디가 선후배 간의 의리나 연줄을 따지는 상징이라는 뜻은 아니다. 설령 만에 하나 그렇다고 해도 간디는 선배든 후배든 그 누구든 욕심을 버리는 사람이라는 점에서만 존경할 만한 가치를 찾아냈다. 오죽하면 자신의 친형조차도 생각이 다르다는 이유에서 버렸으며 큰아들조차 버렸겠는가? 아무리 선배라도 생각이나 뜻이 다르면 간디는 그를 존경하기커녕 아예 버리고 말았다. 함석헌이 간디의 선배 존경을 강조한 점은 사소한 것이라고 할 수 있겠으나 유독 그 점을 거듭 강조한 것은 함석헌의 특별한 의식을 보여주는 일례인지도 모른다.

「간디의 참모습」에서 함석헌은 간디가 겸손한 것 외에도 행동하는 사람으로서 용기를 중시하고 비겁을 싫어했으나 만용을 부리지는 않았으며, 수단이 옳아야 한다고 주장했다고 했다. 그러나 가장 강조한 점은 종교인으로서의 간디였다. 함석헌은 「새 인도와 간디」에서 간디가 새 인도를 만

---

67 함석헌, 「간디의 참 모습」, 『오늘 다시 그리워지는 사람들』, 앞의 책, 43쪽.

든 것이 그의 성의와 정치적 무욕과 대중적 운동이라고 하면서 성의도 종교적인 것으로 보았다. 나아가 함석헌은 간디가 "지도자·영도자의 의식을 조금도 가진 것이 없었다. 참 의미에서 그는 뛰어난 지도자였고 따르는 자에게 절대 복종을 요구했다"[68]고 말했다. 그러나 이 말은 모순이다. 절대복종을 요구하는 자가 과연 지도자·영도자의 의식을 조금도 가지지 않았을까? 문제는 함석헌의 평가가 아니다. 간디가 실제로 절대복종을 요구했는가 하는 점이다. 간디가 자신의 비폭력주의를 인도인들이 따르지 않자 단식을 한 것도 사실이지만, 그것은 절대복종을 요구했기 때문이 아니다.

함석헌은 1965년에 쓴 「비폭력혁명」의 마지막 부분에서 자신이 "앞으로 올 세계의 역사를 생각해서" 1945년부터 "우리는 인도를 알고 인도를 배우고 그와 친해야 된다고 해왔다"고 하며 다음과 같이 말한다.[69]

> 우리는 세계사조에 앞장을 서기만 하면 일본과 월남과 필리핀
> 과 인도와 쉽게 연결할 수 있을 것이고 또 그리하여 중국에 있
> 는 참으로 깬 양심에 호소하면 역사를 역전시키지 않을 수 있
> 을 것입니다. ……나는 앞날에 있어서 인도의 할 역할이 클 것
> 이라는 것이요, 그러기 때문에 우리 일을 위해서도 세계의 장래
> 를 위해서도 인도를 알고 배우고 손을 잡을 필요가 있다는 것
> 입니다.[70]

---

68 함석헌, 「새 인도와 간디」, 『오늘 다시 그리워지는 사람들』, 앞의 책, 73쪽.

69 함석헌, 「비폭력혁명」, 『인간혁명』, 함석헌저작집 2권, 한길사, 2009, 180쪽.

70 같은 책, 181쪽.

위 글을 쓴 1965년, 한국은 월남과 전쟁 중이었다. 중국은 공산당 치하에 있었다. '중국의 양심'이라고 한 사람들이 누구인지, '역사의 역전'이 대체 무엇을 가리키는지 알 수 없지만, 대체로 우리가 인도와 친해지면 세계는 비폭력의 길을 갈 수 있다고 함석헌은 믿은 듯하다. 참으로 황당한 주장이다. 우리나라가 인도와 손을 잡지 않은 탓일까? 결국 세계는 비폭력의 길로 가지 못했다. 앞으로 우리나라가 인도와 손을 잡는다고 해도 세계가 비폭력의 길을 가리라고는 기대할 수 없다. 무엇보다 인도는 지금 폭력화되고 있기 때문이다. 아니, 간디 시절의 인도도 폭력 인도였기 때문에 간디가 그렇게도 비폭력을 주장한 것인지도 모른다. 여하튼 과거나 현재나 인도는 비폭력과 거리가 먼 것이 사실이다.

4장

함석헌과 간디의

역사 인식

나를 저 숲처럼 네 풍명금(風鳴琴)으로 만들어라,
내 잎새가 숲 잎처럼 떨어진들 어떠랴!
너의 힘찬 조화의 난동이 우리에게서

슬프지만 즐거운, 깊은 가을 곡조를 얻으리.
너 거센 정신이여, 내 정신이 되어라!
네가 내가 되어라, 강렬한 자여!

역사를 어떻게 볼까?

간디는 힌두교도였으나 자신의 종교적 입장에서 역사를 쓰기커녕 역사서 술 자체에 회의적이었다. 반면 함석헌의 사상은 1934년 2월부터 1935년 12월 사이에 잡지 《성서조선》(61~83호)에 연재한 「성서적 입장에서 본 조선역사」, 그리고 1936년 5월부터 1938년 3월까지 같은 잡지(88~110호)에 연재한 「성서적 입장에서 본 세계역사」에서 출발한다.[1] 함석헌은 뒤에 그 글들을 쓸 때 간디의 영향을 받았다고 했으나 적어도 연재물에는 간디의 이름이 나오지 않는다. 내용으로 보아도 간디의 영향을 받았다고 볼 수 있는 부분이 없다. 따라서 두 사람의 역사관을 비교할 거리는 별로 많지 않다. 이 장은 주로 글을 집필하는 데 영향을 준 일본인들과 함석헌의 역사관을 비교하는 데 많은 부분을 할애한다.

---

1   이는 1931년부터 〈조선일보〉에 연재된 신채호의 〈조선상고사〉가 민족주의 사학을 대표하고, 1933년 도쿄에서 출판된 백남운의 〈조선사회경제사〉가 사회주의 사관을 대표한 것에 대응하여 기독교 역사관을 대표하는 것이라고 볼 수도 있지만, 독자 수로 따져보면 앞의 둘, 특히 신채호의 글이 월등했다고 짐작된다. 또 조선총독부는 1922년에 만들어진 조선사편찬위원회가 저술한 『조선반도사』를 1937년에 완간했다.

「성서적 입장에서 본 조선역사」는 그 뒤 몇 차례의 개정을 거쳐 1965년 최종판 단행본인 『뜻으로 본 한국역사』로 완성된다. 이 책은 지명관이 분석한 대로 당시 일본의 후지이 다케시(藤井武, 1888~1930)의 영향을 가장 많이 받았다.[2] 그러나 함석헌 자신은 그렇게 말한 적이 없고, 후지이에 대해서도 언급한 적이 없다.[3] 반면 함석헌은 자신이 일제 36년과 "바꾸고도 남을" 사람이라고 평한[4] 우치무라 간조가 자신에게 끼친 무교회운동 등의 종교적 영향력은 부인하지 않았으나, 그 역사관의 영향에 대해서는 언급한 바 없다. 지명관도 우치무라가 함석헌의 역사관에 끼친 영향에 대해서는 언급하지 않았다.

우치무라는 무사도적 기독교가 일본을 구제한다고 믿었다. 1894년에 쓴 「지리학고(地理學考)」와 1899년에 쓴 「흥국사담(興國史談)」에서 그는 일본이 동서양문명을 중개하는 세계사적 사명을 갖는다고 주장했는데 그러한 사명감은 후지이는 물론 함석헌에게도 깊은 영향을 미쳐 「성서적 입장에서 본 조선역사」의 근간을 형성하게 했다. 후지이는 1915년부터 우치무라의 제자였고, 함석헌은 1924년 도쿄 유학 시절부터 우치무라의 제자가 되었다. 함석헌보다 13년 연상인 후지이는 1923년부터 잡지 《구약과 신약》에 「성서로 본 일본」을 연재했으므로 함석헌은 그 글을 읽었을 것이고, 1929년 출판된 책도 동경에서 읽었을 것이다. 함석헌은 그 직후에 귀국해

---

2 지명관, 「함석헌의 조선사관에 대한 고찰」, 『함석헌 사상을 찾아서』, 앞의 책, 203쪽 이하.

3 함석헌은 H. G. 웰스가 쓴 『세계문화소사』의 영향을 받았다고 하지만 「성서적 입장에서 본 조선역사」에서는 그 영향을 찾아볼 수 없다.

4 함석헌, 『민중의 정부를 다스려야 한다』, 앞의 책, 217쪽. 이 말은 함석헌이 좋아한 칼라일이 셰익스피어를 인도와 바꿀 수 없다고 한 말을 연상시킨다.

「성서적 입장에서 본 조선역사」를 썼다. 후지이는 1923년 관동대지진이 발생하자 그것을 일본에 대한 신의 엄중한 최후 심판이라고 보는 특이한 기독교적 역사관을 정립했다. 그러나 지진을 신의 책망이라고 처음 말한 사람은 우치무라였다.[5]

---

5 함석헌, 「내가 겪은 관동대지진」, 『죽을 때까지 이 걸음으로』, 앞의 책, 292쪽. 반면 당시 고베의 빈민굴에서 기독교 선교를 하던 가가와 도요히코는 지진이 신의 저주라면 왜 노동자를 착취하는 자본가는 그냥 두고 노동자를 30만 명이나 죽였느냐고 하며 지진으로 참혹한 해를 입은 것은 과학정신이 모자라는 탓이라고 주장했다.

함석헌과 간디의 역사관 비교

함석헌과 간디의 역사관

간디는 일본에 대해 언급한 바가 많지 않지만 후지이가 말한 관동대지진에 대해서는 언급한 적이 있다. 즉 그것을 "신이 진노한 결과"라고 말하는 사람이 있지만 "자연 그 자체는 잔혹성이라는 것을 지니고 있지 않다. 다만 정의로울 뿐이다"라고 말했다.[6]

> 다만 정의로울 뿐인 자연을 두고 잔혹하다고 말할 수 있는 것일
> 까? 신은 그러지를 않는다. 신에게 잔혹성을 부여하는 것은, 인
> 간이 인간에게 적용하는 잣대를 가지고 신을 재는 것이다. 이것
> 이 철학적 무신론을 만들어내는 관점이다. ……지진이 죄에 대한

---

6   마하트마 간디, 이현주 옮김, 『평범한 사람들을 위해 간디가 해설한 바가바드기타』, 당대, 2001, 153쪽.
    (이하 이 책은 간디, 『바가바드기타』로 인용함.) 그러나 1934년 비하르에 대지진의 참사가 났을 때, 간
    디는 그것 카스트제도를 깨려는 시도들 때문에 신이 "우리 죄에 대해서 내리는 신성한 징벌"이라고 하
    였다. 타고르는 간디의 이 비하르 대지진 발언에 대해서 "이러한 종류의 비과학적인 관점이 우리나라
    의 다수의 사람들에게 받아들여지는 것이 무엇보다도 불행한 일이다"라고 격렬하게 분노했고 네루도
    간디의 이 발언에 반대했다.

형벌로 발생한 것일 수도 있다고 생각하는 것은 옳지 않다.[7]

간디의 이러한 비판은 후지이나 함석헌의 역사관에 대한 비판도 될 것이다. 이는 함석헌이 기독교의 역사관을 아가페, 즉 사랑이라고 하면서도[8] 역사를 사랑이 아니라 잔혹한 섭리로만 설명하는 점과도 관련된다. 함석헌은 "하나님을 가장 잘 나타내는 것은 개성적인 인격"[9]이라고 하는데 간디에게는 그 말이 "인간이 인간에게 적용하는 잣대를 가지고 신을 재는 것"이어서 "신에게 잔혹성을 부여"하게 되는 우를 범하는 일이었다.

간디는 우치무라나 후지이, 함석헌처럼 기독교적 역사관을 갖지 않았다. 간디는 예수의 산상수훈 등 가르침에 동의했고, 예수의 모범적 삶이나 비천하고 가난한 민중에 대한 관심과 동정심에는 공감했지만, 그 밖에 기독교의 교의나 신학적 사변은 무시했다. 특히 예수의 대속이라는 관념에 대해서 그것이 도덕에 위배되는 것이라고 보았다.[10] 간디는 기독교적 역사관만이 아니라 당대 서양의 역사학 일반에도 부정적이었다.

> 영국인들에게는 역사를 기술하는 습관이 있습니다. 그들은 온
> 갖 민족들의 관례와 관습을 연구하는 체합니다. 신은 우리 인
> 간에게 제한된 지적 능력을 부여했습니다. 그런데 그들은 신의

---

7 같은 책, 같은 쪽.

8 《성서조선》, 65호, 1934. 6, 3쪽: 함석헌, 『뜻으로 본 한국역사』, 앞의 책, 53~54쪽.

9 함석헌, 『뜻으로 본 한국역사』, 앞의 책, 51쪽.

10 세샤기리 라오, 이명권 옮김, 『간디와 비교종교』, 분도출판사, 2005, 59쪽. 함석헌은 1953년에 와서 기독교의 대속관을 부정했는데 이것이 간디의 영향인지는 알 수 없다.

권능을 빼앗고 진기한 실험에 몰두하고 있습니다. 영국인들은 자신의 연구를 극단적인 찬사로서 기록하며, 우리에게 최면을 걸어 믿도록 만듭니다. 우리는 무지했기 때문에 그들의 발밑에 엎드렸습니다.[11]

간디는 기번(Edward Gibbon, 1737~1794) 등의 역사서를 읽은 뒤 "나는 역사의 가치를 우리 인류 진화의 도우미로 간주하지만 그런 생각에 독자의 관심을 끌고 싶지는 않다. 나는 역사가 없는 국가가 행복하다는 세인의 말을 믿는다. 우리 힌두 조상들은 오늘날 이해되고 있는 의미의 역사를 무시함으로써, 사소한 사건들 위에 그들의 철학적 구조물을 구축함으로써, 우리를 위해 그 문제를 해소했다는 것이 내 지론이다"라고 하며 그것이 『마하바라타』라고 했다.[12] 따라서 간디에게 『마하바라타』는 "역사적 기록이 아니"다.[13] 간디는 함석헌처럼 역사를 쓸 생각이 없이 『바가바드기타』만을 해설했는데 그는 이 일을 역사를 쓰는 것보다 훨씬 중요한 일이라고 생각했다.

간디와 함석헌의
자국사관

간디는 인도가 영국에 망한 것을 두고 인도인이 서양문명을 좋아해 스스

11 라가반 이예르 편, 허우성 옮김, 『문명·정치·종교』(상), 소명출판, 2004, 304쪽.
12 같은 책, 250쪽.
13 같은 책, 244쪽.

로 초래한 것이라고 비판했다. 따라서 독립이란 영국으로부터의 해방이 아니라 서양문명으로부터의 해방이라고 주장한다. 그리고 서양문명 도입 이전, 즉 식민지화 이전의 인도는 물레를 돌리는 수많은 마을자치 공동체였다고 주장하면서 그런 원상태로 돌아가야 한다고 말한다.

반면 함석헌은 지배층의 부패로 나라가 망했다고 하면서도 그 근본 원인을 2천 년 전 만주를 상실한 것에 있다고 보고, 만주를 찾는 것이 나라의 근본을 다시 세우는 일이라고 주장한다. 역사상 만주를 찾고자 한 사람은 모두 높게 평가하고 그렇지 않은 사람은 낮게 평가한다. 그리고 그것이 신의 섭리라고 주장한다.

함석헌은 간디가 물레를 주장한 것이 기계화를 위한 준비라고 이해했지만 이는 오해였다. 교사였던 함석헌은 학교와 병원과 산업을 중시했지만 변호사였던 간디는 학교와 병원과 산업을 거부했기 때문이다.

간디와 함석헌의
동서양관

함석헌은 인류 역사 이래 "동양은 동양, 서양은 서양, 내 민족은 내 민족, 네 민족은 네 민족이라 하여 근본적인 연락이나 통일 없이 제각기 독립된 문화 속에서 살아왔으며 역사는 꼭 같은 바퀴를 돌아 되풀이하는 것으로만 알았다"[14]고 했다. 이처럼 함석헌은 동양적 순환사관과 함께 동서양 구분의 역사를 기독교 이전 과거의 것으로 보고, 이를 극복하기 위해 모든

---

14 《성서조선》, 80호, 4쪽; 함석헌, 『뜻으로 본 한국역사』, 앞의 책, 351쪽.

민족이 하느님을 찾으리라고 바울이 선언한 말이 나왔다고 하면서 그것이 "빈말이 아님을 알게" 된 것은 "근대적인 세계관·인생관·역사관," 즉 "기독교 진리"[15]를 통해서라고 했다. 그리고 이러한 기독교의 진리가 조선에 들어온 것이야말로 "섭리의 손이 그렇게 만들었"[16]고 "그때에 할 일이 있어서 온 것"[17]이라고 주장했다. 이러한 함석헌의 섭리사관은 다음과 같이 동서양을 명확히 다르다고 보는 데 근거한다.

> 동양은 명상적인데 서양은 활동적이요, 동양은 종합하기를 좋아하는데 서양은 분석하길 좋아한다. 동양 역사는 복종의 역사, 통일의 역사, 되풀이의 역사, 지킴의 역사인데, 서양 역사는 반항의 역사, 자유의 역사, 발전의 역사, 진보의 역사다. 동양심과 서양심은 서로 정반대인 듯이 보인다. 그러나 그것은 우연히 되고 뜻 없이 된 것이라 할 수 없다. 과학적인 역사를 주장하는 사람은 이런 태도를 비난할지 모르나, 인류의 역사는 이 태도를 가지는 길밖에 구원의 길이 없다.[18]

위 구절에는 본래 "뜻 없이 된 것이라 할 수 없다" 뒤에 있었던 "그 밑에 깊은 섭리의 손이 있어서 된 것이다"[19]라는 부분이 빠져 있으나 내용은

15 《성서조선》, 80호, 4쪽; 함석헌, 『뜻으로 본 한국역사』, 앞의 책, 352쪽.
16 『뜻으로 본 한국역사』, 앞의 책, 357쪽.
17 같은 책, 361쪽.
18 같은 책, 80쪽.
19 《성서조선》, 64호, 1934. 5, 8쪽.

변함이 없다. 이처럼 함석헌은 동서양이 반대인 것을 "우연히 되고 뜻 없이 된 것이" 아니라 신의 섭리에 의한 것이라고 보고 그 차이를 다음과 같이 설명했다.

> 동양은 정신을 맡았고, 서양은 물질을 맡았다. ……역사의 시작
> 은 동양에 있고 발달은 서양에 있다. ……정신문화의 씨가 동양
> 의 흙에 떨어지자 역사의 주역은 서양으로 갔다. 그리하여 충분
> 한 분화의 자유로운 토구(討究)가 허락되었다. 만약 동양에 그대
> 로 있었다면 약해지고 갇혔을는지 모른다. ……서양의 손으로
> 갔으니 발달할 수 있었을 것이다. 그 대신 그 물질의 큰 힘으로
> 동양 사람을 가혹하게 훈련시켰다. 동양은 그 밑에서 자유, 진
> 보가 귀한 것임을 배워야 했다. 이제 오늘은 서구문명의 폐해가
> 끝에 오르게 된 때다. 이제 동양은 그 품갚음을 하여 서양을
> 건질 때가 되었다.[20]

위 구절도 본래는 "정신문화"가 "진리", "동양의 흙"이 "역사의 토양"이 었던 것을 각각 바꾼 것이고, "토구가 허락되었다" 뒤에 있던 "진리는 이러 하여서만 빈약해지고 질곡점을 면할 수 있기 때문이다"라는 부분을 생략 한 것이지만 역시 내용에는 변화가 없다. 요컨대 동서양은 명확히 다르고 이는 신의 섭리에 의한 것인데 다시 신의 섭리에 의해 동양이 서양을 구제 할 때라고 본 것이다.

---

20 《성서조선》, 64호, 앞의 책, 8쪽; 함석헌, 『뜻으로 본 한국역사』, 앞의 책, 80~81쪽.

이처럼 함석헌이 동서양을 명확히 구분한 것은 동서양의 구분 자체를 부정한 간디[21]와 극명하게 다르다. 간디는 동서양문화는 존재하지 않고 물질주의적인 현대문명만이 존재하며, 유럽인은 현대문명에 감염되기 전에 동양인과 공통점이 많았고, 지금도 그런 자들이 있으니 그런 사람들과 인도 민중이 훨씬 더 잘 결합할 수 있다고 보았다. 그가 말하는 '그런 자들'이란 간디가 경도한 톨스토이나 러스킨 같은 서양인, 그리고 그의 사상에 공감한 서양인들을 뜻했다. 간디는 그런 사람들처럼 서구가 현대문명을 전면 거부해야 동서양이 참으로 만날 수 있다고 주장한 것이다. 또 그는 동양이 현대문명을 받아들이는 것은 동서양이 무장 상태로 휴전을 맺는 데 불과하다고 했다.

반면 함석헌의 입장은 달랐다. 간디와 대립되는 제국 오리엔탈리스트인 키플링의 입장을 긍정하는[22] 오리엔탈리스트의 입장이었기 때문이다. 이처럼 함석헌이 동서양은 명백히 달라 서로 만날 수 없다고 하면서도 동양이 서양을 구해야 한다고 말한 점을 어떻게 해석해야 할까? 동양의 서양 구원이 가능한 것일까? 우리가 만주를 침략해야 한다는 것인가? 함석헌은 뒤에 그런 키플링의 입장을 극복하게 되지만 이는 김성수가 말하듯이 처음부터 그러했던 것[23]은 아니었다. 게다가 함석헌이 그런 오리엔탈리즘을 완전히 극복했는지도 의문이다.

21 라가반 이예르 편, 『문명·정치·종교』(상), 앞의 책, 391쪽.
22 《성서조선》, 80호, 앞의 책, 4쪽; 함석헌, 『뜻으로 본 한국역사』, 앞의 책, 79쪽.
23 김성수, 앞의 책, 392쪽.

간디와 함석헌의
동양관

함석헌은 「성서적 입장에서 본 세계역사」에서 인도에 대해 다음과 같이 썼다.

> 인도는 그 자연환경으로서 신비로운 명상이 흘러나오는 곳으로
> 가장 적당한 곳이다. 거기서 모든 것은 현상 이상의 것을 암시
> 하지 않고는 마지않는다. 여기서 심원한 불교사상이 나온 것은
> 우연한 일이 아니다. 인도민족은 불교를 낳기 위하여 보낸 자인
> 듯하다. 저들은 인종으로 하면 아시아인이 아니요, 아리안 곧
> 백인종이다. 백인종이라면 그 특징이 과학적인 데 있고 실질적
> 인 데 있으며 활동성이 풍부한 사람들이다. 그런데 인도인같이
> 비활동적인 민족은 없다. 인도는 2억의 인구를 가지면서도 영국
> 의 기반(羈絆) 아래 꿈쩍도 못하고 있다. 4, 5천 년의 역사를 가
> 지면서도 불교를 제한 외에는 별로 주의할 만한 것이 없다. 그러
> 나 사상의 깊고 정신적인 데에는 다른 데 비할 자가 없다. 인도
> 에서 불교를 제하면 남은 것은 영이다.[24]

위 문장을 읽으면 인도에는 불교밖에 없다. 그래서 1964년에 단행본을
내면서 불교는 종교 또는 인도교·불교로 수정되었다. 아무리 1930년대라
고 해도 인도에는 불교밖에 없다는 식의 인식은 완전히 잘못된 것으로 당

---

24 《성서조선》, 105호, 앞의 책, 228쪽; 함석헌, 『성서적 입장에서 본 세계역사』, 함석헌저작집 17권, 한길
 사, 2009, 199~200쪽.

시 인도에는 대부분 사람들이 힌두교도이거나 이슬람교도들이었다. 그러므로 불교만이 아니라 인도교, 즉 힌두교가 더해진 단행본에도 분명 문제가 있다. 간디가 위 문장을 읽었다면 크게 실망했을 것임에 틀림없다. 앞에서 언급한 바대로 간디에 대한 소식을 비롯하여 인도에 대한 신문 뉴스가 1920년대에 대단히 적극적으로 이루어졌고 함석헌은 간디에 대한 책들을 읽고 있었다는데도 인도에 대한 인식이 저 정도였다는 것은 참으로 이해하기 어렵다.

함석헌은 중국에 대해서도 다음과 같은 점을 강조했다.

> 중국문명의 진수가 유교인 것은 말할 것도 없는데, 유교는 세계의 모든 도덕·사상 중에서 가장 고상한 것의 하나라 할 것이다. 그 근거는 어디 있는가 하면 종교에 있다. 유교의 근본사상은 천(天)이라는 한 자에 돌아간다고 할 수 있다. ……그 사상은 이스라엘 사람에게서와 같이 완전한 유일신관에까지는 못 갔다. 그러나 거기서 멀기 일보에 지나지 않는다. 이로써 보면 동서양을 말할 것 없이 모든 위대한 종교는 그 표현은 달라도 따지고 들어가면 그 근본자리는 하나임을 알 수 있다.[25]

유교를 기독교와 같은 유일신교로 보는 함석헌의 견해를 우리는 어떻게 이해해야 할까? 더욱 가관인 것은 한국에 대한 언급이다. 그는 조선이 중화문화권 내에 예속된 이유를 종교가 천박한 탓이라고 하면서 다음과

25 같은 책, 199쪽.

같이 언급했다.

> 문화 내용으로 보면 조선의 고유한 것이 반드시 없었다 할 수
> 없다. 그러나 문명은 그것을 한 체계로 만들지 않으면 안 된다.
> 척추 없는 문화 그는 참 문화가 아니다. 그런데 한국 문화는 그
> 척추가 심히 연약했다. 우리의 결점은 무엇보다 심오함[26]과 심각
> 성이 없는 점이다. 평면적인 인생관, 의식적으로 행사되는 복리
> 종교, 그것을 가지고는 문명의 지주가 될 수 없다. ……그런데 고
> 대의 문명을 일으킬 것으로 사명을 받았던 중에 한국만이 유일
> 의 실패자가 되었다. 고유한 종교를 심오·고상한, 정신적·도덕적
> 인 것으로 발전 못 시킨 것이 그 원인이다.[27]

함석헌은 샤머니즘과 같은 고유종교 내용이 빈약해서 고유문명을 일
으키지 못하고 중국문화에 예속된 것으로 보았다. 함석헌은 동양을 셋, 즉
인도, 중국, 그리고 한국과 일본으로 나누는데 일본에 대해서는 언급하지
않는다. 일본에 대해 우치무라는 「지인론」 등에서 중국 사상이 일본에 건
너와 충효, 인의의 상도가 거의 종교적인 교리가 되어 천황을 세우게 되었
고, 불교도 왕실의 종교가 되었다는 등 지극히 긍정적으로 설명하고 있다.
이러한 설명이 우리의 종교에 대해서도 충분히 가능한 것인데도 왜 함석
헌은 부정적인 설명에 그쳤을까?

---

26 원문에는 심수성(深邃性)으로 되어 있다.
27 함석헌, 『성서적 입장에서 본 세계역사』, 앞의 책, 200쪽.

함석헌과 우치무라

우치무라는 누구인가?

우치무라 간조는 일본의 종교 사상가로 근대 일본의 작가와 지식인들에게 커다란 영향을 미쳤다. 그는 1861년 무사의 아들로 태어나 1877년부터 삿포로 농학교에 다녔고 1878년 세례를 받았다. 1882년 외국 선교사의 도움을 거절하고 스스로의 힘으로 독자적인 교회를 세웠다. 1884~88년 미국에 가서 공부를 계속한 뒤 일본에 돌아와 학생들을 가르쳤으나 1891년 천황의 교육칙어 봉독식에서 '불경사건'을 일으켜 사직했다.

교회 장로의 아들로 태어난 함석헌은 오산학교에 다니며 유영모 교장으로부터 무교회주의 지도자 우치무라에 대한 이야기를 들었고,[28] 1924년부터 동경고등사범학교에 다니면서 우치무라의 성서연구회에 나가 그의 문하생이 되었다. 그리고 그의 영향으로 칼라일을 읽었는데, 특히 『의상철학』을 몇 번이나 읽었다고 하며 그도 "교회에 갇힌 이는 아니었다"고 했

---

28 김성수, 앞의 책, 241쪽.

다.[29] 또한 학교 교과서를 통해 알게 된 러스킨을 읽었는데 역시 교회주의가 아니라고 했다. 함석헌은 톨스토이가 무교회주의자라는 것을 오산학교 시절에 알았다. 우치무라는 십자가 신앙을 주장하여 톨스토이를 참 신앙인이 아니라고 했지만, 함석헌은 그 점에서 만큼은 우치무라와 생각이 달랐다고 했다. 함석헌은 우치무라의 소개로 슈바이처도 읽었는데 그도 정통 신자가 아니라고 생각했다.

함석헌은 같은 문하생인 김교신, 송두용, 정상훈, 양인성, 유석동과 함께 1927년 도쿄에서 《성서조선》을 창간하고 처음에는 서로 경비와 글을 분담했으나 1930년부터는 김교신이 전담하여 그의 개인잡지처럼 되었다. 《성서조선》 94호(1936. 11)에 실린 「내가 본 우치무라 간조 선생」이라는 제목의 다음 글은 그에 대한 함석헌 등의 입장을 보여준다.

우치무라 선생은 무교회주의를 창도한 사람이니 '우치무라 씨에게서 무교회주의를 빼내면 그것은 별 볼 일 없는 우치무라가 된다'고 무교회주의의 화신으로 보는 이가 있다.

우치무라 선생은 무사의 자손이니 기독교적 성도라기보다 영계의 군국주의자라 호시탐탐으로 조선반도의 영계에 침입하려하는 자라고 만평한 이도 있다.

그 밖에도 귀족적 인물이라느니, 나라를 어지럽게 하는 역적이라느니, 위선자라느니 하며 보는 눈에 따라 인식도 달랐으나 우리더러 총괄하여 말하라고 하면 이런 이들의 관찰은 모조리 장

---

29 같은 책, 251쪽.

님의 코끼리 관찰에 불과하다. 관찰이 그릇되었다기보다는 오직 그의 한 부분씩을 보았을 뿐이다.

우리가 본 대로 우치무라 선생의 모습을 말하라면 무엇보다도 먼저 우치무라 선생은 용감한 애국자였다. 기독교적 성도라기보다는 누구보다도 왕실에 진심으로 충성하고 국민을 뜨겁게 사랑하는 전형적인 무사이며 대표적인 일본제국의 국민이었다. 그야말로 우치무라 선생에게서 애국자라는 요소를 뺀다면 '쓸모 없는 우치무라'가 될 것이다. 우치무라 선생의 머리털부터 발톱까지 모두 참 애국자의 화신이었다고 우리는 본다.

우치무라 선생은 기독교를 본래 그대로의 복음대로 전했다. 무교회주의라는 하나의 주의를 수립하고 창도한 자로 관찰하는 것은 대단히 피상적인 관찰이다. 물론 우치무라 선생이 무교회주의를 제창하지 않은 것이 아니다.

그러나 그것은 한두 개의 물방울에 불과한 것이요, 본래의 물줄기는 항상 변하지 않는 그리스도의 복음 그 자체를 선양하는 데에 있었다. 그래서 우치무라 선생에게서 무교회주의를 빼고라도 넉넉히 성경의 중심 진리를 배울 수 있다고 우리는 말하였다. ……

우치무라 선생의 강연에 매주일 600 내지 800명의 수강자가 있었고 그가 펴내는 《성서연구(聖書之硏究)》가 3천 내지 5천의 독자를 가졌으나 그 수강자와 구독자가 모두 무교회주의자였을까. 결코 그렇지 않다.

우치무라 선생의 저작물이 조선 기독교계에서도 널리 읽히는 것은 그 안에 성경의 진리가 주제로 취급되었기 때문이다. 읽는 자들이 이른바 무교회주의자로 열광하지 않는다고 누가 '영리' 하다, '괴이'하다 하겠는가.[30]

위 글의 필자는 김교신이다. 김교신은 함석헌과 같은 무교회주의자로서 함석헌과 함께 동경고등사범학교에 다니면서 우치무라의 문하생으로 있었다. 1927년에 귀국하여 교사가 되어서 민족주의적 교육을 하고 월간 종교잡지 《성서조선》을 발행하였으며 1930년 6월부터 가정집회 형식으로 약 10년간 성서연구회를 주도했다. 창씨개명과 신사참배를 거부하고 기독교 정신과 독립정신을 계몽하다가 발진티푸스에 감염되어 1945년에 죽었다. 그는 1940년 함석헌과 함께 「우치무라와 조선」을 쓰기도 했다.

우치무라의 **역사관**

우치무라는 무사도적 기독교가 일본을 구제한다고 믿고 1894년에 쓴 「지리학고(地理學考)」와 1899년에 쓴 「흥국사담(興國史談)」에서 일본이 동서양 문명을 중개하는 세계사적 사명을 갖는다고 주장했는데 그러한 사명감은 후지이는 물론 함석헌에게도 깊은 영향을 미쳐 「성서적 입장에서 본 조선 역사」의 근간을 형성했다. 물론 함석헌의 경우 한국을 그런 의미의 중개자가 아니라 "세계의 불의를 담당함으로써 인류의 역사를 도덕적으로 한층

---

30 《성서조선》, 94호, 영인본, 5권, 245쪽.

높이 올리는 일"을 떠맡은 나라인 동시에 "역사의 하수구"[31]라고 했지만 말이다.

우치무라는 그 전에도 「일본의 천직」이라는 영어 글에서 일본이 "동서양의 중재자, 기계적인 구미를 이상적인 아시아에 소개하고, 진취적인 서양으로 하여금 보수적인 동양을 개화하게 하는 것"이라고 주장하면서 그런 일본을 고대 그리스와 같다고 했다.[32] 또 1898년에 쓴 「사활의 기로」라는 글에서는 "일본이 세계를 일본화할 것인가? 그렇지 않으면 세계에 세계화될 것인가? 이는 일본 국민의 사활을 건 큰 문제이다"라고 했다.[33]

『지리학고』는 1897년 『지인론』으로 바뀌었다. 그 책에서 우치무라는 인류 역사를 소아기, 청년기, 장년기, 최종기로 보았다.[34] 소아기란 아시아에서 전제적 통일국가가 형성된 시기,[35] 청년기란 유럽에서 자유와 독립을 학습한 시기,[36] 장년기란 미국이 건설된 시기,[37] 최종기란 동양에서 일본이 동서양을 매개하는 시기라 보고[38] 명치유신을 그 시작으로 본다.[39]

이는 우치무라가 『지리학고』를 쓴 이듬해인 1895년에 낸 『일본 및 일본인』(1908년 『대표적 일본인』으로 바뀌었다) 1장에서 다룬 명치유신의 정한

---

31 함석헌, 『뜻으로 본 한국역사』, 앞의 책, 464쪽.

32 우치무라 간조, 『우치무라 간조 전집』, 제10권, 크리스찬서적, 2001, 560쪽.

33 같은 책, 577쪽.

34 內村鑑三, 「地人論」, 『內村鑑三全集』, 岩波書店, 1932, 537 이하.

35 같은 책, 572쪽 이하.

36 같은 책, 584쪽 이하.

37 같은 책, 602쪽 이하.

38 같은 책, 616쪽 이하.

39 같은 책, 630쪽 이하.

론자 사이고 다카모리(西鄕隆盛, 1828~1877)에 대한 설명과 맞아 떨어진다. 우치무라는 명치유신을 "두 개의 분명히 다른 문명을 대표하는 두 민족이 서로 멋진 교제를 하게 되는 세계사의 일대 전기", "'진보적인 서양'은 무질서한 진보를 억제하게 되고, '보수적인 동양'은 안일한 잠에서 깨어나게 된 계기"로 보면서 "이제 서양인이나 동양인의 구분이 사라져 똑같이 인도와 정의 아래 존재하는 인간이 되었다"[40]고 했다.

일본이 눈뜨기 전에는 세계의 일부에 서로 등을 돌리고 있던 지역이 있었다. 그것이 일본에 의해, 일본을 통해, 서로 얼굴을 마주보게 되었다. 유럽과 아시아의 바람직한 관계를 이끌어내는 것은 일본의 사명이다. 오늘의 일본은 주어진 그 일에 열심히 매달리고 있는 중이다.[41]

우치무라는 기독교 신자인 미국의 해군 제독이 파견되어 온 일본은 '참된 행복 그 자체'이고[42] 명치유신은 "가치 있는 모든 혁명과 마찬가지로, 정의와 신의 필연에 이끌려 출발했다"고 한다.[43] 우치무라에 의하면 사이고 의 동아시아 정복론은 일본이 유럽 열강에 대항하기 위하여 '필연적'으로 생겨난 것이다.[44] 그리고 조선이 "새 정부가 파견한 몇 명의 사절에게 무례

---

40 우치무라 간조, 조양욱 옮김, 『우치무라 간조의 인물 일본사』, 아침바다, 2003, 16~17쪽.

41 같은 책, 17쪽.

42 같은 책, 18쪽.

43 같은 책, 19쪽.

44 같은 책, 34쪽.

한 태도를 취했고", "그 나라에 사는 일본인에게 노골적인 적의를 드러내며, 우호적인 이웃나라의 위엄을 현저하게 손상시키는 포고"를 했다고 하면서[45] 사이고의 정한론이 옳았다고 주장한다. 우치무라는 다카모리를 "도요토미 히데요시와 함께 두 사람 다 대륙 방면에 야망을 갖고 세계를 활동 무대로 삼았기 때문"에 "일본 역사상 가장 위대한 두 인물"이라고 했다.[46] 함석헌이 도요토미를 찬양한 것은 우치무라의 영향인지도 모른다.

우치무라와
함석헌

함석헌이 인류 역사를 발생, 성장, 단련, 완성이라는 4단계로 본 것[47]은 우치무라의 시대 구분과 유사한 것이었으나 그 내용은 달랐다. 그러나 적어도 완성기를 "이제 오늘은 서구 문명의 폐해가 끝에 오르게 된 때"로서 "이제 동양은 그 품갚음을 하여 서양을 건질 때가 되었다. 그 교만하던 서양의 입에 동양 소리가 차차 높아가고, 동양은 그 힘든 곤학(困學)을 거의 마칠 때가 되어 온다. 이제 당한 문제는 동서 종합을 하는 데서 한 단 높은 새 지경에 오르는 일이다"[48]라고 한 점은 상당히 유사하다.

그렇지만 우치무라나 뒤에서 보는 후지이는 그 완성기가 일본에 의해

---

45 같은 책, 35쪽.
46 같은 책, 56쪽.
47 《성서조선》, 64호, 1934. 5, 6~8쪽; 함석헌, 『뜻으로 본 한국역사』, 앞의 책, 76쪽 이하. 함석헌, 『성서적 입장에서 본 세계역사』에서는 발생기를 창시시대라고 한다.
48 함석헌, 『뜻으로 본 한국역사』, 앞의 책, 81쪽.

가능해진다고 본 점에 비해 함석헌은 그것이 "언제 올지 모른다. 이것은 우리 마음에만 있는 환상이다"라고 본 점에서 달랐다.

그런데 함석헌은 "그것은 우연히 되고 뜻 없이 된 것이라 할 수 없다. 과학적인 역사를 주장하는 사람은 이런 태도를 비난할지 모르나 인류의 역사는 이 태도를 가지는 길밖에 구원의 길이 없다"라고 한다. 여기서 '뜻'이라고 한 것은 본래는 하느님의 섭리나 성경을 뜻하는 것이었는데, 동서양의 구분이 그렇다는 함석헌의 주장은 이해하기 어렵다. 게다가 위 문장에 이어 "문명을 오늘의 파산 위기로 몰아놓은 데에는 과학적 사관도 그 책임을 한몫 져야 한다"라고 하는데, 함석헌이 주장하는 섭리사관에 반하는 과학적 사관이 문명 파산의 책임을 져야 한다는 주장은 이해하기 어렵다. 함석헌의 주장을 더 들어보자.

그런 자리에서 보면 동서양이 서로 다르고 딴 길을 걸어온 것은 의미 있는 일이다. 누가 예정표를 짜놔서 되었다는 말이 아니다. 이 동서양의 대립은 이제 뜻있게, 보다 높은 것을 드러내는 기회를 만들 수 있다는 말이다. 그러면 그것이 곧 뜻이 있어서 되었다는 말이 아닌가? 그렇다. 모든 것에 뜻이 있다. 모든 것이 뜻이 있어서 되었다. 죽은 것은 나기 위해서요, 실패한 것은 이기기 위해서다. 동서양이 서로 갈라진 것은 서로 도와 모두 높은 데 오르기 위해서다. 마치 두 다리가 서로 갈라지고 서로 반대하기 때문에 앞으로 나아가듯이, 동양은 정신을 맡았고, 서

양은 물질을 맡았다.[49]

'뜻'에 대한 함석헌의 이야기는 동어반복에 불과하다. 여하튼 섭리에 의해 동서양이 나누어졌다는 것인데, 그것을 두 다리의 갈라짐에 비유함은 어색하다. 더욱이 두 다리가 서로 반대하기 때문에 앞으로 나아간다는 것은 궤변이다.

함석헌이 역사의 3요소로 지리, 민족, 섭리를 들고 지리를 무대, 민족(인류)을 배우, 섭리를 각본이라고 본 것[50]도 우치무라의 인식과 비슷하다. 이는 우치무라가 1899년의 『흥국사담』에서 흥국의 요소로 지리, 인종, 종교, 시간을 들었는데[51] 시간이란 역사를 의미하므로 같은 것이 된다.

특히 함석헌은 지리를 중시해 한국의 경우 "5천 년 역사가 그저 억눌림과 빼앗김의 계속인데 그 원인이 적어도 절반은 이 위치 때문"이라고 했다.[52] 그런 "자리에서 고난을 아니 당하려면 억센 민족이 되는 수밖에 없"지만 "섭리는 그렇지 않"아서 "고난의 길을" 갈 수밖에 없었다고 함석헌은 본다.[53] 이는 지리적 결정론이라 비판하지 않을 수 없다.

그러나 함석헌은 민족이나 지리보다 더 중요한 결정적인 것이 섭리라고 주장한다. "왜냐하면 먼저 둘은 저대로 서는 것이 아니요, 하나님의 뜻 안

49 함석헌, 『뜻으로 본 한국역사』, 앞의 책, 80쪽.
50 같은 책, 86쪽 이하.
51 內村鑑三, 「興國史談」, 『內村鑑三全集』, 岩波書店, 1932, 669쪽 이하.
52 함석헌, 『뜻으로 본 한국역사』, 앞의 책, 100쪽 이하.
53 같은 책, 102쪽.

에 그 존재 이유를 구현하는 것이기 때문이다"라고 생각하는 탓이다.[54] 따라서 민족이나 지리도 섭리에 의해 움직여진다. 이러한 주장도 우치무라에서 비롯됨은 물론이다.

이상에서 보듯 무교회운동을 비롯한 함석헌의 사상이 "우치무라를 벗어난 주체적인 것"[55]이었다고 보기는 어렵다. 물론 『뜻으로 본 한국역사』를 썼을 때에는 자신이 무교회운동조차 극복했다고 주장하는 것을 굳이 부정할 필요는 없을 테지만[56] 이는 그의 역사관이 우치무라의 역사관을 벗어났다고 보는 것과 별개의 문제이다.

---

54 같은 책, 93쪽.

55 유동식, 풍류도인 함석헌, 『함석헌 사상을 찾아서』, 앞의 책, 27쪽.

56 함석헌, 『뜻으로 본 한국역사』, 앞의 책, 20~21쪽.

함석헌과 후지이

후지이의 **역사관**

후지이는 1915년부터 우치무라의 제자였고 함석헌은 1923년 동경에 유학해 1924년부터 우치무라의 제자가 되었으며, 함석헌보다 13년 연상인 후지이는 1923년부터 잡지 《구약과 신약》에 「성서로 본 일본」을 연재했으므로 함석헌은 그 글을 읽었을 것이고 1929년에 출판된 그 책도 함석헌은 동경에서 읽었을 것이라고 앞에서 말했다. 함석헌은 그 직후에 귀국해 「성서적 입장에서 본 조선역사」를 쓰면서 후지이의 책을 참조했다.

후지이는 그 책의 '서(序)'를 "오랫동안 세계 역사의 주(主)조류를 형성해온 서양문명에도 마침내 몰락의 날이 가까워졌다"라는 문장으로 시작한다. 그리고 새로운 시대의 경영자가 동양, 특히 일본임을 누구도 의심하지 않는다고 강조하면서 이에 대한 지표가 성경에 있다고 주장한다. 그리고 1장 1절의 제목을 '산통의 기록으로서의 역사'라고 했는데[57] 이는 유대의 역사가 고난 끝에 예수를 낳았다고 보는 성서의 역사철학에 근거한 것

---

57 藤井武, 『藤井武全集』, 2권, 岩波書店, 1971, 472쪽.

이다. 각 국가나 민족은 "스스로 광명을 붙잡기까지" 산통을 겪어야 한다, 즉 출산을 위해 오랫동안 고통을 겪어야 한다는 주장이었다.[58]

후지이는 1923년 관동대지진이 발생하자 그것을 일본에 대한 신의 엄중한 최후 심판이라고 보는 특이한 기독교적 역사관을 정립했다.[59] 일본의 경우 관동대지진이 산통의 끝이라고 보고 일본에 부여되어야 할 특수한 사명을 주장한 것이다. 즉 그리스인에게는 신의 문제, 로마인에게는 사람의 문제, 독일에게는 구원의 문제에 대한 진리를 보여준 것이 역사적 질서였던 것처럼 이제 신의 경륜의 순서로 남은 문제인 내세의 진리를 명백하게 할 사명은 동양, 특히 일본에 있고 이로써 역사는 완성된다고 믿었다.[60] 이처럼 그리스에서 로마로, 로마에서 독일로 신의 섭리가 변했다고 후지이가 주장한 것은 본래 우치무라가 「지인론」에서 주장한 내용이었음은 앞에서 본 바와 같다.

여하튼 후지이는 그리스, 로마, 독일을 거쳐 신의 섭리가 일본에 이르게 된 이유를, 일본 신화의 태양 숭배, 고대의 청정 관념, 천황에 대한 충군애국, 유교의 효, 불교의 인과, 무사도 등과 같은 기독교 이전의 광명이 일본에 존재했고, 기독교는 이것들을 파괴하기커녕 완전하게 하기 위해 동양 일본으로 온 것으로 보았다.[61] 그러나 당시 현실의 '벼락부자'가 된 일본은 미국을 닮아 오직 환멸로 가득한 나라일 뿐이어서 결국 신이 관동대지진으로 심판을 내렸으니 일본은 회개하고 그 영광의 사명을 수행해야 한

---

58 같은 책, 481쪽.

59 같은 책, 533쪽, 602쪽.

60 같은 책, 531쪽 이하.

61 같은 책, 508쪽 이하.

다고 강조했다. 무교회운동도 이러한 반미주의 및 동양주의와 연관이 있었다. 1930년대 이후 일본의 사상적 조류였을 뿐만 아니라 함석헌에게도 깊은 영향을 미쳤다.

함석헌과 **후지이**

후지이의 고난 내지 산통의 역사관은 함석헌의 고난과 산통의 역사관에 그대로 이어진다. 다른 점이 있다면 후지이의 경우 모든 나라의 역사가 고난의 역사라고 본 반면 함석헌의 경우는 유독 한국의 역사를 그렇게 보았다는 것이다. 그런 역사관이 후지이의 말대로 성경의 역사관이라면 어느 나라의 역사에나 해당될 텐데 왜 함석헌은 그것을 유독 한국의 역사에 접목했을까? 즉 "섭리는 한국 역사의 기조를 어떤 것으로 정했을까?"라고 묻고서 그것을 '고난'이라고 대답했을까?[62]

함석헌은 자신이 이렇게 말하는 것을 '전인미답'[63]이라고 했다. 1965년 4판을 내면서 붙인 서에서도 그 점을 특히 강조한 것을 보면 대단한 자부심을 가진 듯하다. 물론 한국사에 대한 해석으로서는 처음 제기된 관점일지 모르지만, 기독교 사관으로서는 꼭 그렇다고만 볼 수 없다. 함석헌은 유독 한국사만이 고난의 역사라고 강변하면서 "이 말을 듣고 놀라지 않을 사람은 없을 것이다. 그러나 부끄럽고 쓰라린 사실임을 어찌할 수 없다"[64]

62 함석헌, 『뜻으로 본 한국역사』, 앞의 책, 94쪽.
63 같은 책, 95쪽.
64 같은 책, 같은 쪽.

고 한다. 그리고 우리 역사에 "있는 것은 압박이요, 부끄러움이요, 찢어지고 갈라짐이요, 잃고 떨어짐의 역사뿐"으로 "공정한 눈으로 볼 때 더욱 그렇다. 그것은 참으로 견딜 수 없는 슬픔이다"라고 한 뒤 "세계의 각 민족이 다 하나님 앞에 가지고 갈 선물이 있는데 우리는 있는 게 가난과 고난밖에 없구나, 할 때 천지가 아득하였다"[65]고 한다. 함석헌이 우치무라나 후지이의 역사관을 보고 자신의 역사관을 정립할 때, 그는 왜 일본의 역할을 긍정적으로 강조한 그들처럼 조선의 역할을 긍정적으로 강조하지 못하고 부정적으로 강조했을까?

가령 후지이가 긍정적으로 강조한 일본의 전통 사상은 한국의 전통에도 있는 것이다. 충군애국, 유교의 효, 불교의 인과 등이 그렇다. 특히 유교는 일본보다 조선에서 더욱 강력하지 않았던가? 그러나 함석헌은 "그것은 다 남에게서 빌려온 종교지 우리에게서 나온 것이 아니다. 유교가 그렇고 불교가 그렇고 기독교도 그렇다"라고 비판한다. 게다가 동학도 "밖에서 들어온 남의 사상을 이리 따고 저리 따서 섞어 놓은 비빔밥이지 정말 우리의 고유한 것이 아니"라고 한다.[66] 동학의 사상이나 교리에는 "새롭고 독특하다 할 만한 것"이 없고 "그 안에 많은 미신적인 요소를 가지고 있던 것으로 인하여 진보적이라 할 수 없었다"고 평가한다.[67] 그리고 고유한 종교가 있지만 "타락해버리고 말았다"고 한다.[68] "유교도 저 할 일을 하려다가 채 못하였고, 불교도 저 할 일을 하려다가 채 못하였고, 기독교도 저 할 일

65 같은 책, 96쪽.
66 같은 책, 129쪽.
67 같은 책, 372쪽.
68 같은 책, 129쪽.

을 하려다가 채 못" 했다는 것이다.[69]

함석헌과 일본

함석헌은 1942년에 1년간 미결수로 복역한 이유가 「성서적 입장에서 본 조선역사」 때문이라고 하고, 그 재판의 마지막에 당시 법관[70]이 "세계역사도 결국 고난의 역사 아니냐? 일본 역사를 그 자리에서 쓴다면 재미있지 않으냐?"라고 한 것[71]을 고난의 역사의 승리라고 했는데[72] 법관이 말한 그런 이유만으로 복역한 것은 아니었을 것이다. 그 법관이 우치무라나 후지이의 책을 읽었는지 알 수 없지만, 이미 우치무라나 후지이가 세계역사를 고난의 역사라고 보고 그런 입장에서 일본 역사를 해석했는데도, 판사의 그 말을 '고난의 역사의 승리'라고 이해한 이유를 알 수 없다.

여하튼 함석헌의 글이 실린 시기와 복역한 시기는 7~9년 차이가 나기 때문에 그 글이 복역의 이유였다고 보기는 어렵다. 김성수는 당시 "함석헌이 어떤 범죄 행위를 한 결과라기보다 그의 신념이나 의식이 일제가 원하는 것과 달랐기 때문"이라고 했는데, 함석헌 자신은 "위험한 사상을 유포하고 다닌다는 혐의"에 의한 것이라고 했다.[73] 그러나 아래에서 보듯 「성서

---

69 같은 책, 468쪽.

70 검사라고 했다. 함석헌, 「역사와 민족」, 『성서적 입장에서 본 세계역사』, 앞의 책, 14쪽.

71 위 책에서는 검사의 그런 질문에 함석헌이 그렇다고 답하자, 검사가 다시 "그럼 그런 입장에서 일본 역사를 한번 써보면 어떻소?"라고 해서 그는 빙긋이 웃었다고 했다.

72 같은 책, 19쪽. 박재순도 그렇게 본다. 박재순, 「씨알사상의 역사적 맥락과 철학적 성격」, 씨알사상연구소 편, 『생각하는 백성이라야 산다』, 나녹, 2010, 41쪽.

73 김성수, 앞의 책, 161쪽.

적 입장에서 본 조선역사」에는 "위험한 사상"이라고 볼 만한 것이 없었다. 그 글은 도리어 후지이의 역사관에 입각한 것으로 위험할 수가 없었다.

함석헌은 후지이와 달리 관동대지진은 물론 일제하에 대해서도 「성서적 입장에서 본 조선역사」에 언급한 바 없다. 지명관은 함석헌이 세조의 잔인성과 단종 및 그 충신들에 대해 길게 서술한 것이 "은근히 일본의 폭력적 지배에 대해서 항의하고 그것에 대한 저항을 고취한 것"이라고 보지만[74] 의문이다. 도리어 낙랑군의 지배나 고려에 침입한 원이나 조선에 침입한 일본에 대한 함석헌의 묘사를 그렇게 봄이 옳으리라. 그러나 그것들에 대한 함석헌의 다음과 같은 묘사는 외적의 침략에 대한 비난이 아니라 이를 막지 못한 내부자에 대한 비판과 섭리의 강조에 불과했음을 주목해야 한다.

> 임진·정유의 난에 하나님이 조선 사람에게 요구한 것도 도요토미 히데요시의 군을 이김이 아니었다. ……그 적군을 이기는 것보다도 전쟁 그것, 환난 그것을 이기는 것, 거기서 견디어 나오는 것, 그것을 삼켜 넘는 것, 그 가운데서 국민적 정신을 심화 정화하는 것을 요구하였다. 그 국난이 온 원인인 죄악의 길에서 발길을 돌려 나오는 것을 바랐다.[75]

위 구절은 뒤에 『뜻으로 본 한국역사』에서 수정되었다. 즉 "하나님이 조선 사람에게 요구한 것"은 "역사가 한국민족에게 요구한 것"으로, "그 적

---

74 지명관, 위의 글, 233쪽.
75 《성서조선》, 78호, 1935. 7. 3쪽. 문장은 수정됨.

군" 앞에 "그것은 한국을 심판하기 위하여 처음부터 준비된 것이었다. 우리가 할 일은"이 더해졌다.[76] 그러나 전체의 뜻이 달라지지는 않았다. 하느님이든 역사든 섭리임을 강조한 점은 마찬가지였다.

심지어 함석헌은 도요토미 히데요시의 등장도 섭리라고 보았다. 즉 그가 "세계적 영웅인지 아닌지는 단언할 수 없으나, 큰 역사적 역할을 하기 위하여 세움을 입은 사람인 것은 분명하다. 그는 역사상 가끔 보는 새 시대를 위한 청소작업을 하는 인물의 한 사람", "알렉산더, 나폴레옹 하는 동류에 속하는 인물들이 공통으로 가지는 운명"이고 "일본 에도 시대 3백년의 태평시대를 연 것도 그요, 명나라에 치명적 일격을 가하여 만주 천지에 시대 전환의 저기압을 빚어놓은 것도 그"[77]라고 하는 등 찬사를 아끼지 않았다.

게다가 함석헌은 『뜻으로 본 한국역사』에서 러일·청일전쟁, 만주사변, 중국사변을 신이 "정한 일"이라고 첨가했다.[78] 그러니 그는 일본의 조선침략도 섭리로 보았으리라. 게다가 함석헌은 임진왜란의 교훈을 일본으로부터 방어하거나 일본을 침략하는 것이 아니라 "만주를 한 번 찾아, 거기 민족으로 갱생하자는 큰 계획을 세워" 보는 것이라고 했다.[79]

이처럼 함석헌이 역사를 섭리에 의한 '고난의 기록'으로 본 것은 후지이가 역사를 '산통의 기록'으로 본 점과 유사하다. 함석헌 자신 『뜻으로 본

76 함석헌, 『뜻으로 본 한국역사』, 앞의 책, 316쪽.
77 《성서조선》, 앞의 책, 4쪽; 함석헌, 『뜻으로 본 한국역사』, 앞의 책, 317~318쪽.
78 함석헌, 『뜻으로 본 한국역사』, 앞의 책, 318쪽.
79 《성서조선》, 앞의 책, 4쪽; 함석헌, 『뜻으로 본 한국역사』, 앞의 책, 318쪽.

한국역사』에서 "새 시대를 낳으려는 세계의 산통 소리가 점점 높아간다"[80]
고 썼고 6·25도 4·19도 5·16도 "산통의 부르짖음"이라고 보았다.[81] 함석헌
이 인류 역사를 발생, 성장, 단련, 완성이라는 4단계로 본 것도 후지이의 4
단계 세계관과 유사했으나 그 내용은 달랐다. 함석헌은 예수까지를 성장
기, 기원후 현대까지를 단련기, 그리고 미래를 완성기라고 보았다. 완성기
가 서양이 아니라 동양에 의한다고 본 점, 즉 "동양의 각성에 의한 서양문
명의 정화"라고 본 점[82]에서도 두 사람은 같았으나 그것을 일본으로 본 후
지이와 달리 함석헌은 조선으로 본 점이 달랐을 뿐이다.

함석헌의 미국 사랑

함석헌은 미국을 긍정적으로 보았다. "한국에 선교사를 주로 보낸 미국의
프로테스탄트는 그 건국 정신인 민주주의를 앞장세우고 있는 것" 등의 문
장에서 보듯 말이다.[83] 이 같은 시각은 후지이와 다름없다.[84] 후지이는 미국
에 대해 그 문명의 타락을 강조하기도 했지만[85] 함석헌의 경우 미국에 대
한 비판은 강도가 그리 강하지 않았다.

미국 여행을 하면서 함석헌은 미국 문명에 도취했다. 가령 "서부정신이

---

80   함석헌, 『뜻으로 본 한국역사』, 앞의 책, 469쪽.

81   같은 책, 426쪽.

82   《성서조선》, 64호, 8쪽.

83   함석헌, 『뜻으로 본 한국역사』, 함석헌저작집 30권, 위의 책, 371쪽.

84   藤井武, 『藤井武全集』, 2권, 앞의 책, 525쪽.

85   같은 책, 528쪽.

살아 있는 한 미국은 망하지 않으리"라고 말했다.[86] 그에게는 서부정신이라고 하는 것이 인디언 살육사이기도 했다는 점이 전혀 의식되지 않았다. 도리어 서부 개척은 그의 고유한 꿈인 만주 개척의 선구로 보였을지도 모르겠다.

마찬가지로 그는 드넓은 들판에서 기계로 농사를 짓는 미국 농부들을 부러워했다. 그는 시골집에서도 전기와 수도가 잘 공급되고 난방장치와 온수조절장치가 갖추어져 있는 미국의 물질문명에 감탄하며, "미국도 땅의 선물"이고 "자연의 규모가 이러니 역사가 또 이렇게 되지 않을 수 없"고 그래서 미국에서 민주주의가 발전했다고 생각했다.[87]

그러니 우리 선조가 "당초에 남쪽으로 길을 잡은 것이 잘못"이라고 하면서 "터전이 넓어야 사람이 커지고, 들판 없이 문화는 있을 수 없다"고 하고, "어서 이민 나가라"고 말한다. "좁은 데서 먹을 것도 없이 싸우지만 말고, 널찍널찍한 곳으로 가서 기운을 펴고 살고 볼 것"이라고 말이다.[88] 그래서 "우리는 우연히 터를 잘못 잡았다가 그 국가주의에 희생이 된 민족"이라고 보았는지도 모른다.[89]

86 함석헌, 「민중의 힘이 커져야 한다」, 『세계의 한길 위에서』, 앞의 책, 26쪽.
87 함석헌, 「한민족이여, 더 넓은 곳으로 나아가라」, 『세계의 한길 위에서』, 앞의 책, 37쪽.
88 같은 책, 38쪽.
89 같은 책, 39쪽.

함석헌의 섭리사관

고난의 역사

함석헌의 『뜻으로 본 한국역사』를 펼치면 먼저 두 편의 머리말이 나온다. 하나는 1950년에 쓴 것이고, 또 하나는 1965년에 쓴 '넷째 판에 부치는 말'이다. 뒤의 글 처음에 나오는 말이 '고난의 역사'이다. "이 씨알의 역사를 나는 고난이라 하였고 그 고난의 모습을 그려보자는 것이 이 조그마한 책"이라고 한다.[90] 그리고 '고난의 역사'라는 말은 다시 94쪽에 작은 표제어로 나온다. 그 앞 86쪽에서 역사의 3요소가 지리, 민족, 섭리라고 하는데 섭리, 즉 하느님의 뜻이 한국 역사의 기조를 고난으로 정했다고 한다. 따라서 "한국의 역사는 고난의 역사다."[91]

이어 우리 역사에 "있는 것은 압박이요, 부끄러움이요, 찢어지고 갈라짐이요, 잃고 떨어짐의 역사뿐"으로 "공정한 눈으로 볼 때 더욱 그렇다. 그것은 참으로 견딜 수 없는 슬픔이다"라고 한 뒤 "세계의 각 민족이 다 하

---

90 함석헌, 『뜻으로 본 한국역사』, 앞의 책, 17쪽.
91 같은 책, 95쪽.

나님 앞에 가지고 갈 선물이 있는데 우리는 있는 게 가난과 고난밖에 없구나, 할 때 천지가 아득하였다"[92]고 했다. 그러나 함석헌은 성경에서 진리를 보고 그것으로 구원을 받았다고 하며 다음과 같이 말한다.

> 이 고난이야말로 한국이 쓰는 가시면류관이라고 가르쳐주는 것이었다. 그리고 그것은 세계의 역사를 뒤집고 그 뒷면을 보여주는 것이었다. 그리하여 세계역사 전체가, 인류의 가는 길 그 근본이 본래 고난이라 깨달았을 때 여태껏 학대받은 계집종으로만 알았던 그가 그야말로 가시면류관의 여왕임을 알았다. 이제 우리는 마치니와 한 가지로 "그녀의 할 일은 아직이다"라고 용기를 낼 수 있다. 과연 그녀의 일은 이제부터다.[93]

많은 사람들이 위 구절을 함석헌 역사관의 핵심이라고 말한다. 즉 한국의 역사가 고난인데 그 고난은 예수의 고난 같은 것이라고 하는 것이다. 그러나 이런 서술이 기독교인에게는 대단히 의미 있는 상징적 표현일 수 있겠지만, 일반인에게는 반드시 그렇게 공감할 수 있는지 의문이다.

우선 어느 나라에나 고난은 있는 것이지 우리만이 유독 고난의 역사만을 가지고 있다고 할 수 없다는 생각에서다. 게다가 다른 나라 역사는 찬란한데 우리 역사만 고난이라고 하며 우리를 예수의 고난과 동일시하는 것은 기독교 특유의 유대 선민의식을 한국적으로 바꿨을 뿐이라는 느낌이

92 같은 책, 96쪽.
93 같은 책, 97쪽.

든다. 사실 이런 역사관은 뒤에서 보듯이 함석헌이 배운 우치무라 간조와 같은 일본 기독교인들이 주장한 신의 섭리에 의한 마지막 선민으로서의 일본민족을 한국민족으로 바꾼 데 지나지 않는다. 일본인들은 19세기까지 그리스, 로마, 독일 등이 신의 선택을 받았지만 20세기에는 일본이 선택을 받았다고 주장했다. 하지만 신은 쉽게 면류관을 주지 않았고, 대신 고난을 주어 그것을 이겨내라고 했다는 것이다. 그런데 함석헌은 예수의 마지막 면류관이 가시면류관이라는 것을 들어 우리 민족, 우리나라에게 그것을 쓰게 하기 위해 신이 고난을 주었다고 했다.

만주를 되찾아야
고난이 끝난다?[94]

그런데 그 고난의 역사는 지리에 의한 것이기도 하다고 함석헌은 주장한다. 즉 대륙과 일본 사이에 끼여 있는 것이 고난의 원인이라는 것이다.[95] 물론 그런 지리적 요인 자체도 신의 섭리에 의한 것이라고 본다. 그런데 함석헌은 본래 한반도는 만주와 연결되는 것이 섭리였기에 한민족의 보금자리는 한반도가 아니라 만주였다고도 주장한다.[96] 따라서 만주를 회복해야 고난이 끝난다는 식의 주장을 이어간다. "이것이 우리 역사를 고난의 역사로 마련해놓은 또 하나의 조건이다. 이 점에서도 조선은 만주와 떨어져서는

---

94 같은 책, 114쪽.
95 같은 책, 100쪽.
96 같은 책, 101쪽.

안 된다."[97] "본래 조상 땅이었던 만주를 내놓고 이 틈바구니에서만 나라를 벌여보려 했으니 고난의 역사가 안 될 수가 없다."[98]

그러면서도 함석헌은 지리가 고난의 절대적인 조건은 아니라고 하면서 또 하나의 조건으로 민족을 거론한다. 그리고 이광수의 『민족개조론』을 두 쪽 이상 장황하게 인용하여 '착함'과 '날쌤'을 우리 민족의 특징이라고 한다.[99] 우리의 이름자를 보아도 그렇다는 것이다.[100] 즉 "인, 의, 예, 지, 신, 순(順), 순(淳), 화(和), 덕(德), 명(明), 량(良), 숙(淑)" 등의 이름자들이 그렇다. 이처럼 민족의 문제 역시 고난의 역사를 만드는 요인이라고 주장한다.[101] 그러나 함석헌은 다시 이러한 민족의 특성이 "큰 나라를 세우고 고상한 문화를 낳을 수 있는 자격"이며 "세계역사에 이런 민족은 많지 않다"라고도 하면서 "다만 그것을 키우지 못한 것이 죄다"라고 한다.[102]

하지만 여기에 반전이 등장한다. 함석헌은 그런 특성이 다 옛날이야기일 뿐, 삼국시대 이후 지금 한국인은 변했다고 본 것이다. 즉 "한국 사람은 심각성이 부족하다. ……깊은 사색이 없다. ……그래 시 없는 민족이요, 철학 없는 국민이요, 종교 없는 민중이다."[103] 그리고 종교가 없지는 않지만 외국 종교이고, 동학도 남의 사상을 섞어놓은 것이지 우리 고유의 것이 아니라고 비판함을 앞에서 보았다.

---

97 같은 책, 109쪽.

98 같은 책, 110쪽.

99 같은 책, 120~127쪽.

100 같은 책, 122쪽.

101 같은 책.

102 같은 책, 126~127쪽.

103 같은 책, 128쪽.

'삐뚤어진 역사'

1965년 『뜻으로 본 한국역사』를 낸 이듬해, 《사상계》 159호(1966.5)에 쓴 「우리 역사와 민족의 생활신념」이라는 글의 첫 줄에서 함석헌은 "우리 역사는 삐뚤어진 역사다",[104] "패망 중에서도 더러운 패망"[105]이라고 했다. 그리고 그 이유로 만주와 한반도에서 천 년 넘게 산 것을 알 수 없게 되었고, 중국인 기자가 나라를 세웠으며, 한사군이 4백 년이나 있었고, 통일신라가 한반도의 반쪽 통일이었다는 점을 들었다. 특히 신라 통일을 "소아마비가 생기고 등뼈가 꺾어진 셈이니 그 이후의 발달이 제대로 될 리가 없었다"라고 했다.[106] 특히 조선 5백 년 역사란 당파 싸움뿐이라고 했다. 『뜻으로 본 한국역사』를 몇 마디로 요약한 셈인데, 이것이 일제강점기 관변학자들이 만든 식민사관과 얼마나 다른 것일지 의문이다. 나아가 6·25를 분단한 죄로 받은 벌이라고 했다.[107] 베트남전쟁에서 젊은이들을 죽게 한 것도 하늘의 벌이라고 했다.[108] 그래서 그는 우리나라의 역사를 삐뚤어진 역사라고 본다.

함석헌은 "겉에서 잃은 것을 속에서 찾는 정신"을 가지면 "화가 도리어 복이 되어 남으로서는 도저히 할 수 없는 독특한, 높은 세계사적 사명을 다할 수 있"는데 "그것을 못하고 속까지 병신이 됐으니 정말 슬픈 일이다"라고 주장한다.[109] 그래서 『삼국사기』, 『동국통감』, 『고려사』, 그리고 조선의

---

104 함석헌, 「우리 역사와 민족의 생활신념」, 『들사람 얼』, 앞의 책, 171쪽.

105 같은 책, 173쪽.

106 같은 책, 172쪽.

107 같은 책, 173쪽.

108 같은 책, 174쪽.

109 같은 책, 175쪽.

모든 기록을 통틀어 그것을 야기한 비자주적인 사대주의 역사라고 비난하며 "낡은 역사책을 모두 불살라버려라"라고 한다.[110]

이에 대해 함석헌이 새로운 역사의 원리로 내세우는 것이 정치와 종교의 통일이다. 고대에 그러했던 것은 함석헌의 주장을 빌리지 않아도 잘 아는 사실이다. 그러나 지금 그것이 세계를 구원하는 길이라고 주장하는 것은 도무지 이해할 수 없다. 그 주장의 이유가 "오늘의 정치가 어지러움은 순전히 세속적인 나라를 이루어갈 수 있는 듯이 망상하는 데 있고 오늘의 종교의 무력은 종교전당 안에만 있는 듯이 고집하는 데 있다"[111]고 하는 것도 이해할 수 없다. 가령 종교전당이 아니라, 함석헌처럼 무교회주의를 주장하면 올바른 역사가 세워진다는 것일까?

함석헌의

섭리사관

함석헌은 역사의 3요소를 지리, 민족성, 신의 섭리로 보았지만 지리와 민족성을 지배하는 것도 신의 섭리라고 보았다. 결국 역사를 섭리에 의한 것으로 본 셈이다. 첫째, 지리에서 함석헌은 "5천 년 역사가 그저 억눌림과 빼앗김의 계속인데 그 원인이 적어도 절반은 이 위치 때문"이라고 하고 "억세지 못한 자가 그 자리에 선다면 그때는 수난의 골목이요, 압박의 틈바구니"[112]라고 하여 지리적 결정론을 어느 정도 수긍했다. 이 구절에도 원래는

---

110 같은 책, 176쪽.

111 같은 책, 180쪽.

112 《성서조선》, 66호, 1934. 7. 3쪽; 함석헌, 『뜻으로 본 한국역사』, 앞의 책, 100쪽.

"그런데 섭리는 그렇지 않았다"고 하는 부분이 포함되어 있어서 섭리를 강조한 것이었다.[113] 나아가 만주를 "지은이의 뜻"[114]에 따른 "한반도와 서로 돕는 관계"로서 특히 강조하고[115] "같이 붙이기를 주장"했다.

만주를 우리 역사의 옛 땅이라고 보는 시각은 발해가 멸망한 이후 계속되어 왔으므로[116] 함석헌의 견해도 그런 전통의 답습이라고 볼 수 있다. 그러나 식민지시기에 만주를 우리의 옛 땅이라고 강조한 견해는 대부분 우리 역사를 단군 중심으로 체계화한 것으로 함석헌이 믿은 기독교의 역사관과 달랐다. 가령 신채호는 「독사신론(讀史新論)」에서 기자조선-삼한으로 이어지는 한족 중심의 한국사 체계를 부정하고 단군을 계승한 부여족을 한민족의 중심으로 파악하여 단군-부여-고구려-발해로 이어지는 정통론을 주장했고, 백두산을 단군과 민족의 발상지로 강조했다. 이러한 주장은 주로 대종교와 관련되었는데 기독교도인 함석헌은 단군을 부정하는 다른 기독교도와 달리 단군을 수긍했다.

둘째, 함석헌이 민족성을 반영구적이라고 본[117] 점도 한말 일제초의 논의를 답습한 것이었다. 가령 최남선은 우리 '민족성'의 원기와 활력이 '모화사상'에 의해 궤멸되고 훼손되었다고 지적했다.[118] 함석헌은 남북미가 지리적으로 유사하지만 "북은 문화의 모든 면에서 세계 제일을 자랑하고, 남

113　《성서조선》, 66호, 앞의 책, 4쪽.

114　함석헌, 『뜻으로 본 한국역사』, 앞의 책, 104쪽.

115　《성서조선》, 66호, 앞의 책, 5쪽; 함석헌, 『뜻으로 본 한국역사』, 앞의 책, 103쪽 이하.

116　김도형, 「한말·일제하 한국인의 만주의식」, 『식민지시기 재만조선인의 삶과 기억』, 선인, 2009, 85쪽.

117　《성서조선》, 65호, 1934. 6, 5쪽; 함석헌, 『뜻으로 본 한국역사』, 앞의 책, 87쪽 이하.

118　류시현, 『최남선연구』, 역사비평사, 2009, 163쪽.

은 아주 떨어진 상태"인 이유를 민족의 차이로 보았다.[119] 함석헌은 역사의 요소로 민족성을 부정하는 영웅사관에 대해 "영웅의 시대는 지나갔다"고 하면서도 간디 등을 예로 들어 개인을 중시했다.[120] 이는 그가 서술하는 한국사가 인물 중심인 것에서도 알 수 있다. 함석헌에 의하면 "개인은 전체의 대표"이고 "그 전체는 종교적으로 하면 하나님이요, 세속적으로 하면 운명 공동적인 전체 사회다."[121] 이 말은 흔히 함석헌 사상의 핵심으로 이해되는 것이므로 주목될 필요가 있다.

함석헌은 가령 "종교개혁은 종교적으로 하면 성령의 일인 동시에 현실적으로 하면 북유럽 민족의 일"이며 "루터가 이탈리아에서 나지 않은 것은 우연이 아니고 필연"[122]이라고 했다. 이처럼 지리나 민족성이나 인물도 모두 섭리에 의한 것이지만 그 어느 것보다도 섭리 자체가 "결정적"이라고 함석헌은 보았다.[123]

함석헌은 조선 민족이 "착하고", "인후하고 의용심이 풍부해" 큰 민족을 이룰 자격이 있어서 4~5천 년 전에 당당한 출발을 하여 고구려가 만주를 차지했지만 신라에 의해 고구려가 망하면서[124] 중국을 모방한 조선민족의 '자아 상실'이 시작되고 치욕과 고난의 역사가 전개되었다고 보고 이를 신의 섭리라고 했다.[125] 그에 의하면 그 뒤 신은 조선이 자아를 재건할 기회

119 《성서조선》, 65호, 앞의 책, 5쪽; 함석헌, 『뜻으로 본 한국역사』, 앞의 책, 88쪽.
120 함석헌, 『뜻으로 본 한국역사』, 앞의 책, 89쪽. 간디에 대한 언급은 뒤에 붙인 것이다.
121 《성서조선》, 65호, 앞의 책, 5쪽; 함석헌, 『뜻으로 본 한국역사』, 앞의 책, 89쪽.
122 《성서조선》, 65호, 앞의 책, 6쪽; 함석헌, 『뜻으로 본 한국역사』, 앞의 책, 90쪽.
123 《성서조선》, 65호, 앞의 책, 7쪽; 함석헌, 『뜻으로 본 한국역사』, 앞의 책, 93쪽.
124 《성서조선》, 70호, 1934.11, 6쪽.
125 같은 책, 7쪽.

를 몇 번이나 주었지만 언제나 실패했다. 가령 조선 후기의 천주교 전래에 대해 함석헌은 후지이[126]와 같이 바울의 아테네 연설을 인용하여 복음 전래로 인류는 통일로 향하게 되었다고 보았으나[127] 천주교 박해로 인해 조선은 다시 전락했다고 개탄했다. 함석헌은 조선에서 "새 지식·기술을 배워" 혁신을 했어야 하는데 이를 달성하지 못하고 망한 이유가 일본과 달리 중산계급이 없어 "하나님이 노했"기 때문으로 보았다.[128] 즉 조선은 문제가 많아 스스로 망했다는 것이다.

함석헌은 한국이 동양문명의 단점인 퇴영적·보수적·형식적인 면과 서양문명의 단점인 물욕적·약탈적·외면적인 것으로 가득한 '세계사의 하수구'라 보고[129] 그러므로 "인류의 역사를 도덕적으로 한층 더 높"[130]일 수 있다고 주장했다. 왜냐하면 하느님이 우리에게 "한 번도 남을 침략한 적이 없는" "착함"을 주었기 때문이라는 것이었다.[131] 그래서 함석헌은 "온 인류의 운명이 우리에게 달렸"[132]고 "우리가 인류의 장래를 결정"[133]한다고 했는데 이는 후지이가 말한 일본에 의한 인류 구원관과 유사하다. 함석헌은 "고난을 당하는 것은 우리만이 아니다. 온 인류가 다 그렇다"[134]고 하지만

---

126 藤井武, 『藤井武全集』, 2권, 앞의 책, 509쪽 이하.

127 《성서조선》, 80호, 1935.9, 4쪽.

128 함석헌, 『뜻으로 본 한국역사』, 앞의 책, 375~376쪽.

129 같은 책, 462~463쪽.

130 같은 책, 464쪽.

131 같은 책.

132 같은 책, 467쪽.

133 같은 책, 466쪽.

134 같은 책, 446쪽. 이 부분도 뒤에 붙인 것이다.

한국만이 그 구원자라고 주장함에는 변함이 없었다.

　나아가 함석헌은 한국의 미래와 관련해 진리의 사람이 되어야 한다는 말과 함께 만주 평원의 땅을 다시 언급했다. "자유에는 그 활동의 무대가 필요하다"[135]는 이유에서 "바로 이 넓은 천지에 걸음을 내켜볼 때"[136]라고 했다. 그는 일본의 만주 개척과 중국의 만주 점령에도 "뜻이 있다"고 했다. 그래서 "용사들아, 옷을 팔아 칼을 사라"[137]는 그의 마지막 주장은 만주 점령을 위해 준비하라는 뜻으로도 들린다. 즉 일본이나 중국처럼 만주를 침략하는 것을 신 또는 역사의 섭리라고 본 것이다.

섭리사관이 아니라는
주장의 검토

이처럼 함석헌은 역사를 일관하여 신의 섭리로 보았다. 그런데 「성서적 입장에서 본 조선역사」를 『뜻으로 본 한국역사』로 제목을 바꾸면서는 관념론적 정신사관에 입각한 듯 보이기도 한다. 또한 종래와 같이 지리는 물론이고 민족성도 반영구적이라고 본[138] 점에서 그는 역사결정론에 따르는 듯도 하다. 그러나 김경재는 함석헌의 역사관을 "통속적인 섭리사관이나 관념론적 정신사관이거나, 혹은 어떤 형태든지 역사결정론이 아니"[139]라고 본

135　같은 책, 467쪽.

136　같은 책, 468쪽.

137　같은 책, 469쪽.

138　《성서조선》, 66호, 3~8쪽; 함석헌, 『뜻으로 본 한국역사』, 앞의 책, 87쪽 이하.

139　김경재, 「함석헌의 역사이해」, 『함석헌 사상을 찾아서』, 앞의 책, 127쪽.

다. 이에 동의하는 서현선은 함석헌의 역사관이 역사결정론이 아닌 이유를 그것이 개인의 자유에서 시작하기 때문이라고 하고,[140] 따라서 근대적이라고 평가하면서[141] 그 근거로 함석헌이 "우리나라 역사에서는 이 자아를 잃어버렸다는 일, 자기를 찾으려 하지 않았다는 이 일이 백 가지 병, 백 가지 폐해의 근본원인이 된다"[142]고 한 말을 든다. 그러나 함석헌의 이 말은 개인의 자유를 뜻하는 것이 아니었다. 이는 위 구절의 바로 앞에서 "민족적으로 자기를 잃어버린 것이 그 원인"이라고 하기 때문이다. 함석헌이 "민족적으로 자기를 잃어버린 것"이라고 함은 위에서 보았듯이 고구려가 멸망한 것에 의한 것이다.

함석헌이 개인의 자유에서 시작했다고 보는 것은 적어도 「성서적 입장에서 본 조선역사」에서는 분명하지 않았다. 그는 그 책에서 기독교 이전의 인간생활이란 단체적이고 개인의 가치를 모르며 그것에 대한 자각이 없었고 종교에서도 개인의 영혼보다 민족국가의 운명이 문제였으며, 기독교 이후 자각이 시작되고 개인의 가치를 강조하고 자유를 주장했으나 "진자 같이 움직이는 것이 역사 과정이어서", 자유의 주장은 인류를 지리멸렬한 상태에 몰아넣었다고 했다.[143] 이러한 설명 중 기독교에 대한 언급은 『뜻으로 본 한국역사』에서 인도교, 유교, 불교, 기독교 등의 것으로 바뀌지만 그 내용은 변함이 없었다.

반면 서현선은 함석헌의 역사관이 역사결정론의 성격을 띠지 않는다고

140　서현선, 「한국적 '근대성'에 대한 비판과 종교적 대안들에 관한 연구」, 박경미 외, 앞의 책, 66쪽.

141　같은 책, 65쪽.

142　함석헌, 『뜻으로 본 한국역사』, 앞의 책, 293쪽.

143　《성서조선》, 61호, 1934. 2, 29쪽.

보고[144] 그 근거로 함석헌이 민족의 자유를 찾은 해방 후의 역사를 진보라고 하면서도 "사회적으로는 개인의 자유가 점점 줄어들었다"[145]고 본 점을 든다. 그러나 이는 해방 후 역사에 대한 함석헌의 판단이지 그의 역사관 자체가 개인의 자유에서 시작했다고 볼 수 있는 근거가 될 수 없다. 그렇게 보고자 하면 함석헌이 한국의 고대에서부터 현대까지 개인의 자유를 기준으로 하여 역사를 논의한 점을 들어야 하는데『뜻으로 본 한국역사』에서는 그런 논의를 찾아볼 수 없기 때문이다.

함석헌은 기독교적 섭리사관을 일생 견지했다. 가령 함석헌은 1983년「민중과 새 역사의 지평」이라는 강연에서 "역사란 자꾸 나가는 건데, 그건 다른 데서는 가르침을 받을 수가 없어. 기독교에서만이"고 "참의미의 역사철학은 기독교, 바이블에만 있"으며 "깊이 있는 우주관, 인생관, 역사관은 기독교 성경에서 나오게 마련"[146]이고 서양은 예수의 기독교에 의해, 동양은 석가에 의해 문명화되었다고 했다.[147] 그리고 신의 섭리인 동원령을 기다려야 한다고 했다.[148]

또 함석헌은 1984년「새 세대에게 주는 말:반항할 줄 모르면 사람 아니다」라는 강연에서『뜻으로 본 한국역사』에서 말한 한국사관을 되풀이했다.[149] 즉 삼국시대가 잘못됐다고 하고서 "그 셋이 하나로 있었던들 왜 러

144 서현선, 위의 글, 66쪽.

145 함석헌,『뜻으로 본 한국역사』, 앞의 책, 474쪽.

146 함석헌,『끝나지 않은 강연』, 삼인, 2001, 120쪽.

147 같은 책, 114쪽.

148 같은 책, 125쪽.

149 같은 책, 76쪽 이하.

시아의 힘에 못 견디고, 미국·중국의 힘에 못 견디고, 일본 때문에 못 견디고 그러겠어요?"라고 하며 남북통일 시에는 만주의 한국인들이 큰 일을 할지 모른다고 했다.[150] 이러한 언급은 그가 평생 지녔던 기독교적 섭리사관과 만주에 대한 민족주의적 사관에 집착했음을 보여준다.

150 같은 책, 77쪽.

함석헌은 한국사를
어떻게 해석했나?

만주를 중심으로 한
만주사관

함석헌의 한국사관은 만주를 중심으로 본다는 점에서 만주사관이라고 할 수도 있다. 한국사는 처음부터 고난사였던 것이 아니라 '당당한 출발'이었다고 함석헌은 주장한다. 그 이유는 "만주와 한반도를 하나로 하는 터전"이어서 "동양의 로마, 아시아의 대영제국이"[151] 될 수도 있었기 때문이라고 한다.

함석헌에 의하면 그 정통성을 부여받은 것은 만주를 무대로 한 고구려인데 신라가 고구려를 멸망시키는 바람에 만주 땅을 잃어버린 것은 물론 '반도 절반'[152]에 그친 것이 고난사의 시작이었다는 것이다. "고구려가 그 거인의 시체를 만주 벌판에 드러내놓음으로써 한국민족은 고난의 연옥길을 걷게 된다."[153]

---

151 함석헌, 『뜻으로 본 한국역사』, 앞의 책, 142쪽.

152 같은 책, 172쪽.

153 같은 책, 176쪽.

함석헌은 왕건을 좋게 보는데 그 이유도 "북으로 가자는 것이 이상이었"[154]기 때문이다. 그러나 과거를 도입한 광종 때부터 유교가 득세를 해서 나라는 기울게 된다고 보았다. 함석헌은 그것을 벌한 것이 거란의 침입이라고 했다. "거란이 쳐들어온 것은 고려 사람을 깨우기 위한 종울림이었다."[155] 거란이 쇠하여 윤관이 여진을 정벌한 것이 "실패한 역사를 바로잡아 보라는 또 한 번 하는 명령이다."[156] 그러나 사대주의에 젖은 자들에 의해 실패했다. 신채호가 '조선역사 1천 년 이래의 제일 큰 사건'이라고 한,[157] 묘청이 난을 일으켜 북벌을 주장한 "최후의 건너뜀"[158]을 시도했으나, 김부식 등에 의해 역시 패했다.

그러나 "섭리는 한민족이 자기를 다시 세우기 위해 또 한 번 기회를 주기를 아끼지 않았다."[159] 곧 최영의 요동정벌이다. 그러나 이성계가 그에 맞섰다.

> 하나는 진취요 하나는 보수며, 하나는 자주독립적이요 하나는
> 사대 예속적이며, 하나는 이상주의요 하나는 현실주의며, 하나
> 는 의리요 하나는 권리다. ……섭리는 이 가장 중요한 위기에
> 이 두 반대되는 정신과 사상을 두 인물에 대표시켜 이 민족을
> 시험한 것이다.[160]

---

154 같은 책, 191쪽.
155 같은 책, 199쪽.
156 같은 책, 200쪽.
157 같은 책, 208쪽.
158 같은 책, 204쪽.
159 같은 책, 223쪽.
160 같은 책, 226쪽.

그리고 결과는 이상주의의 죽음이었다. "고구려 망한 날이 민족 파산의 날이라면 이날은 가운부흥을 시키자던 결심을 내던진 날이다. ······하나님의 시험에 한국은 완전히 낙제하고 말았다."[161] "그렇듯 중축이 부러진 역사인지라, 모든 노력이 쓸데없었다."[162] 세종의 노력도 단종의 비극으로 마찬가지였다고 함석헌은 보았다.

함석헌은 임진왜란의 교훈이 일본을 방어하거나 침략하는 게 아니라 "만주를 한 번 찾아, 거기 민족으로 갱생하자는 큰 계획을 세워" 보는 것이라고 했다(22쪽, 206쪽 참조).[163] 그러지 못해 당한 것이 호란이었다. "병자호란에서 섭리의 손은 한국민족을 몰아낼 때까지 몰아냈다."[164]

병자호란 후 배청운동을 야기한 3학사에 대해 함석헌은 '자유에 대한 요구',[165] '정신이 살아 있음을 선언한 것'[166]이라고 평가했다. 그러니 효종과 송시열에 의한 북벌계획을 '건국 이래' 처음으로 높이 평가[167]한 것도 이해할 만하다.

함석헌은 1961년에 쓴 「새 나라 꿈틀거림」에서도 '우리가 할 국가적 사업의 하나로 만주문제를 통일과 관련하여 다음과 같이 거론했다.

근본을 찾는 것이 종교요 도덕이다. 그럼 제나라가 일어난 곳이

161　같은 책, 229쪽.
162　같은 책, 251쪽.
163　같은 책, 318쪽.
164　같은 책, 335쪽.
165　같은 책, 337쪽.
166　같은 책, 338쪽.
167　같은 책, 339쪽.

요, 조상의 뼈가 묻힌 옛터를 잊어버리고 어찌 나라가 될 수 있단 말인가. ……이제라도 살려거든 그 땅을 찾아야 한다. ……우리가 만주에서 쫓겨난 것은 동양 역사에서 하나의 큰 죄악이다.[168]

이러한 주장은 유대인이 팔레스타인 땅을 찾은 논리를 연상하게 한다. 기독교도인 함석헌은 유대인의 팔레스타인 '탈환'을 당연하게 생각하므로 2천 년간 살던 땅을 빼앗긴 팔레스타인 사람들에 대해서는 전혀 관심을 두지 않는다.

20세기 과학시대에도 기적이 있다. 죽은 지 3천 년 된 나무에 꽃이 피었다. 나라가 망한 지 3천 년 만에 흩어진 물방울 같은 유대민족이 다시 모여들어 팔레스타인에 나라를 세웠으니 마른 나무에 꽃이 아닌가? ……그 뿌리가 뭔가? 그들의 종교다. …… 과연 그들의 종교가 세계의 어느 종교보다도 특별히 죄 사함과 다시 살아남을 힘 있게 가르침은 우연한 일이 아니다.[169]

종교에 대한
함석헌의 섭리적 해석

함석헌은 종교와 정치의 일치를 주장했다. 그러나 그가 말한 역사에서 정

---

168 함석헌, 「새나라 꿈틀거림」, 『새나라 꿈틀거림』, 7~99쪽.
169 함석헌, 『뜻으로 본 한국역사』, 앞의 책, 93쪽.

치와 종교는 일치된 적이 없다. 그렇다면 그는 역사에서 한 번도 실현된 적이 없는 그 일치를 왜 주장하는가?

함석헌에 의하면 조선 후기에 유교, 불교 등 "모든 종교가 다 썩어버렸다."[170] 그때 기독교가 들어왔는데 유교나 불교와 달리 "불우한 지위에 있는 자를 통하여 왔다. ……그러므로 이것은 그 후의 발달에서도 나라의 지배 세력과 늘 싸우는 자리에 있었다. 그러므로 도덕 면에서 크게 영향을 끼칠 수 있었다."[171] 함석헌은 이를 "섭리의 손이 그렇게 만들었다"고 보면서[172] 그것이 "시대가 요구하는 씨알의 종교"라고 했다.[173]

함석헌이 생각한 기독교의 과제는 셋이었다. 즉 계급주의, 사대사상, 그리고 숙명론 미신의 파괴였다. "지독한 변태 심리의 당파 싸움이란 결국 이것의 결과라 할 것이다."[174] 기존 종교가 낳은 폐해였다. 그러나 함석헌에 의하면 기독교는 그 과제 수행에 실패했다. 즉 천주교는 "그 자신이 사실 유럽에서 쫓겨 온 낡은 종교이기 때문"이었다.[175]

170 같은 책, 350쪽.
171 같은 책, 355쪽.
172 같은 책, 357쪽.
173 같은 책, 360쪽.
174 같은 책, 362쪽.
175 같은 책, 362쪽. 이에 대한 비판은 이정린, 「함석헌의 한국 가톨릭에 대한 비판과 오류」, 『황사영백서 연구』, 일조각, 1999. 108~118쪽.

일제강점기 이후에 대한
견해의 변화

『뜻으로 본 한국역사』는 6·25 3개월 전인 1950년 3월 30일, 단행본으로 처음 출판되었다. 그 마지막 장인 '해방'은 단행본에 처음 포함되었다가 1954년 판에서 상당히 수정되었다. 1950년 판에 있다가 1954년 판에서 없어진 부분은 다음과 같은 것이다.

> 우리가 일본시대에 얻은 것은 무엇인가. 36년을 지나는 동안에 냄새나던 상투는 없어졌고 백발로부터 삼척동자에 이르기까지 일본말을 할 수 있게 되었고 씻은 듯하던 산에 푸른 나무가 성했고, 오줌똥이 흘러내리던 서울 시가에 아스팔트가 깔리게 되었고, 봇짐 지고 추어 넘던 산 고개에 자동차가 닫게 되었으며, 산으로 바다로 모든 자원은 개발이 되어 처처에 연기 뿜는 굴뚝이 서게 되었다. 사실 '일본 시대가 살기야 좋지 않았소' 하는 말은 지금도 이따금 듣는 말이다. 식민지 사람인 살림이지만 어느 정도의 생활안정감을 저들에게 주었던 것은 사실이요, 무엇보다 인구가 늘었고 줄지 않았음이 그것을 증명한다.[176]

위 문장에 이어 함석헌은 해방이 되자 36년 전과 마찬가지로 산은 다시 벌거숭이가 되고 서울 거리에는 똥이 다시 흐르고 광산은 그치고 어장

---

176 함석헌, 『성서적 입장에서 본 한국역사』, 1950, 276~277쪽.

은 쉬고 기차 자동차는 더 많아졌어도 교통은 막혔다고 했다.[177] 나아가 일본이 동양평화 운운한 것은 허위이지만 평화가 인류의 목표임은 분명하다고 함석헌은 역설했다. 그리고 해방은 하늘이 내린 것이라고 하면서 그 이유는 정치란 우스운 것이기 때문이고, 정치가 우스운 이유는 하늘의 뜻을 거스르기 때문이라고 했다.[178]

마지막으로 함석헌은 자신의 예언이 맞았다고 주장했다. 우리나라가 세계의 첨단에 섰고 기독교가 활발해졌다는 이유에서다.[179] 이어 38선을 말하면서 "이제 세계의 구원은 조선에 있다는 말은 허언이 아니게 되었다," "우리의 뜻이나 행동이 아니라 역사 뒤에 서는 절대의지가 그렇게 택한 고로 선두다"고 했다.[180] 그리고 우리를 기다리는 새로운 것은 공산주의도, 미국식 민주주의도, 현존하는 그 무엇도 아닌, 혁명, 심정의 혁명, 혼의 혁명이라고 하면서[181] 그날이 바로 해산하는 날이라고 하며 책을 끝맺는다.[182]

3·1운동에 대한
견해

『뜻으로 본 한국역사』에서는 3·1운동에 대한 언급이 "민족의 역사에서 전

---

177 같은 책, 277쪽.
178 같은 책, 282쪽.
179 같은 책, 283쪽.
180 같은 책, 284쪽.
181 같은 책, 285쪽.
182 같은 책, 286쪽.

에 못 보던 용기와 통일과 평화의 정신을 보였건만 그것으로도 안 되었다. 받아야 할 교육이 아직 있고, 겪어야 할 시련이 또 있다"에 불과했다.[183] 위 문장에 이어 "제2차 세계대전에 이르러서는 민족의 의식이 아주 끊어지나 이어지나 아슬아슬한 지경에 빠져들었다"는 것으로 일제 36년에 대한 모든 설명을 끝냈다. 약 500쪽에 이르는 『뜻으로 본 한국역사』에서 일제강점기와 3·1운동에 대한 서술이 위 몇 줄로 끝나는 점은 그 책에서 가장 신기한 점이라고 할 수 있다.

『뜻으로 본 한국역사』에는 이렇듯 3·1운동에 대한 구체적인 언급이 없다. 함석헌은 1959년 3월 《사상계》에 쓴 「죽을 때까지 이 걸음으로」에서 "만세만 부르면 독립은 세계에서 '거저 주는' 줄 알았더니 그대로 되지 않았으니, 그 의미에서 실패"지만 민중은 풀이 죽지 않았다. 그러나 그 뒤 일부가 "민중을 팔아넘기고 일본의 자본가와 타협하여 손잡고 돈을 벌고 출세하기를 도모함에 따라 민중이 분열이 생기면서" 풀이 죽었다고 했다.[184] 즉 3·1운동의 뜻이 "민중이 하나로서의 의식을 가진 데 있"어서 "씨알의 싹이 튼 것"이라고 했다.

함석헌은 3·1운동의 결정적 동기는 "그때 파리에서 열린 국제연맹에 호소하자는 데 있었"고 그 신념은 당시 미국의 "윌슨 대통령이 말한 민족 자결주의의 원칙에 의하여 세계 여론에 호소하면 되리라는 것"이었고 "이 신념이 아니라면 고종 같은 이가 열, 스물이 돌아갔다 해도, 민족 감정이 아무리 올라갔다 해도 맨주먹으로 감히 독립만세는 부르지 못했을 것"이

183   함석헌, 『뜻으로 본 한국역사』, 앞의 책, 379쪽.
184   함석헌, 「죽을 때까지 이 걸음으로」, 『죽을 때까지 이 걸음으로』, 앞의 책, 170~171쪽.

라고 했다.[185] 그러나 이처럼 외부적 요인을 강조하는 함석헌의 견해에는 의문이 있다. 그보다는 문화 민족으로서 일본의 지배를 받는 것 자체에 대한 반감, 일제의 무단 통치, 즉 정치적 억압과 경제적 착취, 그리고 1910년대 국내의 비밀결사활동과 교육·문화운동, 국외의 독립운동기지 건설운동과 이를 통한 교육·문화운동이 더 중요한 배경이었고, 윌슨의 민족자결주의 선언은 레닌의 피압박민족 해방지원 천명과 함께 부수적인 국제적 배경으로 보아야 한다고 생각하기 때문이다.

이어 함석헌은 1963년 영국에서 한 강연인 「우리 민족의 이상」에서는 우리가 유사 이래 "한 번도 남의 나라를 쳐들어간 일이 없고 전쟁을 늘 내 집에서 겪"은 "평화의 사람"들이라고 하며 그래서 "3·1운동, 4·19의 비폭력운동은 우연히 일어난 것이 아니었"다고 한다.[186] 그러나 1977년 강연 「뿌리」에서는 "흐름이 있어서 된 것이 아니고 그것으로 고만"인 "우발적"인 것이었고, 정치혁명만이 아니라 사회혁명, 정신혁명에 이르지 못해 실패라고 말한다.[187] 이어 1980년에 행한 강연에서는 3·1운동은 성립 때부터 종교적 배경이 아주 강해서 힘이 있었지만 5·16은 물론 4·19도 그렇지 못했다고 했다.[188]

함석헌은 1986년 일본 강연 「한국의 민중운동과 나의 걸어온 길」에서 3·1운동을 간디가 일으킨 비폭력운동보다 전에 일어난 것이라고 주장했지

185 함석헌, 「3·1정신」, 『생각하는 백성이라야 한다』, 함석헌저작집 5권, 한길사, 2009, 170~171쪽.
186 함석헌, 「우리 민족의 이상」, 『우리 민족의 이상』, 앞의 책, 123쪽.
187 함석헌, 「뿌리」, 『새 시대의 종교』, 함석헌저작집 14권, 한길사, 2009, 269쪽.
188 함석헌, 「오늘 우리에게 4·19는 무엇인가」, 『평화운동을 일으키자』, 앞의 책, 216쪽.

만,[189] 이는 간디의 최초 비폭력운동이 1907년에 있었던 역사적 사실과 맞지 않는다.

---

189 함석헌, 「우리 민족의 이상」, 『우리 민족의 이상』, 앞의 책, 224쪽.

1장

『바가바드기타』로 본

함석헌과 간디의 종교관

목적은 우리 안에 정신적 각성을 불러일으키는 데 있다.

비진실에서 진실로,

어둠에서 빛으로 나아가려는

우리의 간절한 바람은

먼 훗날을 위한 것이 아니라 당장 시급한 것이다.

왜 『바가바드기타』인가?

함석헌과 간디는 『바가바드기타』에 대해서 한 권씩 책을 썼으나, 그 둘을 중심으로 한 비교는 지금까지 없었다.[1] 그 둘을 비교하는 이유는 그들의 사상, 특히 비폭력주의가 폭력이 난무하는 세계에 희망을 준다[2]고 믿기 때문이다. 그러나 그들의 사상을 완벽하다고 생각하거나 무조건 절대적으로 믿는 것은 아니다. 이 세상의 모든 사상이 그렇듯이 그들에게도 당연히 문제점이 있고, 그것은 진지하게 비판되어야 한다. 더욱이 그런 비판을 '한마디로 매도'라고 하면서 매도해서는 안 될 것이다. 오히려 그 비판을 당당하고 엄밀하게 재비판해서 풍성한 토론으로 이끌어야 한다. 그래야만 함석헌과 간디에 대한 이해도 더욱 풍부해질 것이다.

---

1 간디의 『바가바드기타』 해석의 방법론에 대해서는 김호성, 「『바가바드기타』를 읽는 간디의 다원적 독서법」, 『인도연구』, 제10권 제2호, 인도학회, 2005, 179~213쪽. 이 글은 간디가 분석적, 실천적, 선적 독서법에 입각했다고 한다. 또 간디의 『바가바드기타』 2~3장 해석에 대해서는 김호성, 「『바가바드기타』에 보이는 지혜와 행위의 관련성」, 『인도연구』, 11권 2호, 인도학회, 2006, 99~143쪽 참조. 함석헌의 『바가바드기타』에 대한 연구는 없다.

2 Debjani Ganguly and John Docker(eds.), *Rethinking Gandhi and Nonviolent Rationality*, Routledge, 2007, pp. 205~222.

함석헌의 말처럼 『바가바드기타』는 힌두교 경전 중 가장 중요한 것"으로 "간디는 그것을 늘 끊지 않고 읽었"다.[3] 간디는 『바가바드기타』를 "무한한 가치를 갖는", "진실에 대한 지식으로는 최고"의 책이라고 했는데[4] 그가 그렇게 그 책을 중시한 이유는 그 책 전체의 가르침이 비폭력[5]이라고 생각했기 때문이다.

그러나 함석헌은 그 점을 특별히 강조하지는 않았다. 함석헌도 비폭력을 자기 사상의 핵심으로 삼았으니 간디가 중시한 『바가바드기타』를 간디처럼 읽을 수도 있었겠는데 그렇지 않았다는 점은 흥미롭다.[6] 이는 적어도 간디와 비교하는 한에서는 함석헌의 독자적인 관점이라 하겠다.[7]

이 글은 『바가바드기타』 자체에 해석이나 평가를 목표로 하지는 않지만, 적어도 그 책을 간디나 함석헌처럼 무조건 높이 평가하여 절대적으로 지지하지도 않는다는 사실을 분명히 밝혀둘 필요가 있다. 이는 그 책이 특히 카스트제도를 옹호하거나 부정하는 데 모두 사용될 수 있는 '교활한 기회주의적 경전'으로 볼 수도 있기[8] 때문이다. 마찬가지로 그 책이 다루는 전쟁과 폭력을 찬양하는 경우에도 '교활'하게 사용될 수 있기 때문이다.[9]

---

3 함석헌, 『바가바드기타』, 함석헌저작집 6권, 한길사, 2009, 13쪽.

4 간디, 『자서전』, 앞의 책, 124쪽.

5 간디, 『바가바드기타』, 앞의 책, 16쪽.

6 간디를 제외한 다른 대부분의 인도 사상가들은 간디와 반대로 읽었다. 그중 틸락의 해석에 대해서는 김호성, 「바가바드기타를 읽는 틸락의 분석적 독서법」, 『종교연구』, 35권, 2004년, 195~224쪽.

7 이는 함석헌의 비폭력주의를 평가하는 것이 아니다. 함석헌은 『바가바드기타』는 물론 『성경』으로부터도 비폭력주의의 근거를 구하고 있지 않다.

8 박효엽, 『불온한 신화읽기』, 글항아리, 2011, 29쪽.

9 심재룡은 『바가바드기타』가 "일관된 절대주의 철학의 산물로서 인도의 체제를 옹호하는 일관된 논증들로 꽉 짜여 있다"고 비판한다. 심재룡, 『동양의 지혜와 선』, 세계사, 1990, 333~334쪽. 이러한 비판은

그러나 이는 『바가바드기타』나 인도의 경전에서만 볼 수 있는 특유한 문제는 아니다. 성경을 비롯한 모든 종교의 경전이 그렇게 사용될 수 있고 실제로 그렇게 사용되어 왔다. 따라서 그러한 사용의 여러 가지 가능성 때문에 어떤 경전의 가치를 평가할 문제는 아니다.

도리어 더 중요한 문제는 『바가바드기타』가 과연 인도인에게 가장 중요한 힌두교 경전이냐 하는 점이다.[10] 이와 관련하여 힌두교도로 태어나 살았던 간디가 10대 후반까지 『바가바드기타』를 몰랐다가 영국에 유학해 처음으로 영어판 『바가바드기타』를 읽고 평생의 지침으로 삼았다고 하는 사실이 주목된다.[11] 이 에피소드는 여러 가지로 해석될 수 있지만, 적어도 『바가바드기타』를 읽는 것이 인도 전통 사회에서는 반드시, 서양에서 성경을 읽는 것처럼 일상적인 일이 아니었음을 말해준다. 그렇다고 18세기 말에 최초의 『바가바드기타』 영어 번역[12]이 나온 것을 영국이 인도를 지배하는 하나의 통치술로 보기[13]는 어렵다.[14] 정말 그러했다면 간디가 그 책을 평생의 지침으로 삼았을 리가 없기 때문이다.[15]

<hr />

모든 종교 경전에 해당될 수 있다.

10 힌두교 경전 중 最古 最高의 것은 『베다』이지만 『바가바드기타』도 비슷한 권위를 부여받아왔고 상카라 이후 수많은 해석이 행해졌다.

11 간디, 『자서전』, 앞의 책, 123~124쪽.

12 1787년 Charles Wilkins의 영역과 M. Parraud의 불어역이 나왔으나, 간디가 읽은 영역본은 Edwin Arnold의 번역본 『The Song Celestial』이다.

13 박효엽, 앞의 책, 36~39쪽은 그럴 가능성을 제시하지만 근거 없는 주장이어서 의문을 갖게 한다.

14 이와 관련된 논의로는 Richard King, *Orientalism and Religion: Post-Colonial Theory, India, and "The Mystic East"*, Routledge, 1999 참조.

15 인도에는 많은 해설서와 해석서가 있다. 우리나라에 소개된 것으로는 비노바 바베, 김문호 옮김, 『천상의 노래』, 실천문학사, 2002이 있다. 이 책에서 바베도 간디처럼 카스트제도를 인정한다.

한편 함석헌은 『바가바드기타』에 대해 6·25전쟁 이전부터 알고 있었으리라고 짐작되지만, 전쟁으로 피난 갔던 부산에서 우연히 『바가바드기타』 영어 번역본을 구해 읽었고[16] "전쟁 후" 이를 번역하고 해석하여 출판까지 했다고 한다.[17] "전쟁 후"라는 말은 '전쟁 직후'로 착각하기 쉽게 하지만, 함석헌은 그 책에서 1963년 인도를 방문한 이야기를 하기 때문에[18] 그 책은 적어도 1963년 이후에 집필되었다고 볼 수 있고,[19] 출판은 1985년 한길사에 의해 처음 이루어졌다.

그런데 6·25 전쟁 발발 후 읽은 『바가바드기타』가 함석헌에게 어떤 시대적 의미를 가졌는지는 알 수 없다. 그는 1965년에 낸 『뜻으로 본 한국역사』 최종판에서 6·25도 4·19도 5·16도 "새 시대를 낳으려는" "산통의 부르짖음"이라고 했는데[20] 그런 시대 인식과 전쟁 이야기인 『바가바드기타』가 일면 연결될 수 있다고 보이기도 하지만,[21] 함석헌이 어떻게 관련지어 이해했는지는

---

16 함석헌, 『바가바드기타』, 앞의 책, 14쪽; 함석헌, 『이단자가 되기까지』, 앞의 책, 251쪽.

17 김성수, 앞의 책, 234쪽. 정확하게 언제 어느 출판사에서 나온 책인지는 알 수 없지만, 6·25 직후가 아닌 것은 분명하다.

18 함석헌, 『바가바드기타』, 앞의 책, 224쪽

19 인도 방문 이야기는 최초의 원고 작성 뒤에 추후 삽입된 것일 수도 있다. 그러나 함석헌이 참조한 방대한 문헌이 6·25후 한국에서는 구하기 어려웠고, 그 뒤 인도 여행에서 구한 것이라고 짐작될 수도 있다. 한편 박재순은 여러 사람과 함께 1974년 가을부터 1975년 봄까지 함석헌의 바가바드기타를 영어로 함께 읽으며 강의를 들었다고 한다(박재순, 『함석헌의 철학과 사상』, 한울, 2012, 14쪽).

20 함석헌, 『뜻으로 본 한국역사』, 앞의 책, 426쪽. 이러한 글과 달리 「전쟁과 똥」이라는 글에서는 전쟁은 똥처럼 불가피하지만 더러우니 빨리 치워야 한다고 주장했다(함석헌, 「전쟁과 똥」, 『들사람 얼』, 함석헌저작집 1권, 앞의 책, 197~200쪽).

21 『바가바드기타』는 인도에서 영국 제국주의자들을 물리치는 것이야말로 크리슈나의 가르침을 실천하는 것이라고 해석되기도 했는데, 이는 6·25의 경우 북한 공산주의자들을 물리치는 것을 정당화시키는 것이 될 수도 있다. 6·25에 참전한 인도인들은 그런 생각을 했을지도 모른다. 이러한 해석을 대표하는 사람이 틸락이고, 그 반대 입장에 선 사람이 간디였다.

알 수 없다. 가령 『바가바드기타』의 전쟁과 마찬가지로 6·25전쟁이 동족상잔의 비극이라는 점을 함석헌은 그 해석서에서 전혀 언급하지 않는다.

반면 그의 『바가바드기타』 연구는 흔히 함석헌의 종교다원론을 보여주는 것으로 평가되는데, 왜 6·25 등의 시기에 종교다원론이 문제될 수 있었는지는 이해하기 어렵다. 여하튼 적어도 그 책의 집필이나 출판의 시기를 통해서 볼 때 그의 종교다원론은 종래 일제시기까지 거슬러 올라간다고 본 것보다는 상당히 늦게 나타난 듯하다.

함석헌은 1963년 인도에 다녀온 뒤인 1965년에 쓴 『비폭력혁명』에서 "우리 나갈 길은 오직 한 길", "비폭력혁명의 길"[22]이라고 하면서 "인도와 그의 비폭력사상은 이제부터 할 것이 있을 것"이므로 "어서 인도를 알고 인도를 배우고 그와 친해야 된"[23]다면서 간디를 언급했지만, 『바가바드기타』를 언급하지는 않았다. 함석헌이 말한 "인도와 그의 비폭력사상"은 간디를 뜻한다고도 볼 수 있지만, 『바가바드기타』를 간디처럼 비폭력사상의 정수라고 보았는지는 분명하지 않다. 그가 1965년에 인도를 알아야 한다고 생각한 것과 『바가바드기타』 해석 사이에 어떤 관련이 있는지도 알 수 없으나, 함석헌의 인도 연구는 1964년의 『간디 자서전』 번역과 『바가바드기타』 해석이 전부라고 할 수 있을 정도이므로 『간디 자서전』 번역을 빼면 『바가바드기타』 해석이 전부라고 할 수 있다.

---

22 함석헌, 『비폭력혁명』, 앞의 책, 2009, 162쪽.
23 같은 책, 180쪽.

간디와 함석헌은 『바가바드기타』를 어떻게 해석했나?

해석 방법의 비교

간디의 『바가바드기타』는 1926년 2월 24일부터 11월 27일까지의 강의를 수록한 것인데, 그 강의에 어린이를 비롯하여 다양한 계층이 참석했음을 책을 통해 알 수 있다. 이처럼 간디의 『바가바드기타』는 학문적 차원의 강의가 아니라 일반인을 위한 강연이어서 반드시 체계적이거나 논리적이지 않고, 타인의 해석에 대해서는 거의 언급하지 않는다.

반면 함석헌의 『바가바드기타』 해석서에는 간디를 비롯한 여러 사람의 해석이 함석헌 자신의 해석과 함께 포함되어 있다. 자신의 해석과 달리 타인의 해석을 인용한 것이 어떤 의도에서 비롯된 것인지는 명확하지 않다. 그 해석에 찬성한다는 것인지, 아니면 해석의 하나로 제시한다는 것인지 설명이 없기 때문이다. 그러나 여러 해석 중 한두 가지를 인용하고 있으므로 자신의 의견과 같다고 본 것으로 보아도 무방할 것 같다.

그런데 함석헌이 '간디'라고 하고서 인용한 책이 무엇인지 불명하다. 이를 간디가 『바가바드기타』를 해설한 책이라고 보는 것이 상식이겠지만, 함석헌이 인용한 간디의 해석은 그 책의 일부에 불과하고 그 일부의 인용도 반드시 정확하지 않으며, 전체적으로 간디의 해석을 반드시 정확하게 전한다고 보기 어렵다.

경전의 해석에 대한 간디와 함석헌의 기본적인 견해 차이는, 간디가 어떤 종교의 고대 경전에 대해서도 의심 없이 수용해야 한다는 주장을 거부하고 이성에 의한 확신을 추구한 반면 함석헌의 입장은 반드시 그렇지 않다는 점이다. 이는 힌두교나 기독교에 대한 간디와 함석헌의 이해가 다를 수 있는 가능성을 보여준다. 간디는 힌두교를 역사상의 힌두교는 물론 기존의 모든 종교를 넘어서는 하나의 새로운 세계 종교 내지 '진실'로 생각했다. 그것이 바로 무소유 비폭력이었다. 따라서 그것은 어떤 교의나 관습 및 예식과도 관련되지 않는다. 함석헌의 경우 힌두교는 물론 기독교에 대해서 그렇게 생각했는지는 명확하지 않다.

기본적 이해의 비교

『바가바드기타』[24]의 줄거리는 전쟁에 나선 주인공 아르주나가 적군에 친척이 있음을 알고 번민하자 신인 크리슈나가 "싸우라" 명령하고 아르주나는 이에 따른다는 이야기이므로 폭력적으로 해석하는 것이 일반적이었다. 그러나 간디는 『바가바드기타』에 나오는 동족상잔의 전쟁을 실제 역사상의 전쟁으로 보지 않고 마음의 전쟁으로 해석함으로써 비폭력주의를 뒷받침했다. 간디에게 중요한 것은 그 전쟁의 성격이 아니라, 『바가바드기타』 전편

---

24 이야기의 전체인 『마하바라타』는 크리슈나 다르마, 박종인 옮김, 『마하바라타』, 나들목, 2008 참조. 이를 9시간의 연극으로 만든 피터 브룩 각색·연출, 남은주 옮김, 『마하바라타』, 예니, 1999도 참조. 김삼웅은 함석헌이 『마하바라타』를 처음으로 번역했다고 하지만(305쪽) 이는 잘못이다.

에 나오는 정신, 즉 욕망으로부터의 자유를 위한 고행과 봉사였다. 간디는 『바가바드기타』가 포함된 『마하바라타』 자체가 전쟁의 무용함을 말한다고 보았다.[25] 이처럼 간디는 자신이 확신한 비폭력의 길을 인도인들에게 설득하기 위해 『바가바드기타』를 비폭력을 가르치는 경전으로 적극 해석했다. 특히 『바가바드기타』의 2천 년 역사에서 항상 폭력적으로 해석된 그것을 처음으로 비폭력적으로 해석했다.

간디가 『바가바드기타』를 해석한 직접적인 계기는 그가 인도 독립을 위한 사상으로 삼은 비폭력주의를 인도의 전통에서 찾기 위해서였고, 제국 영국에 의해 기독교보다 열등한 종교로 무시된 힌두교의 권위를 회복하기 위한 것이었다. 19세기 영국인을 비롯한 서양인은 힌두교와 불교를 우상숭배의 다신교로 보고, 일신교인 기독교나 유대교보다 열등한 것으로 평가했다. 19세기 당시 서양인은 세계의 종교를 신 숭배, 우상 숭배, 그리고 조상 숭배의 형태로 분류하고[26] 신 숭배에 해당하는 기독교, 유대교, 이슬람교를 제외한 종교는 이교(異敎, Paganism)로 묶었다. 이교는 다시 아시아적 이교와 아프리카적 이교로 나누어졌는데, 아시아적 이교에 힌두교, 불교, 유교가 포함되었다. 그러나 일반적으로는 그러한 아시아 종교(이슬람교를 포함하여)가 종교로 취급되었다기보다는 사실상 악마의 가르침이라고 비난되었다.[27] 간디는 이러한 서양인의 힌두교, 불교 및 이슬람교에 대한 멸시를 잘 알고 있었고, 이를 극복하기 위해 힌두교의 비폭력주의를 강조했다.

---

25 간디, 『자서전』, 앞의 책, 15쪽.
26 데이비드 치데스터, 심선영 옮김, 『새비지 시스템』, 경세원, 2008, 76쪽.
27 같은 책, 205쪽.

함석헌은 이러한 간디의 뜻을 이해했는지 모르지만, 그 점을 직접 언급하지는 않았다. 흔히 함석헌을 민족주의자라고 하지만 그는 민족종교를 중시하지 않았다. 도리어 평생 기독교도로 일관했다. 게다가 함석헌은 한국에서『바가바드기타』가 어떤 의미를 갖는지 말하지 않았다. 함석헌은『바가바드기타』1장의 해설에서 간디를 두 번 인용하며『바가바드기타』의 핵심이 선과 악의 대립이라고 하지만[28] 그 해석 전후로 간디가 주장하는 비폭력에 대해서는 언급하지 않았다. 비폭력보다 선과 악의 대립을 앞세운 함석헌은 기독교를 포함한 전통 종교 윤리의 입장에서『바가바드기타』를 이해했다고 볼 수도 있다.

함석헌은『바가바드기타』의 영역자들이 쓴 글을 통해 크리슈나와 예수의 생애는 놀랄 만큼 비슷하다고 보았지만[29] 그 내용에 대해 언급한 바는 없다. 적어도『바가바드기타』에서는 생애의 공통성이 아니라 가르침의 공통성이 중요하다. 간디는『바가바드기타』와 신약, 특히 산상수훈은 비폭력주의라는 점에서 일치한다고 보았으나 함석헌은 그런 일치점이나 공통점에 대해서도 언급한 바 없다.

함석헌의『바가바드기타』해석은 그의 기독교 중심의 종교다원론을 보여주는 것으로 평가되어 왔으나 여전히 의문이 남는다. 그 밖에도 여러 가지 차이가 있다. 가령 간디는 사회주의자로서『바가바드기타』가 사회주의를 설교한다고 했으나[30] 함석헌은 사회주의를 주장한 적이 없고,『바가바드기타』도 사회주의를 설교한다고 보지 않았다.[31]

---

28 함석헌,『바가바드기타』, 앞의 책, 29~30쪽.

29 같은 책, 21쪽.

30 라가반 이예르 편, 허우성 옮김,『비폭력저항과 사회변혁』(하), 소명출판, 2004, 722쪽.

31 박홍규,「함석헌의 간디사상 수용」,『석당논총』, 동아대학교 석당학술원, 53집, 2012, 47~81쪽.

간디가 본
『바가바드기타』의 본질

간디는 『바가바드기타』 2장의 다음 구절을 평생의 모토로 삼았다.[32]

> 감각의 대상을 깊이 생각하면 집착이 생긴다.
>
> 집착에서 욕망이 생기고
>
> 욕망은 맹렬한 정욕으로 불타오르고
>
> 정욕은 무모함을 낳는다.
>
> 그러면 기억이 모두 틀려져
>
> 고상한 목적은 사라지고
>
> 마음은 말라져
>
> 목적과 마음과 사람 모두 망한다.

위 구절은 2장 63행인데, 간디는 이를 포함한 2장 55~72행에서 말하는 스티타프라즈나(sthitaprajna), 즉 지혜롭게 행위하는 자를 『바가바드기타』의 핵심으로 보았다.[33] 그것은 사티아그라하, 즉 진실관철자, 비폭력주의자, 금욕주의자를 말한다.

간디가 성적인 금욕은 물론 모든 차원의 금욕을 주장한 것은 널리 알려져 있다. 이는 『바가바드기타』를 중요한 근거로 삼는 힌두교의 일반적 원리이지만, 간디는 힌두교가 현실도피적인 점을 받아들이지 않았고, 현실

---

32 간디, 『자서전』, 앞의 책, 124쪽.

33 같은 책, 10~11쪽 ; 라가반 이예르 편, 허우성 옮김, 『문명·정치·종교』(상), 앞의 책, 107쪽.

문제 해결에 도움이 되지 않는 종교는 종교가 아니라고 했다. 간디가 종교를 사회봉사와 연결하고 특히 빈민 구제를 해탈의 길로 본 것은 인도의 종교 전통에서는 지극히 예외적인 것이었다.[34] 이를 간디는 힌두교의 범아일여(梵我一如)사상으로부터도 끌어왔다. 모든 생명이 유일한 보편적 근원에서 나온다는 점에서 하나라고 본 그것은 간디의 경우 최하층 빈민과의 일체성으로 이해되어 물레 돌리기나 화장실 청소로 이어졌으나, 이 점도 힌두교 전통에서는 지극히 예외적인 것이었다. 특히 간디는 영혼의 윤회나 인과응보에 근거하여 불가촉천민 제도를 정당화한 힌두교를 비판했다.

그러나 전쟁을 소재로 한 『바가바드기타』에서 당연히 비폭력이나 불살생(아힘사)을 찾아보기가 어려운데도 간디가 그것을 적극적으로 주장하는 것만큼 이단적인 것도 없었다. 『바가바드기타』 16장과 17장에서 아힘사는 각각 "신적인 자질로 태어난 사람에게 속하는" 것의 하나이고 "신체적 고행(공덕)"의 하나로 나타나지만, 그 책에 아힘사만을 말하는 부분은 없다. 간디는 『바가바드기타』의 중심이 아힘사가 아님을 인정하면서도 그 중심인 아나사크티(anasakti)=무사(無私)의 행위에 아힘사가 포함된다고 주장하지만, 이 역시 힌두교에서는 지극히 예외적인 주장이었다.

아힘사가 힌두교보다도 힌두교를 비판한 불교나 자이나교의 중심 교리이고 간디가 불교나 자이나교에 호의적이었던 점도 널리 알려져 있으나, 간디는 힌두교와 마찬가지로 자이나교나 불교의 현실도피적인 측면에 대해서는 비판적이었고, 사람의 생명을 위협하는 들개의 살해와 같은 불가피

34　Bhikhu Parekh, Colonialism, *Tradition and Reform: An Analysis of Gandhi's Political Discourse*, Sage Publications India, 1989, p. 99.

한 살생을 인정하여 자이나교로부터 비판을 받기도 했다. 간디 생존 당시에 불교도는 인도에서 거의 괴멸된 상태여서 비판이 없었지만, 자이나교와 마찬가지 입장이었을 수도 있다.

함석헌이 본
『바가바드기타』의 본질

『바가바드기타』의 본질에 대한 함석헌의 해석은 명확하지 않다. 함석헌의 『바가바드기타』 해석에 대한 글을 쓴 이거룡은 그 이야기가 "전쟁을 명하는 것이라기보다는 슬픔과 미혹으로 생겨난 장애를 제거하기 위한 촉구"이고, 전쟁은 "자아란 육체적 생사를 초월한다는 것과, 누구나 자기 신분에 주어진 사회적 의무를 수행해야 한다는 것을 강조하기 위하여 설정된 상황"[35]이라고 본다. 그리고 이거룡은 『바가바드기타』가 『베다』와 달리 "결과에 집착하지 않는 행동"을 거듭 강조한다고 본다.[36]

이거룡의 설명을 그대로 따라온 이규성은 "결과에 집착하지 않는 행동"을 "사회적 실천"이라고 본다.[37] 이규성은 이를 함석헌 사상의 특징이라고 하고, 함석헌이 『바가바드기타』에서 인용한 제갈량의 말을 인용한다. 즉 결과에 집착하지 않는 자발성으로의 자유라는 것이고, 그 자발성은 "외적 행불행과 득실을 평등하게 보는 힘"을 갖는다는 것이 『바가바드기타』의 "핵심

---

35 이거룡, 「거룩한 자의 노래」, 함석헌, 『바가바드기타』, 앞의 책, 30~31쪽.

36 같은 책, 34쪽.

37 이규성, 「한국 근대 생철학의 조류와 구조」, 씨알사상연구소 편, 『생각하는 백성이라야 산다』, 나녹, 2010, 77쪽.

적 원리"라고 이규성은 주장한다.[38]

실제의 전쟁에 나서는 각오를 말한 제갈량을 간디가 말하는 마음의 전쟁에 그대로 인용한 함석헌은 물론, 이를 다시 그대로 인용한 이규성에 대해서도 의문이 있지만, 더 중요한 문제점은 간디가 "평등하게 보는 힘"을 우리의 상식처럼 모든 존재를 똑같이 보고 대하는 것 이상으로 보지 않고 이를 비폭력과 연관시켜 다음과 같이 말한 것이 함석헌, 이거룡, 이규성의 이해와 다르다는 점이다.

> 비폭력의 정신으로, 동정심으로 충만한 사람은, 세상 사람들이
> 그를 보고서, 저 사람은 모든 사람을 자기 자신처럼 대하고 언제
> 어디서나 정의롭게 행한다고 말하게끔, 그렇게 처신할 것이다.[39]

함석헌의 간디 해석 인용에는 위의 부분이 없다. 함석헌이 간디의 비폭력에 대해 처음으로 언급한 부분은 5장 27~28행[40]에 대한 간디 해석의 인용에서였다. 이는 간디의 해석 자체에서는 볼 수 없어서 함석헌이 어디에서 인용한 것인지 알 수 없으나, 함석헌은 이를 비폭력 등이 기본 맹세라고 소개했다.[41] 간디는 해석서의 머리말에서부터 그 전체 내용을 비폭력이라

---

38 같은 책, 79쪽.

39 간디, 『바가바드기타』, 앞의 책, 277쪽.

40 5장 27~28행은 다음과 같다. "밖으로 향하는 감각의 대상을 모두 끊어버리고, 눈썹 사이에 눈길을 고정시키고 앉아 들숨과 날숨을 고르게 하며 자신의 감각과 생각과 지성을 놓치지 않고 보는 사람, 동경과 두려움과 분노를 모두 제거하고 다만 자유에 뜻을 둔 사람, 그 사람은 이미 해방된 사람이로다."(간디, 『바가바드기타』, 앞의 책, 283~284쪽)

41 함석헌, 『바가바드기타』, 앞의 책, 175쪽.

규정하고,[42] 비폭력을 다르마(dharma, 종교의 가르침 또는 법)의 원리라고 하면서[43] 진실과 비폭력을 다음과 같이 비교했다.

> 진실은 적극적인 가치다. 비폭력은 소극적인 가치다. 진실은 긍정한다. 비폭력은 충분히 있을 수 있는 어떤 것을 금지한다. 진실은 존재한다. 비진실은 존재하지 않는다. 폭력은 존재한다. 비폭력은 존재하지 않는다. 그런데도 우리에게 주어진 최고의 다르마는 비폭력만이 있어야 한다고, 비폭력만이 있을 수 있다고 한다. 진실이 그것을 입증해주고 비폭력은 그것이 맺는 최상의 열매다. 비폭력은 불가피하게 진실 속에 내포되어 있다. 비폭력이 진실만큼 분명하게 드러나 보이지 않기에 사람들은 간혹 그것을 믿지 않으면서 경전의 뜻을 찾아보려고 한다. 그러나 비폭력의 정신만이 경전의 참뜻을 밝혀줄 것이다.[44]

이러한 간디의 말을 함석헌은 인용하지 않았고 『바가바드기타』를 비폭력의 책으로 보지도 않았다. 그리고 간디가 진실과 비폭력의 상징이 물레라고 하고,[45] 물레를 통해 인도 자치를 얻어내려고 했으며, 『바가바드기타』

---

42 간디, 『바가바드기타』, 앞의 책, 앞의 책, 9, 16쪽. 그러나 간디는 1936년 10월 3일 〈하리잔〉에 쓴 「힌두교의 가르침」이라는 글에서 자신의 "기타 입문서에서 기타가 비폭력에 대한 논조가 아니고 전쟁을 비난하기 위해 쓴 것도 아니라는 점을 인정"했다고 썼다(라가반 이예르 편, 허우성 옮김, 『문명·정치·종교』(하), 소명출판, 2004, 678쪽).

43 간디, 『바가바드기타』, 앞의 책, 9쪽, 40쪽.

44 앞의 책, 12~13쪽.

45 앞의 책, 106쪽.

가 모든 계급 사람들이 자유를 쟁취할 수 있다고 말했음을 강조한 간디의 해석[46]에 대해서도 언급하지 않았다. 그런데 이는 간디의 『바가바드기타』 해석이 갖는 가장 중요한 현실적 의미였다. 함석헌이 물레에 대해 언급하는 것은 6장 1행[47]의 간디 해석에서 물레를 버린 출가승은 출가승이 아니라고 하는 부분이지만[48] 이는 간디의 책에는 나오지 않는 말이다. 나아가 간디는 『바가바드기타』 2장 30행[49]에 대해 "소유욕이 있는 곳에 폭력이 있"으므로 그 소유욕을 버리라고 말하는 것이라고 해석[50]했으나, 같은 구절에 대한 간디의 해석이라고 함석헌이 인용한 것[51]은 전혀 다르다. 그 밖에도 『바가바드기타』의 수많은 문장에 대한 함석헌의 간디 인용도 간디 책에는 없거나 서로 다르다. 함석헌은 『바가바드기타』 해석에서 기존의 해석을 참조하는 가운데 당연히 인도인들의 해석을 중시했다. 그중에는 간디와 함께 틸락이 포함되어 있는데 이 두 사람은 『바가바드기타』를 비폭력과 폭력이라는 반대의 관점에서 각각 바라보았다. 그런데 함석헌은 이러한 근본적인 차이에 전혀 주목하지 않고, 두 사람의 해석을 함께 실었다. 이 점도 함석헌이 간디의 비폭력에 대해 그다지 의식하지 않았음을 보여준다. 이는 간

---

46 앞의 책, 107쪽.

47 6장 1행은 다음과 같다. "제단의 불을 피우지 않거나 어떤 행위도 하지 않는 자가 아니라, 마땅히 해야 할 모든 일을, 그것의 열매를 기다리지 않고서 하는 자가 산냐시오 요기니라." (간디, 『바가바드기타』, 앞의 책, 286쪽)

48 함석헌, 『바가바드기타』, 앞의 책, 177쪽.

49 2장 30행은 다음과 같다. "모든 존재의 몸 안에서 몸을 입은 이것은 그 어떤 상처도 입지 않나니, 오 바라타여, 그러한 즉 그대는 그 누구를 위해서도 슬퍼해서는 안 되느니라." (간디, 『바가바드기타』, 앞의 책, 58쪽)

50 간디, 『바가바드기타』, 앞의 책, 58쪽.

51 함석헌, 『바가바드기타』, 앞의 책, 57쪽.

디가 힌두교나 기독교를 포함한 모든 종교의 핵심이 진리와 비폭력이라고 보았다는 점에서 중요한데 말이다.

간디는 기독교에 대해서 그런 점 외에 교의나 사변을 무시했다. 도리어 진리와 비폭력의 기독교가 4세기 이후 변질되어 공격적이고 개종을 강요하는 것이 되었다고 비판했다.[52] 나아가 그는 기독교를 유일한 참된 종교로 보는 것도, 예수를 절대자라고 보는 것도 신이 만물의 창조자이자 구제자임을 거부하는 것이라는 이유에서 거부했다.[53] 즉 기독교는 다른 종교와 마찬가지로 신이 드러난 모습의 하나라고 보았다. 이것이 간디의 종교다원론이었다.

52 셰샤기리 라오(이명권 역), 『간디와 비교종교』, 앞의 책, 57쪽.
53 같은 책, 60쪽.

『바가바드기타』
1~3장 해석

『바가바드기타』
1장에 대한 해석

『바가바드기타』 1장에 대한 간디의 해석을 함석헌이 인용한 것은 위에서 본 『바가바드기타』 전체에 대한 선과 악의 대립이라는 해석뿐이다. 그런데 함석헌이 인용하지 않은 간디의 선악이라는 해석에는 다음과 같은 중요한 구절이 있다.

> 정부가 대변하는 악한 체제는 선한 민중의 지지를 받음으로써
> 만 지탱된다. 만일 그 지지가 철수된다면 악한 체제는 지속될
> 수 없다. 이것이 비협조투쟁을 밑받침하는 원리였다.[54]

함석헌은 1장에 대해 주로 라다크리슈난[55]을 인용하는데 이는 그의 입

---

54 간디, 『바가바드기타』, 앞의 책, 24쪽.
55 라다크리슈난의 바가바드기타에 대한 해석은 라다크리슈난, 이거룡 옮김, 『인도철학사』, 2권, 한길사, 1996, 357~440쪽.

장에 동의한다는 취지이겠다. 즉 1장 36행에서 친척을 죽이기 망설이는 점을 이기주의라고 보고[56] 그것을 극복해야 주어진 의무를 받아들여 싸우는 이타주의일 수 있다고 본다.[57] 그러나 간디는 명확하게 "싸우지 말라!"고 하고[58] "죽이는 것이 옳은가 그른가 하는 질문 자체"를 부정한다.[59] 그렇다면 함석헌이 보는 간디의 비폭력주의는 이기주의가 되는 셈이다.

『바가바드기타』
2장에 대한 해석

『바가바드기타』 2장 해석에서 함석헌은 간디부터 인용한다. "무사(無私)한 정신으로 제 의무를 다하는 것이 자유에 이르는 길"이라고 하는 말이다.[60] 그러나 간디 해석서 2장에는 그런 언급이 없다. 간디가 권리보다는 의무를 강조한 것이 사실이지만, 무사의 의무 수행을 자유라고 하지는 않았다. 이 말은 얼핏 '노동이 자유롭게 한다(Arbeit macht frei)'라는 나치의 구호를 연상시키는 전체주의적인 뉘앙스를 풍기기도 한다.

함석헌이 다시 간디를 인용하는 것은 앞에서 본 2장 30행에 대한 것이지만, 이 부분의 간디 인용은 그것과 전혀 무관한 것이고, 함석헌이 인용

56 함석헌, 『바가바드기타』, 앞의 책, 39쪽. 같은 해석은 심재룡, 앞의 책, 316쪽.
57 함석헌, 『바가바드기타』, 앞의 책, 42쪽.
58 간디, 『바가바드기타』, 앞의 책, 29쪽.
59 같은 책, 40쪽.
60 함석헌, 『바가바드기타』, 앞의 책, 45쪽.

한 구절은 간디 해석서에도 없다. 간디는 2장 30행을 '소유욕을 버리라'[61]는 의미로 해석하지만, 함석헌은 이와 무관한 내용을 인용한다.

다음 31~36행은 군인 계급(크샤트리아)의 의무 준수로서 정의로운 전쟁에 나서야 한다는 것인데, 함석헌은 간디가 그렇게 말했다고 인용하지만,[62] 간디 해석서에는 그런 말이 없다. 여기서도 우리는 함석헌에게 전체주의 내지 국가주의적인 요소가 있지 않았는지 의심하게 된다. 싸울 태세를 갖추라고 하는 38행에 대해 함석헌은 간디가 아니라 라다크리슈난을 인용해 실제의 전투 준비로 긍정하지만,[63] 간디는 이를 정신적인 것으로 보고 부정한다.[64]

42~44행에 대한 함석헌의 간디 인용[65]은 간디 해석서의 말[66]과는 달라도 의례에 대한 비판이라는 점에서 그 뜻이 통하는 반면, 함석헌이 47행에 대해 간디를 제갈량 등과 함께 인용하는 것은[67] 간디 해석서의 말[68]과는 다르고, 여기에서도 전체주의 내지 국가주의적인 요소가 있지 않았는지 의심하게 된다.

한편 2장 55행에 대한 해석[69]에서부터 시작하여 2장 마지막 72행에 "스

---

61 간디, 『바가바드기타』, 앞의 책, 58쪽.

62 함석헌, 『바가바드기타』, 앞의 책, 58쪽.

63 같은 책, 58쪽.

64 간디, 『바가바드기타』, 앞의 책, 60쪽.

65 함석헌, 『바가바드기타』, 앞의 책, 63쪽.

66 간디, 『바가바드기타』, 앞의 책, 70~72쪽.

67 함석헌, 『바가바드기타』, 앞의 책, 65~66쪽.

68 간디, 『바가바드기타』, 앞의 책, 75~76쪽.

69 같은 책, 82쪽.

티타프라즈나'는 애착과 갈망으로부터 완전히 자유로워진 사람을 뜻한다"는 말이 나오기까지[70] 간디가 해석하는 2장의 핵심은 '스티타프라즈나'에 주어져 있고, 이는 앞에서 말했듯이 간디가 『바가바드기타』 전체의 핵심이라고 보는 부분인데 이에 대해 함석헌은 전혀 언급하지 않는다. 간디는 이를 "자기 주변에 온갖 소유물을 쌓아놓고 자기만족에 속아서 살아가는 사람"[71]이 아니라고 하고, "버릴 수 있는 것이라면 무엇이든 단호히 버려야"[72] 한다고 하며, "자기정화를 위하여 단식을 해야 한다"[73]고 하는 등등, 앞 30행에 대한 해석에서 말한 바를 연결한다.

특히 간디는 59행에 대한 해석으로 단식을 강조하며 서양에서도 육체적 고행이 강조되었으나 루터에 의해 시작된 종교개혁에서 "프로테스탄트는 가톨릭 안에 있는 것이 다만 위선뿐이라고 생각하여, 사람이 신을 깨닫기 위해 필요한 여러 가지 수단들까지 대부분 파괴해버렸다"고 비판하고 같은 풍조가 인도에서도 불고 있다고 우려한다.[74] 이러한 간디의 해석을 인용하지 않은 개신교도인 함석헌은 간디의 이러한 개신교 비판에 동조하지 않았을 것으로 짐작된다. 간디는 단식의 목적을 다음과 같이 주장한다.

목적은 우리 안에 정신적 각성을 불러일으키는 데 있다. 비진실에서 진실로, 어둠에서 빛으로 나아가려는 우리의 간정한 바

70 같은 책, 116쪽.
71 같은 책, 84쪽.
72 같은 책, 89쪽.
73 같은 책, 90쪽.
74 같은 책, 94쪽.

람은 먼 훗날을 위한 것이 아니라 당장 시급한 것이다. 우리에게 비폭력과 진리는 물레로 상징된다. ……물레를 통하여 스와라지를 얻어내고 말 것이다. 『바가바드기타』는 여자들과 바이샤와 수드라와 모든 계급의 사람이 자유를 쟁취할 수 있다고 말한다.[75]

여기서 간디는 자유, 즉 무소유의 평등한 쟁취가 모든 사람에게 인정된다고 본다. 이는 이미 2장 48행에서 "평등으로 보는 마음을 요가라 한다"는 구절로 나타났다. 이를 함석헌은 '자기 극복'으로 보지만[76] 간디는 "모든 사물을 평등심으로 대하는"[77] 것으로 본다.

『바가바드기타』
3장에 대한 해석

앞에서 보았듯이 간디는 『바가바드기타』의 핵심이 2장의 마지막 19행이라고 했으나, 그 핵심은 3장까지라고도 했다.[78] 한편 함석헌은 간디가 3장을 『바가바드기타』의 핵심이라고 말했다고 하지만[79] 이는 정확한 인용이 아니다. 3장 1~3행에 대해 함석헌은 간디의 해석을 인용하지 않는다. 3장 4, 6,

75 같은 책, 106~107쪽.
76 함석헌, 『바가바드기타』, 앞의 책, 66쪽.
77 간디, 『바가바드기타』, 앞의 책, 78쪽.
78 같은 책, 541쪽에서는 『바가바드기타』가 3장에서 끝난다고 했다.
79 함석헌, 『바가바드기타』, 앞의 책, 75쪽.

7행에 대해 함석헌은 간디를 인용하지만, 이는 간디의 해석과 다르다.

특히 3장의 핵심인 9행[80]에 나오는 야즈냐(yajna, 희생 제사)[81]에 대한 해석이 다르다. 이를 함석헌은 '희생을 위한 행동'으로 번역하고 간디가 "하나님께 바치는 무사(無私)한 행동"[82] 또는 "예배"로 보았다고 했다.[83] 그러나 간디는 이를 예수의 죽음과 함께 "모든 사람에게 고용의 기회를 주는"[84] 물레질이나 길쌈 따위의 일상적 노동으로 보고[85] "공공의 선을 위한 행위"로 해석했다.[86]

이어 3장 10행에서 신이 야즈냐와 함께 인간을 창조했다고 한 말에 대해 함석헌은 이를 "희생"으로 보고[87] "자연과 하나님께 진 빚을 갚는 것뿐"[88]이라고 한 반면, 간디는 야즈냐를 성경에서 "네 이마의 땀방울로 먹고 살아라", 즉 육체노동을 해야 한다는 뜻으로 보고 다음과 같이 말했다.

노동을 하지 않고서는 살 수 없도록 돼 있는 게 사람이다. 인간
이 만일 이 법을 어기지만 않는다면, 지금처럼 많은 고통을 겨

---

80 3장 9행은 다음과 같다. "이 인간세상은 희생제사를 드리기 위한 행위가 아닌 그 밖의 모든 행위에서 오는 족쇄로 말미암아 고통을 받고 있도다. 그런즉, 오, 카운데야여, 아무데도 집착하지 말고 행동할지어다." (간디, 『바가바드기타』, 앞의 책, 128쪽).

81 같은 책, 159쪽.

82 함석헌, 『바가바드기타』, 앞의 책, 80쪽.

83 같은 책, 81쪽.

84 간디, 『바가바드기타』, 앞의 책, 133쪽.

85 같은 책, 128~130쪽, 150쪽, 254쪽.

86 같은 책, 135쪽.

87 함석헌, 『바가바드기타』, 앞의 책, 80~81쪽.

88 같은 책, 81쪽.

지는 않을 것이다. 부자들은 헤아릴 수도 없는 재산을 쌓아두고 그 주인 노릇을 하지 않을 것이며 수백만이 가난에 허덕이지도 않을 것이다.[89]

이어 3장 12행에서 "희생 제사로 양육된 신들이" 준 "선물을 받고 마땅히 갚아야 할 바를 갚지 않으면서 그 선물을 즐기기만 하는 자는 영락없는 도둑"이라고 한 말의 뜻이 "노동하지 않고 먹는 자는 죄를 먹는 자이고, 실제 도둑이다"라는 뜻임을 간디는 강조했다.[90] 간디는 이를 톨스토이의 '생계를 위한 노동'이라는 개념과도 연결시키고 나아가 사회주의와도 연관시키면서 "우리는 모두 노동자다"[91]라고 했다. 반면 함석헌은 그러한 뜻으로 보지 않았다. 나아가 간디는 3장 15행에서 말하는 우주의 근원인 브라만이 야즈냐에서 나온다고 하고 다음과 같이 말했다.

자기를 버리는 정신으로 충만한 사람, 그의 '아트만'이 스스로 충족되어 있는 사람, 다른 사람들이 고통을 당할 때 함께 괴로워하는 사람, 모든 것에 대해 똑같은 태도를 보여주는 지고(至高)의 야즈냐를 실천하는 사람, 그런 사람을 발견하는 곳에서 우리는 브라만의 현존을 확인하게 될 것이다.[92]

89 간디, 『바가바드기타』, 앞의 책, 137쪽.
90 라가반 이예르 편, 『문명·정치·종교』(상), 앞의 책, 63쪽.
91 간디, 『바가바드기타』, 앞의 책, 147쪽.
92 같은 책, 146쪽.

간디는 "모든 야즈냐에서 신의 현존을 느낄 수 있다", 즉 "육체노동의 야즈냐가 없는 곳에는, 비록 우리가 신의 무소부재를 믿는다고 해도, 거기에는 신 또한 존재하지 않는다"[93]고 주장했다. 반면 함석헌은 신을 그러한 것으로 보지 않았다. 3장 22행에 대해 함석헌이 인용하는 간디 해석[94]은 간디 해석서의 말[95]과 전혀 다르다. 3장 28, 33, 35행의 경우도 마찬가지다.

93 같은 책, 149쪽.
94 함석헌, 『바가바드기타』, 앞의 책, 141~142쪽.
95 간디, 『바가바드기타』, 앞의 책, 165쪽.

『바가바드기타』
4~16장 해석

『바가바드기타』
4장에 대한 해석

함석헌은 『바가바드기타』 4장 8절에서 "의로운 자를 구원하고 악한 자를 멸하고 의를 다시 세우기 위하여 나는 세대에서 세대로 태어나느니라"라고 한 말을 간디가 의가 반드시 승리한다는 뜻으로 보고 "비진리와 폭력과 사악의 편에 서는 일이 있지 않도록 해야 할 것"이라고 했다고 해석했다.[96] 이에 대해 간디는 "비폭력은, 그것 앞에서 모든 폭력이 사라지고 말 정도로 강력한 힘을 가진다"[97]고 했다. 이러한 함석헌의 간디 인용과 간디 자신의 해석에는 약간의 차이가 있다. 함석헌은 간디가 폭력 편에 서지 말아야 한다고 말했다고 보았으나, 간디는 비폭력의 힘을 강조한 것이기 때문이다.

　이러한 차이는 4장 11행의 "사람들이 나를 따르는 그 길은 내 것이니라"에 대한 해석에서 더욱 분명하게 나타난다. 함석헌은 이를 간디가 "온

96　함석헌, 『바가바드기타』, 앞의 책, 116쪽.
97　간디, 『바가바드기타』, 앞의 책. 206쪽.

세계가 다 하나님의 경륜 속에 있다는 뜻이다. 아무도 벌을 받음 없이 하나님의 법을 깨뜨릴 수는 없다. 심은 대로 거두는 법이다. 그 법은 미워함, 고와함 없이 냉철히 실현된다"고 보았다고 했다.[98] 이는 함석헌의 섭리사관을 연상하게 한다. 그러나 간디 자신은 "신은 그의 법을 만들고 세계의 통치는 세계에 맡겼다. 그리고 스스로 그것을 간섭할 권리를 유보"[99]했고 "신은 존재하기도 하고 존재하지 않기도 한다. 신은 통치자가 아니다"[100]고 해석하며 시민불복종에 대해 "'심은 대로 거둔다'는 원리도 사람이 만든 법에 속한다. ……법을 어기겠다는 신중한 의도를 품고 법을 어기는 사람은 법률 밖에 있는 사람이다"[101]라고 말했다.

여기서 우리는 함석헌의 기독교적 섭리사관을 간디가 부정함에도 함석헌은 마치 간디가 자신과 같은 섭리사관에 입각한다는 식으로 오해했음을 알 수 있다. 그러나 함석헌은 간디가 기독교적 섭리사관을 부정한다는 것을 5장 14행에 대한 간디 해석의 인용을 통해 밝히고 있어서 혼란스럽다.[102]

이러한 혼란은 4장 12행에 대해 함석헌이 간디가 마치 모든 사물을 신으로 보았다고 인용하지만,[103] 간디 해석서에는 그런 말이 전혀 없고 욕망의 절제만을 강조하는[104] 점에서도 볼 수 있다. 그러나 가장 심각한 혼란은 카스트제도를 말한 4장 13행에 대해 간디가 카스트의 원리인 성품과 일이

98 함석헌, 『바가바드기타』, 앞의 책, 119쪽.
99 간디, 『바가바드기타』, 앞의 책, 212쪽.
100 같은 책, 213쪽.
101 같은 책, 214쪽.
102 함석헌, 『바가바드기타』, 앞의 책, 160~161쪽.
103 같은 책, 119쪽.
104 간디, 『바가바드기타』, 앞의 책, 214~217쪽.

출생에 의해 유전된다고 보았다고 함석헌이 잘못 인용[105]한 점이다. 간디 해석서에는 그런 말이 전혀 없고, 간디 자신 평생 카스트를 성품으로 구별한 주장을 되풀이하고 있을 뿐이다. 여기서 우리는 간디가 현실적으로는 인도의 전통인 카스트제도를 인정했지만, 이상적으로는 카스트는 물론 어떤 계층도 없는 사회를 구상했음에 주의해야 한다.[106]

그 밖에 4장 18, 21, 23, 27, 32, 34행에 대한 함석헌의 간디 인용은 비교적 유사한 요약이거나 중요하지 않은 것이라고 할 수 있다. 그러나 33행에 대한 인용처럼 터무니없는 것도 있다. 33행은 재물의 제사보다도 지식의 제사가 더 낫다고 하는 것인데, 함석헌은 이에 대해 간디가 "무식하게 하는 사랑이 도리어 더 큰 해"라고 말했다고 인용하지만, 간디 해석서에는 그런 말이 나오지 않는다.

『바가바드기타』
5~11장에 대한 해석

『바가바드기타』 5장에 대해 함석헌은 간디가 "행위를 내버림은 무사한 행위의 훈련 없이는 도저히 불가능한 것이며, 그들은 결국은 하나라는 것을 가르쳐준다"[107]고 보았다고 인용하지만, 간디 해석서 5장에는 그런 말이 나오지 않는다. 이는 5장 14행에 대한 함석헌의 간디 인용이 앞에서 지적한

---

105 함석헌, 『바가바드기타』, 앞의 책, 120쪽.

106 간디, 김태언 옮김, 『마을이 세계를 구한다』, 녹색평론사, 2006, 35쪽.

107 함석헌, 『바가바드기타』, 앞의 책, 117쪽.

대로 간디가 함석헌의 섭리사관을 부정하는 근거가 되지만, 정작 간디 해석서에는 그런 말이 나오지 않는 것과 같다. 5장 15, 16, 18, 21, 23, 27, 28, 29행에 대한 해석도 함석헌의 인용과 간디 해석서의 해당 부분이 서로 다르지만, 중요한 것은 아니다. 그러나 5장 19행에 대한 해석에서 간디는 앞에서 보았듯이 비폭력을 강조했는데 이를 함석헌이 무시한 점은 중요한 차이다.

6장 1, 3, 31, 46행에 대한 함석헌의 간디 인용도 간디 해석서에 나오지 않는다. 7장에서 함석헌은 아예 간디를 인용하지 않는다. 8장 17, 27행의 경우는 비교적 정확하게 요약하지만, 17행에서 간디가 강조하는 물레를 함석헌은 말하지 않는다. 8장 24~25행에 대한 함석헌의 간디 인용은 간디 해석서에 나오는 간디의 해석과는 정반대다.

9장 22행에 대한 함석헌의 간디 인용은 간디 해석서에 나오는 것과 유사하지만 26, 30행의 경우 전혀 다르다. 10~11장에서 함석헌은 간디를 인용하지 않는다.

『바가바드기타』
12~16장에 대한 해석

『바가바드기타』 12장 5행에 대해 간디는 "내게 큰 빛을 주었다. 드러나지 않는 분을 섬기고 곧장 그에게로 나아가는 것이 어렵다고 말해주고 있기 때문이다. 그것이 그런 이유는 매우 중요하다"고 하며 다음과 같이 말했다.

어떤 사람이 은퇴하여 숲으로 들어가서 신을 명상한다면 그 사람은 분명히 신을 깨달을 수 있다. 어떤 사람이 회계사 또는 목사 또는 경영인으로 세상을 섬긴다면 그 사람도 신을 깨달을 수 있다. 두 사람 모두 같은 마음 상태에 있을 수 있고 따라서 같은 목표에 달성할 수 있다.

우리가 만일 물레질 운동의 동기에 진심으로 참여한다면 온 나라가 언제고 그것을 받아들이게 될 것이다. 이 신앙은 인류가 걸어야 할 길의 한 예를 보여준다. 이것은 '바크티'의 길이고 인격적인 신을 예배하는 길이다. 왜냐하면 물레질은 우리 눈에 보이고, 우리는 그 안에서 힘을 보기 때문이다. 그러나 만일 우리가 물레질 자체를 위해 물레질을 예배한다면, 우리의 예배는 드러나지 않는 '브라만'을 예배하는 것과 같은 것이 되리라. …… 인격적인 신을 예배하는 이들과 드러나지 않는 분을 예배하는 자들 가운데 누가 더 나으냐고 ……질문을 하지 말고 폭력에 대한 일체 생각에서 벗어나 모든 피조물을 똑같은 사랑과 존중으로 대하여라. ……우리는 인격적인 신을 예배한다고 해서 우상숭배자로 불리거나 그렇게 비판당한다 해도 그런 것에 마음을 써서는 안 된다.[108]

이는 간디가 물레질을 신앙의 차원에서 보았음을 뜻한다. 그런데 12장 5행에 대한 함석헌의 간디 인용은 위와 같은 부분을 전혀 인용하지 않고, 도리어 간디가 마치 "어떤 교회에 가는" 등을 우상숭배로 부정하는 것처

---

108 간디, 『바가바드기타』, 앞의 책, 412쪽.

럼 인용하여 자신의 무교회 신앙을 간디의 그것인 양 말하고 있다.[109]

간디는 16장 22~24행을 해설하면서 『바가바드기타』를 비롯한 인도의 경전과 역사서들이 "진리와 비폭력의 원리들에 속해 있다"[110]고 다시 강조했으나, 함석헌은 이를 인용하지 않았다. 간디는 맺음말에서 물레질이 브라마차리아[111]임을 다시 강조했으나[112] 함석헌은 역시 이것을 인용하지 않았다.

109 함석헌, 『바가바드기타』, 앞의 책, 353쪽.
110 간디, 『바가바드기타』, 앞의 책, 466쪽.
111 완전무결, 욕망의 완전한 절제.
112 같은 책, 508쪽.

함석헌과 간디의
종교다원론 비교

앞에서도 말했듯이 간디는 자신의 비폭력주의를 인도 전통에서 찾아내기 위해 힌두교 경전 중에서 가장 대중적인 『바가바드기타』를 해석했다. 그 밖에 다른 힌두교 경전을 해석한 적도 없고, 다른 종교의 경전을 해석한 적도 없다. 따라서 이는 반드시 종교다원론[113]을 주장하기 위한 것이 아니었다.

물론 간디는 다른 종교에 대한 관심이 필요하고 모든 종교의 원리는 하나라고 본 점에서 종교다원론자였다.[114] 이는 그의 기본 사상이기도 했으나, 역시 실천적인 요구와도 결부된 것이었다. 즉 인도 독립을 위해 모든 종파의 협조가 필요했고, 실제로 모든 종교의 참여 아래 민족해방전선이 수립되었다. 이처럼 이론적으로도 실천적으로도 모든 종교가 하나라고 본

---

113 종교다원주의에 대해서는 H. 카워드, 한국종교연구회 옮김, 『종교다원주의와 세계종교』, 서광사, 1990 참조. 그러나 카워드가 종교다원주의를 사실로 설명하는 것과 달리, 함석헌과 간디는 종교다원주의를 이념으로 주장한 점에 주의해야 한다.

114 간디의 기독교관에 대해서는 로버트 엘스버그 엮음, 조세종 옮김, 『간디, 그리스도교를 말하다』, 생활성서, 2005 참조.

이상 종교들을 비교하는 것은 간디에게 무의미하게 생각되었으므로 여타의 경전을 비교한 적이 없다.

반면 함석헌은 『바가바드기타』 해석의 취지가 명확하지 않았다. 기독교도인 그가 힌두교에 특별한 관심을 가질 이유도 없었다. 그가 여타의 경전을 해석한 적이 없으므로 유독 『바가바드기타』를 해석한 이유가 무엇인지 궁금하지만, 그는 그 이유를 밝힌 적이 없다. 그의 『바가바드기타』 해석은 간디와는 달리 그 각 구절을 다른 종교나 사상과 비교하는 것이었다. 이를 비교종교학의 입장이라고 할 수 있을지도 모른다.

함석헌은 『바가바드기타』 해석에서 동서양의 종교와 사상을 두루 인용했다고 한다. 김영호는 이를 두고 함석헌이 "개신교의 입장을 지니면서 여러 종교들을 공평하게 보았기 때문에 두고두고 빛이 날 것"이라고 평가하고 "기독교 중심론, 우위론도 보이지 않는다"고 한다.[115] 그러나 기독교와 무관한 『바가바드기타』 해석에서 기독교 중심론은 처음부터 있을 필요가 없었다. 도리어 이는 함석헌의 사상 전체에서 검토되어야 할 문제인데, 그는 평생 기독교 중심론을 포기하지 않았다. 가령 1983년 그는 "깊이 있는 우주관, 인생관, 역사관은 기독교 성경에서 나오게 마련"[116]이라고 하는 등 기독교와 성경을 중시했다.

김영호는 『바가바드기타』도 종교다원론의 입장이라고 하며 그 7장 21행[117]을 인용하고서 이에 대한 함석헌의 해설을 인용한다. 즉 함석헌은 일

---

115 김영호, 「함석헌과 인도사상」, 함석헌기념사업회 엮음, 『함석헌 사상을 찾아서』, 삼인, 2001, 239쪽.

116 함석헌, 『끝나지 않은 강연』, 앞의 책, 120쪽.

117 7장 21행은 다음과 같다. "인간이 어떤 모양으로 신앙과 헌신 안에서 나를 예배하더라도 나는 바로 그 모양 안에서 그의 신앙을 든든하게 해주느니라." (간디, 『바가바드기타』, 앞의 책, 522쪽)

신교를 믿는 기독교도가 다신교를 믿는 인도인을 이해하기 어렵고 인도인은 유일신 신앙을 견디기 어렵다고 하며 "정말 긴요한 것은 그 사이의 이해가 어떻게 이루어지느냐 하는 데 있다"고 하며 다음과 같이 말한다.

> 기독교도는 사랑의 복음을 선포하는 자신들이 역사상 가장 악랄한 전쟁들을 일으켰으며 가장 악랄한 제국주의를 행했다는 것을 반성해볼 필요가 있고, 아트만이 곧 브라만이라는 것을 믿는 인도 종교는 자기네가 세계에서 가장 부끄러운 계급주의를 유지해왔으며 가장 비겁한 식민지 백성 노릇을 최근까지 했다는 것을 생각할 필요가 있다. 이 대립은 사색과 행동이라는 두 쌍둥이 때문에 나오는 피치 못할 문제다. 그러나 그러기 때문에 서로 부족을 보완해줌으로써만 온전을 향해 나아갈 수 있다.[118]

함석헌이 기독교가 전쟁과 제국을 일으켰다고 비판함은 당연한 것이지만, 이에 대응되는 인도 종교의 "부족"으로 카스트와 식민지 "비겁한 백성 노릇"을 드는 점에는 문제가 있다. 계급주의는 기독교 사회에도 오랫동안 존재했고, 특히 노예 제도는 적어도 공식적으로는 19세기 말까지 존속되었으며, 기독교는 그 노예 제도의 유지에 기여했다. 또 인도의 식민지화는 인도인이 힌두교를 믿어서 생긴 결과가 아니며, 힌두교를 믿은 탓으로 인도인이 비겁해져서 결과한 것도 아니다. 그것은 기독교가 자행한 "역사상 가장 악랄한 전쟁들"과 "가장 악랄한 제국주의"의 결과일 뿐이다.

---

118 함석헌, 『바가바드기타』, 앞의 책, 251쪽.

따라서 "이 대립은 사색과 행동이라는 두 쌍둥이 때문에 나오는 피치 못할 문제"가 아니고, "그러기 때문에 서로 부족을 보완해줌으로써만 온전을 향해 나아갈 수 있"는 문제도 아니다. "피치 못할 문제"라고 하는 말에는 함석헌의 독특한 기독교적 섭리사관도 어느 정도 작용하는지 모른다. 게다가 "서로 부족을 보완해줌으로써만 온전을 향해 나아갈 수 있"다는 것은, 가령 기독교가 인도인의 계급주의와 비겁을 보완하고, 인도인은 전쟁과 제국주의를 해야 한다는 말인가? 물론 그런 주장은 아닐 것이지만 그 내용은 애매하다.

김영호는 위 구절에 대해 "이처럼 함석헌은 배타적이라고 해석하기 쉬운 입장까지도 포용하면서 '보완'적으로 회통하려는 관점을 보여준다. 그러므로 함석헌은 한국 정신을 드러낸 분"[119]이라고 하는데 이는 도저히 이해할 수 없는 말이다(특히 한국 정신이라는 말이 이해하기 어렵다). 김성수도 함석헌의 위 말을 언급하고서 "성숙하다는 것은 결국 다른 믿음이나 사상을 편견 없이 포용할 수 있다는 것이 아닐까"[120]라고 하지만 역시 이해하기 어렵다. 여하튼 간디는 7장 21행을 "만일 자기네가 예배하는 신들을 자신의 힘으로 예배하고 있다고 생각한다면, 그들은 무지한 자"이고 "신앙은 그런 신들한테서 얻는 것이 아니"[121]라고 해석하여 함석헌과는 전혀 다른 태도를 보여준다.

함석헌의 종교다원론이 한국의 여러 종교를 평화롭게 공존하게 하는

---

119 김영호, 앞의 책, 241쪽.
120 김성수, 앞의 책, 401쪽.
121 간디, 『바가바드기타』, 앞의 책, 330쪽.

데에 기여했다는 평가도 있지만, 그것이 한국의 민주화와 민중 신학의 태동이라고 하는 데엔[122] 의문을 제기할 수밖에 없다. 왜냐하면 한국의 종교 다원론 차원에서 문제가 되는 개신교와 천주교의 갈등, 기독교와 불교의 갈등 등에 대해 함석헌이 이론적으로나 실천적으로 기여한 바가 크다고 생각되지 않기 때문이다.

---

122 김영태, 「함석헌의 종교다원주의 사상이 한국의 현대화에 미친 영향」, 함석헌학회 기획, 『생각과 실천』, 한길사, 2001, 142~148쪽.

6장 함석헌과 간디 사상의 비교

예언의 나팔을 불어라!
오오, '바람'이여,
겨울이 오면 어찌 봄이 멀겠는가?

민중에 대한 생각

민중이 무엇인가!

함석헌 사상의 핵심은 씨알이라고 표현되는 민중 사상이라고 한다. 그러나 적어도 『뜻으로 본 한국역사』에서 그가 말하는 씨알의 역사는 민중이 역사의 주체라는 의미가 아니라 섭리에 의한 것이었다. "씨알의 역사가 겨누는 것은 여기에 있다. 민중에게 자기네 머리 위에서 일하고 있는 보이지 않는 손의 일을 알려주자는 것이다."[1] 그는 민중을 다음과 같이 말했다.

> 민중은 그저 있기만 해서는 민중이 아니다. 그것은 하나의 무리, 곧 군중밖에 되는 것 없다. 그 모래알처럼 헤어져 있어 본능적으로 제 생각밖에 할 줄 모르는 군중이 하나의 목적을 가지고 뭉칠 때 비로소 민중이 된다. 그럴 때 비로소 힘이 나온다. 그것을 한 사람이 바로 간다.[2]

1 함석헌, 『뜻으로 본 한국역사』, 앞의 책, 93쪽.
2 함석헌, 『간디의 참모습/간디자서전』, 앞의 책, 29쪽.

나아가 함석헌은 인류가 간디를 학대했다고 하여 인류를 간디의 적으로 보았다.[3] 그 인류에는 어린 시절 그를 괴롭힌 친구들, 학교 선생, 문중, 영국관리, 백인, 영국정부, 이슬람교도, 힌두교도 등이 포함되는데, 간디는 그들을 비폭력 반항으로 이겨서 지금 인도 청년을 유럽과 미국에서 자부심을 가지고 대보 활보하게 만들었다고 함석헌은 말했다. 즉 간디는 태어나면서부터 예수 같은 성인으로 평생 수난을 받았지만 비폭력으로 극복했다는 것이다.

그러나 간디가 인류를 자신의 적으로 보았다고는 도저히 생각할 수 없다. 자신의 적이라고 본 사람들을 위해 평생 봉사할 리 없기 때문이다. 간디는 인류 대다수가 자본주의에 젖어 타락하였기 때문에 그들을 구하기 위해 일한다는 사명감을 갖기는 했으나, 그렇다고 해서 그들을 적대시한 것은 결코 아니었다. 여기서 민중과 관련된 문명과 사회주의에 대한 간디와 함석헌의 태도가 명확하게 갈라진다.

함석헌의
씨알사상

함석헌의 '씨알'이란 전체인 씨와 개체인 알의 결합이다. 따라서 씨알사상은 전체와 개체의 유기적 관계, 즉 통일을 전제한다. 함석헌에 의하면 이 씨알은 역사를 이끌어가는 주체적 존재이고 역사의 완성이 그 속에 응축되어 있는 보편적 존재다. 그 안에 우주가 내재되어 있고 전체로서 하느님

---

3 같은 책, 39~43쪽.

의 소리를 듣는다. 즉 하나의 씨알 속에 수십억 년의 생명의 역사가 압축되어 있고, 영원한 역사적 생명의 담지자이다. 또한 씨알은 역사의 창조자이고 자발적 주체이다. 씨알이 역사에서 당하는 고통은 새 시대 새 공동체를 낳는 산통이고, 씨알의 혁명에 의해 씨알의 시대는 완성된다. 씨알은 '세상 죄를 지고 가는 어린 양'이다.

이 씨알이 민족인데, '세계열강의 쓰레기장'이 된 고난의 민족인 한민족만이 제국주의의 억압과 침탈을 풀고 세계평화를 이룰 수 있다. 따라서 씨알에게 폭력을 휘두르는 당파적인 국가에 대해 씨알은 반대하는 반국가주의에 선다. 씨알의 전체성과 주체성을 살리기 위해서는 국가에 반대해야 한다. 국가는 문명을 추구하고 부와 권력을 소수에게 집중시키며 권력투쟁(전쟁)을 야기한다.

이상이 함석헌의 민중론, 씨알론이다. 이러한 씨알론에는 개개의 인간이 없다. 개개 인간들의 관계, 민중과 비민중의 관계, 선과 악의 관계 속에서 정치가 존재하는데 함석헌에게는 그러한 관계가 없고 따라서 정치가 없다. 전체로서의 민중이 강조되므로 사실상 민중의 존재 의의는 없어지고 민중을 이끄는 지도자의 논리가 나올 수 있다. 개별자가 전체에 이의를 달거나 전체성 자체를 비판하거나 저항할 여지는 전혀 주어지지 않는다.

민중의 전체성은 선험적으로 주어지는 것이 아니라 민중 자신들의 대화와 투쟁, 저항과 비판을 통해서 민주적으로 이루어지는 것에 불과하다. 선험적으로 전체성이 주어진다면 시민 내지 개인이 할 일은 있을 수 없다. 미리 주어진 하느님의 뜻을 깨닫고 그것을 몸으로 실천하는 길 뿐인데 누가 그것을 알려주는가? 결국 지도자일 뿐이다.

문명 비판

함석헌은 『성경』에 입각하여 섭리사관을 주장하면서 "과학적인 사관," 특히 유물사관을 거부했다.

> 과학적인 사관에서는 역사에서 뜻이란 것을 전혀 생각하지 않는다. 마치 자연현상을 대하듯이 순전히 원인, 결과의 관계로 설명한다. 과학적인 사관은, 불철저한 중간적인 태도에 그치지 않는 한, 결국 유물사관으로 가는 수밖에 없을 것이다.
> 사실 근대인간을 정신적으로 파산시켜 오늘의 혼란에 이르게 한 큰 원인의 하나는 이른바 역사적인 입장이라는 것이다. ······ 사람이 뻔히 생물 이상의 의미적인, 다시 말하면 보람을 찾고 값을 찾는 존재임에도 불구하고, 사람의 바로 사람된 점이 거기 있는 줄 알면서도, 그것을 무시한 점은 크게 잘못이었다. 그야말로 비과학적인 태도였다. 그 결과로 믿음의 기둥뿌리를 흔들었고, 그 결과는 오늘에 이르렀다.

가장 담대히 거짓을 일부러 들고 나온 것이 유물사관이다.[4]

함석헌은 1961년에 낸 『인간혁명』에서 변증론을 "묻거니 대답하거니"[5] 하는 "동안에 자꾸 부정됨에 의하여 차차 높아진다고 본 것은 옳"지만 문 답은 "위·아래 관계에서만 정말 발전시킬" 수 있다고 보고 이를 하느님과 사람, 정신과 물질, 절대와 상대 등의 대화라고 하며 마르크스 유물론은 비 과학적이라고 보았다.[6] 즉 역사를 "지배계급과 피지배계급과의 싸움"이 아 니라 문(文)과 야(野), 즉 문명과 자연의 대립이라고 하고, 거기에서 "가진 놈 못 가진 놈의 대립도, 누르는 놈, 눌린 놈의 대립"이 나온다고 했다.[7]

함석헌은 문이 문명이라고 하고, 카펜터에 따라 문명은 병이라고 했다.[8] 그리고 문명주의에 반대하여 무위자연을 주장했다고 하는 노장, 모세, 예 수, 소크라테스, 휘트먼, 소로 등을 야인, 즉 들사람이라고 일컫는다. 그렇 다면 함석헌은 가령 "지배계급과 피지배계급과의 싸움"이 "옛날 씩씩한 정 신이 없어지고 궤변만 늘어놓은" 그리스와 소크라테스의 대립에서 생겨났 다고 본 것일까? 그래서 소크라테스는 "문화의 저자 무리들한테 잡혀 독 살을 당한" 것인가? 궤변을 늘어놓았다는 소피스트가 아테네 민주주의를 찬양한 반면 소크라테스는 그것에 반대하고 스파르타의 독재를 찬양했으 며, 그래서 죽은 것이 아닌가?

---

4 함석헌, 『뜻으로 본 한국역사』, 앞의 책, 55쪽.
5 함석헌, 『들사람 얼』, 앞의 책, 30쪽.
6 같은 책, 31쪽.
7 같은 책, 33쪽.
8 같은 책, 38쪽.

여하튼 함석헌은 "문명의 해독을 가장 심히 받고 있는", "지금 우리나라에 필요한 사람은 들사람"이라 하면서 그 이유를 "남의 것을 받으면 반드시 해가" 되기 때문이라고 했다.[9]

아시아가 물질문명에서 떨어진 것은 죄가 아니다. 차이가 심한 서양 것을 급히 받게 된 것이 불행의 원인이다. 토인에게 총을 주면 그 토인은 반드시 망한다. 왜? 기술 지식이란 정신이 능히 그것을 자유로 쓸 만큼 발달한 후에 받아야 하는 것이다. 어린이에게 기계를 주면 상할 것은 정한 일 아닌가. 정신이 서기 전에 기술문명이 들어오면 그 사회의 자치적인 통일을 깨뜨린다. 그러기 때문에 망한다. 간디가 물레질을 주장한 것은 그 때문이다. 기계가 덮어놓고 나쁘단 건 아니다. 원시적인 인도 사회에 영국의 고도로 발달된 기계와 공장조직이 들어오면 반드시 파괴될 것이므로 기계를 써도 물레질을 하여 자립하는 토대를 만든 후에 끌어오자는 것이다.[10]

위 주장에는 많은 문제가 있다. 남의 문화나 문명을 받아들이면 반드시 해가 된다고 함은 자문화 순수주의 내지 타문화 배척주의의 전형적인 주장으로서, 세상의 문화·문명이 혼성적이고 잡종적인 것을 철저히 부정

9　같은 책, 40쪽.
10　같은 책, 같은 쪽.

하는 주장이다.[11] 게다가 함석헌이 토인을 어린이와 동일시함은 그야말로 토인을 무시하는 차별주의이다.

또 한 가지, 함석헌이 주장하는 식으로 간디가 주장한 적이 없다는 사실을 우리는 알고 있어야 한다. 간디는 기계를 받아들이기 위해 물레부터 돌리자고 한 점진적 기계문명 발전론자가 아니었다. 게다가 함석헌이 말한 노장, 모세, 예수, 소크라테스, 휘트먼, 소로 등의 야인들도 그런 점진적 발전론자가 아니었다. 게다가 함석헌이 말한 "차이가 심한 서양 것을 급히 받게 된 것이 불행의 원인"이라고 한 것에 기독교는 포함되지 않는 것인가? 이는 함석헌이 위 글을 쓰기 전에 쓴 「씨알의 설움」에서 "제도 문물을 세움으로 인하여 민이 한층 더 빛난다"라고 하는 문명예찬론을 보여주는 것과 관련이 있는지도 모른다.[12]

---

11   함석헌은 "문명, 더구나 제 마음이 연구해내지 못하고, 남이 한 것 받아들인 문명은 분명히 혼의 힘을 해친다"고 한다. 같은 책, 43쪽.

12   함석헌, 『죽을 때까지 이 걸음으로』, 앞의 책, 91쪽.

국가주의 비판

함석헌이 국가주의와 자본주의를 비판한 것이 언제부터인지는 분명하지 않다. 이에 대해 김성수는 일제 말기라고 하지만[13] 그가 그 전거로 인용하는 함석헌의 글이 그때 쓴 것인지는 분명하지 않다. 앞에서 보았듯이 그는 적어도 『뜻으로 본 한국역사』를 쓴 1965년까지 국가주의자이자 민족주의자였다. 김성수가 함석헌의 국가주의 비판에 영향을 준 사람으로 드는 노자와 장자[14]는 함석헌이 1961년에 쓴 「간디의 길」에서 그 길이 "예로부터 있던" 공자, 석가, 예수의 길이라는 것에 포함되지 않았다. 이처럼 노장이 제외된 것은 꼭 의도적인 것이 아니라고 해도, 적어도 함석헌이 노장을 간디와 같이 본 것이 아님을 뜻할지 모른다. 또 1961년의 글에서 함석헌은 간디의 길을 국가주의와 자본주의를 비판한 것이라고 보지도 않았고 그 전후로도 그렇게 보지 않았다. 게다가 김성수가 함석헌에 대한 노장의 영향을 보여준다고 본 다음 글은 국가주의나 자본주의에 대한 비판이 아니라 평화주의의 옹호다.

13 김성수, 앞의 책, 77쪽.
14 같은 책, 78쪽. 함석헌은 6·25 이후 장자를 읽었다고 했다. 「이단자가 되기까지」, 251쪽.

노자는 전쟁의 무익함을 강조했습니다. 그리고 폭력이 국가의 정책으로 쓰여서는 안 되고, 국가 간에 평화적인 해결방법을 찾아야 할 것이라고 경고했습니다.[15]

김성수는 이러한 노자에 대한 함석헌의 접근이 일제 말기에 이루어진 것처럼 설명하지만[16] 김성수가 인용한 위 글은 1982년에 출간된 책에 나온 말이다.[17] 그런데 김성수는 노자의 평화주의가 국가 간의 겸손 등을 주장한 것이라고 하고 이를 함석헌이 "인류를 위한 사상적인 보물 창고로 생각"했고 "국가주의, 제국주의의 가치체계를 극복할 수 있을 것으로 확신했다"고 보았다.[18] 그러나 함석헌은 그런 말을 한 적이 없다. 겸손 등이 국가주의나 제국주의를 극복할 수 있다고 보기도 어렵다. 간디도 그런 말을 한 적이 없다.

함석헌은 1986년에 쓴 「한민족과 평화」에서 신화시대에는 "성인이라 할 만한 인물들이 있어서 일반으로 말한다면 즘생의 지경을 채 벗지 못한 인간들을 불쌍히 여겨 가르치고 지도했다"[19]고 했는데 이는 노장을 비롯한 사람들을 말하는지 모른다. 또한 현대까지 그런 지도가 필요하다고 생각했는지도 모른다.

---

15 김성수는 이 글이 『함석헌전집』 20권, 31쪽에 나온다고 하지만 그 책에서 하는 말은 "노자처럼 시종일관해서 순수한 평화주의를 부르짖은 사람은 없다고 한다"이다(김성수, 앞의 책, 178쪽).

16 김성수, 앞의 책, 176쪽.

17 함석헌은 노자를 1943년부터 읽었다고 했다. 함석헌, 「이단자가 되기까지」, 『죽을 때까지 이 걸음으로』, 앞의 책, 251쪽.

18 김성수, 앞의 책, 178쪽.

19 함석헌, 『들사람 얼』, 앞의 책, 251쪽.

자본주의 비판

자본주의에 대한 함석헌의 비판도 정확하게 언제부터 어떻게 행해졌는지 확인하기 어렵다. 자본주의에 대한 함석헌의 비판은 1953년에 낸 시집 『지평선 너머』에 실린 「살림살이」[20]라는 시의 해설로 행한 여러 강연에서 나오는데 그 정확한 연대를 알 수 없다. 그 앞의 글로 추정되는 1959년의 「사상과 실천」에서 당시 한국사회의 '먹자' 풍이 "자본주의의 잘못으로 나온 것"[21]이고 "그 경제제도를 고치지 않는 한 그 풍은 없어지지 않는다"[22]라고 했다. 그리고 함석헌은 「살림살이」에서 다음과 같이 말했다.

> 도시는 필연적으로 멸망일 것이다. 평화사상·협조사상이 늘어
> 갈수록 지방자치는 늘어갈 것이요, 그러면 시골이 문화의 중심
> 이 될 것이다. 도시는 제국주의·자본주의·독재주의와 밀접한

---

20 같은 책, 73쪽 이하.
21 같은 책, 51쪽.
22 같은 책, 52쪽.

관계가 있다. 지배하는 자는 도시에 있다. 자유를 사랑하면 시골에 있어야 할 것이다. 거기는 산 조화가 있기 때문이다.[23]

이러한 시골 지향은 간디의 사상과 유사하다. 그러나 간디가 시골 지향의 근거로 든 인도 고유의 마을 민주주의 등에 대한 이해가 함석헌에게는 없었다. 또한 간디가 시골 지향과 함께 긍정한 반자본주의로서의 사회주의에 대한 공감도 함석헌에게는 없었음을 「한민족과 평화」에 나오는 다음 글에서 볼 수 있다.

자본주의니 공산주의니 하지만 문제는 거기 있는 것이 아니다. 자본주의는 물론 죄악이지만 공산주의도 마찬가지로 잘못이다. 두 가지는 수단으로 하는 선전이요 싸움이지 근본문제가 아니다. 보라, 계급투쟁을 그렇게 외치던 공산주의도 돈 벌려고 미쳐 돌아가지 않던가? 정말 속셈은 독수리도 곰도 똑같이 국가지상주의에 있다. 내가 모든 것을 주장하겠다는 것이다.[24]

함석헌은 공산주의를 거부하면서도 그 침입을 막기 위해서는 "우선 빈부 권력의 차이 없는 평등 사회를 이루는 일이지만, 그 담은 아무래도 기독교 정신을 철저히 보급시키는 일"이라고 했다.[25] 그리고 "기독교, 우리나

23　같은 책, 98쪽.

24　같은 책, 254쪽.

25　함석헌, 『민중의 정부를 다스려야 한다』, 앞의 책, 310쪽.

라 기독교는 절대로 공산화하지 않을 것"[26]이라고도 했다. 여기서 함석헌이 말한 평등사회란 공산주의와 달랐다. 그는 공산주의를 "사람을 죽이고 세뇌라는 비인도적인 행동을 하고, 자유를 송두리째 뺏는"[27] 것이라고 보았다.

반면 간디는 "우리는 비폭력의 방법으로 자본가가 아니라, 자본주의를 파괴하려고 합니다",[28] "나는 비폭력 공산주의를 믿습니다"라고 했으며,[29] 자신을 "타고난 사회주의자",[30] "최선의 공산주의자"[31]라고 했고, 『바가바드기타』도 사회주의를 설교한다고 했다.[32] 그러나 함석헌은 사회주의를 주장한 적이 없고 『바가바드기타』도 사회주의를 설교한다고 보지 않았다.

국가지상주의에 대한 가장 강력한 반발은 아나키즘이었다. 김성수는 함석헌을 "인위적 제도에 얽매이기를 싫어하고 내적으로 진리를 자득하고자 애쓰는" 사상적 무정부주의자라고 보았다.[33] 무교회주의자인 함석헌을 그렇게 볼 수 있지만, 그가 교회 외의 모든 제도에 반대했는지 의문이다. 가령 간디처럼 학교나 병원이나 법원과 같은 제도에 반대한다고 말한 적이 없다.

26 같은 책, 311쪽.

27 같은 책.

28 라가반 이예르 편, 허우성 옮김, 『비폭력저항과 사회변혁』(하), 앞의 책, 688쪽.

29 같은 책, 702쪽.

30 같은 책, 708쪽.

31 같은 책, 713쪽.

32 같은 책, 722쪽.

33 김성수, 앞의 책, 73쪽. 함석헌은 아나키스트 사상가들에 대해 언급한 적이 거의 없다. 유일한 언급은 크로폿킨에 대한 것이지만, 그 내용은 아나키즘에 대한 것이 아니라, 다윈 진화론의 수정 가운데 하나로 크로폿킨이 『상호부조론』을 썼다는 것이다(함석헌, 「평화적 공존은 가능한가」, 『평화운동을 일으키자』, 앞의 책, 24쪽).

자유와 민주주의에 대하여

이규성은 함석헌 사상의 배경을 이룬 역사적 경험의 전반기인 식민지 경험을 "속박된 민족의 '비겁한 짓'"이라 하고 앞에서 본 함석헌의 『바가바드기타』 해설 부분을 인용하며 "굴욕을 장기적으로 극복하지 못하는 것은 자유라는 지고의 인간성을 저버린 것"이라고 하고, 이를 함석헌의 후반기인 개발독재에서도 마찬가지[34]라고 본다. 그러나 굴욕을 강요한 제국이나 독재 정권의 권력이 문제이지 그 밑에서 민족이 속박된 것을 '비겁한 짓'이라고 함은 문제다. 적어도 간디는 인도가 영국에 지배된 것을 '비겁한 짓'이라고 하지는 않았다. 그는 권력이 아니라 서양문명에 의한 지배가 문제라고 보았을 뿐이었다. 여하튼 이규성은 함석헌이 그러한 경험에서 "노예 상태와 자유의 첨예한 갈등을 시대의 문제이자 인류 보편의 문제로 간주"했고 "자발성에 기초한 자유는" 서양근대철학보다 동양적 신비주의에 가까우므로 함석헌이 인도와 중국 철학 등에 관심을 가졌다고 본다.[35]

---

34 이규성, 앞의 책, 74쪽.

35 같은 책, 75쪽.

간디의 자유 개념도 "자발성에 기초한 자유"이지만 서양철학보다 동양적 신비주의와 가까운 것은 아니었다. 그는 서양의 자본주의 문화를 비판했으나 서양의 자유개념을 부정한 것은 아니었고 동양적 신비주의의 자유 개념을 주장하지도 않았다. 이는 다음과 같은 그의 말에서 확인된다.

> 진정한 자유는 우리가 우리 속에 뿌리내린 서양식 교육, 서양문화, 서양식 삶의 방식의 지배에서 우리 자신을 해방시킬 때 비로소 올 것이다. 이 문화가 우리 남녀 모두의 삶에 많은 돈을 들이게 하고 그 삶을 인공적인 것으로 만들었기 때문이다. 이런 문화에서의 해방이 우리에게 진정한 자유를 의미할 것이다.[36]

이규성은 함석헌의 민주주의를 "개인 자신의 우주와의 연속성(유대)과 개체의 인격적 독립성을 함께 구현하는 생태론적이면서도 전체주의적 민주주의(Holistic democracy)"로서 "평등한 연대성 위에 군림하는 권력을 생각하는 총체주의(Totalitarianism)를 거부한다"고 보았다.[37] 이규성이 말하는 총체주의가 어떤 것인지 알 수는 없으나 그가 근거로 제시한 함석헌의 강연에서 말한 그것은 히틀러나 무솔리니의 그것이다.[38] 또한 이규성이 말하는 전체주의적 민주주의가 무엇인지도 알 수 없으나, 함석헌은 "참 의미의, 사랑의, 사랑을 온통으로 하는", "개인주의가 아닌", "참 의미의 전체주의"

---

36 라가반 이예르 편, 허우성 옮김, 『비폭력 저항과 사회변혁』(상), 소명출판, 2004, 287쪽.

37 이규성, 앞의 책, 71쪽. Holism은 간디의 적인 남아프리카의 장군 얀 스뫼츠의 Holism을 연상하게 한다.

38 함석헌, 『끝나지 않은 강연』, 앞의 책, 120쪽.

를 주장했고[39] 이를 "세계만이 아니라 온 생명-동물, 식물도 한 식구로 생각"하는 것,[40] "참 의미로 인간이 하나 되는 것, 내 나라 네 나라 따위가 아니라 너도나도 하나로 되는 것"[41]이라고 했다. 함석헌은 개인주의를 영웅주의라고 하고, 전체주의를 민족주의나 제국주의가 아니라고도 보는 듯도 하지만 정확한 뜻은 알 수 없다. 적어도 개인주의는 영웅주의와 같은 말이 아니다.

여하튼 함석헌은 민주주의가 기독교에서 나왔다고 보았다.[42] "사람이면 다 사람이다"라고 미국 독립선언서에서 쓴 "고귀한" 사상도 "기독교가 아니고는 몰라"라고 했다.[43] 그는 민주주의가 서양에서 먼저 발달했다고 하면서 그 이유로 서양에서는 천 년간 기독교 교육을 했기 때문이라고 주장한다. 그래서 정의의 관념도 우리보다 강하고 인도주의도 발달했다고 본다. 동양의 의보다 서양의 하느님의 의가 더 강하다고도 했다.[44] 그래서 동서독의 공존은 "유럽 사람으로서의 아이덴티티가 강하"니까 가능하지만 남북한 사람에게는 그런 의식이 없으니 공존이 안 된다고 보았다.[45] 나아가 함석헌은 그런 이유로 유럽의 통합은 가능하지만 아시아에서는 불가능하며[46]

---

39 같은 책, 같은 쪽.

40 같은 책, 120쪽.

41 같은 책, 121쪽.

42 같은 책, 124쪽.

43 같은 책, 120쪽.

44 함석헌, 「내 백성을 위로하라」, 『두려워말고 외치라』, 앞의 책, 35쪽. 이 글은 원래 《씨알의 소리》 87호(1979. 9)에 실렸다.

45 같은 책, 36쪽.

46 같은 책, 37쪽.

또 유엔이 유지해가는 것도 기독교 덕분이라고 보았다.[47]

반면 간디는 함석헌이 말한 식의 기독교에 근거한 민주주의나 전체주의를 주장한 적이 없다. 그가 말한 민주주의는 도리어 집단적인 것에 대해 개인적인 것이 우선하는 민주주의다. 즉 개인의 자유에 근거한 민주주의다.[48] 그는 국가와 사회에 대한 어떤 집단주의적 논의도 거부하고 오로지 개인이 '양심'을 실천할 수 있고 따라서 '도덕적'일 수 있다고 했다.[49] 그런 점에서 간디의 민주주의란 가장 순수한 형태의 비폭력이다.[50] 즉 비폭력의 법이 개인과 정부를 규율한다. 나아가 여론에 근거해 선거된 의회와 지방자치의 민주주의, 그리고 자유와 평등에 근거해 인권을 보장하고 시민이 적극적으로 참여하는 자치 민주주의를 강조한다. 특히 그는 마을의 자치를 민주주의의 근본으로 보았다. 그리고 그 토대를 경제적 평등으로 주장했다.[51] 따라서 그것은 사회주의와 직결된 것이었다.

47 같은 책, 38쪽.
48 Gandhi, *Harijan*, 1942. 7. 26.
49 Bidyut Chakrabarty, *Social and Political Thought of Mahatma Gandhi*, Routledge, 2006, p. 174.
50 Gandhi, *Harijan*, 1940. 10. 13.
51 Gandhi, *Harijan*, 1946. 8. 18.

자치사상

함석헌은 국가주의를 비판하고 법을 싫다고 하고[52] 자연법이나 하늘법만을 인정하면서 그 대안으로서 지역자치를 주장했지만[53] 분권사상을 치밀하게 전개하지는 못했다.

반면 간디의 자치사상은 인도가 70만 개 마을공화국의 연방이라는 그의 주장으로 집약된다. 간디는 인도의 독립과 재건은 마을의 재건에 달려있다고 생각했다. 간디가 옹호한 자치는 밑으로부터의 민주주의, 즉 풀뿌리 민주주의와 마을의 경제적 자급자족을 실현하는 마을 공화국을 뜻했다. 간디가 이상적으로 그린 사회는 국가 없는 민주주의, 계몽된 무정부상태, 국가를 분산시키는 자치 사회였다. 간디의 자치사상은 전근대적이라는 등의 비판을 받기도 했지만 독립 당시의 헌법 제정안에 포함되었고, 마침내 1993년의 헌법 개정 시에 채택되었다. 이러한 간디의 자치사상은 현대 민주주의의 가장 훌륭한 모델로 평가되고 있고, 그의 정부 없는 민주주의

---

52 함석헌, 『함석헌과의 대화』, 앞의 책, 195쪽.
53 같은 책, 207쪽.

사상은 한국의 민주주의 발전에도 시사하는 바가 크다고 할 수 있다.

간디의 자치사상은 먼저 그가 자치를 비폭력적이고 도덕적이며 정신적인 것이라고 본 반면 중앙집권을 폭력적이라고 본 점으로부터 이해해야 한다. 이는 마을문명과 도시문명으로 대립하여 연결된다.[54] 간디는 명시적으로 중앙이나 도시의 정치인을 배격하지는 않았지만 판차야트의 적법성은 기성의 직업 정치인을 배제하는 것에서도 나왔다.[55]

간디는 자치를 두 가지 의미로 생각했다. 즉 외부의 간섭을 받지 않는 정치적 자치와 자급자족을 뜻하는 경제적 자치였다. 간디가 강조한 정치적 자치는 '순수한 도덕적 권위에 기초한 민중의 자치'[56]를 뜻한다. 이는 간디 생존 시, 힌두에 의한 인도의 지배를 주장한 사람들에 반대한 것이었다. 간디는 인도인만이 아닌 전 세계의 복지를 주장했고, 나아가 국가 없는 민주주의(stateless democracy)를 주장했다. 물론 그것은 유토피아적인 것이기 때문에 간디는 가장 작게 지배하는 정부가 가장 좋은 정부라고 주장했다. 그러나 이는 유럽 근대의 야경국가 같은 것이 아니라, 정부 권력을 70만 개의 마을에 분산하는 분권화를 의미했다. 그리고 각 마을의 협의체 지배기구인 판차야트는 정치만이 아니라 경제, 사회, 문화 등의 포괄적인 기능을 하는 것이었다.

다음 경제적 자치가 완전한 의미의 고립적인 자급자족을 뜻하지는 않음을 주의해야 한다. 이에 대해 간디는 "기본적 필요에 관해서는 이웃으로

54 Hindustan Standard, 1944. 12. 6.

55 Nirad Chaudhuri, *The Autobiography of an Unknown Indian*, McMillan, 1951.

56 *Young India*, 1927. 12. 1, pp. 402~3.

부터 독립되어 있지만 의존이 불가피한 다른 여러 가지에 대해서는 상호의 존적"[57]이라고 설명한다. 따라서 간디가 나라이든 지역이든 간에 자치라는 말을 고립이나 자급자족이라는 의미로 썼다고 보면서 이를 과거의 역사적 현실이나 현실 사회와 부합하지 않는다는 이유에서 비판[58]하는 것은 옳지 못하다. 간디의 주장을 애국심의 발로라고 비난하는 것도 마찬가지로 옳지 못하다. 또한 자급자족의 수단으로 기계를 반대하여 시대착오적이라고 비난하는 점에도 문제가 있다. 그가 기계화에 반대한 이유는 국내적으로는 기계화로 인한 실업의 양산과 빈곤화, 국제적으로는 기계화로 인한 산업화에 앞선 선진국에 의한 후진국의 착취를 우려했기 때문이었다. 즉 그는 기계화 자체가 아니라 기계의 오용에 대해 반대했다.[59] 따라서 거대 공장에서의 대량생산에 반대하고 마을 가내공업을 장려하여 완전고용을 달성함으로써 부를 고루 분배하고자 했다. 또 전기나 증기엔진 같은 기술은 정당한 한도에서 활용해야 한다고 보고, 특히 노동을 줄여주는 도구의 사용을 환영했다.

57 *Harijan*, 1936. 8. 29

58 백좌흠, 이광수, 김경학, 『내가 알고 싶은 인도 : 사람, 역사, 문화 바로 읽기』, 한길사, 1997, 66쪽.

59 *Young India*, 1924. 11. 13. p. 378.

사회주의를 바라보는 시각

함석헌과 간디는 사회주의를 바라보는 시각과 입장에서 큰 차이를 보인다. 사회주의를 부정한 함석헌과 달리 간디는 사회주의자였다. 종교와 마찬가지로 도덕과 양심의 하나로서 경제적 평등을 주장했기 때문이다. 지주제의 철폐를 주장하지 않았다는 점에서 전형적인 사회주의자와 달랐지만, 전면적인 토지개혁을 옹호했고, 지주가 소작인에게 적절한 의식주를 제공하지 못한 경우 그 폐지를 인정했다. 그러나 함석헌은 이런 주장을 한 적이 없다.

간디는 재산의 소유 자체를 선으로 여기지 않았기에 무소유를 이상으로 삼았다. 사유재산제도를 부정하고 균등한 분배를 이상으로 삼은 것이다. 그러나 현실적으로 실현 불가능했으므로 공정한 분배를 위해 일했다. 간디가 러스킨의 가르침에 따라 손노동을 통한 자급자족 농장을 설립한 것은 이런 맥락에서다. 하지만 함석헌은 그런 러스킨에 대해 주목한 바 없었다.[60]

---

60 김성수는 앞의 책, 162쪽에서 함석헌이 일제 말 감옥에서 러스킨을 읽었다고 했으나 함석헌 자신은

간디는 러스킨이나 모리스처럼, 기계가 다수의 희생으로 소수를 부유하게 하거나, 다수의 유용한 노동력을 대치시키는 경우에는 부정하지만, 인간의 노동력으로 맡을 수 없는 공적 사업을 위한 기계는 사용이 불가피하다고 보았다. 물론 그 경우 기계의 소유는 국가이고, 전적으로 국가의 이익을 위해 사용해야 한다고 보았다. 그러나 함석헌은 이 점을 언급한 적이 없다.

간디는 자본이란 반드시 노동의 종이어야 하지 주인이어서는 안 된다고 했고, 노동과 자본은 서로 의존관계로 소비자의 이익을 위해 사용되어야 한다고 주장했다. 따라서 간디는 상류층의 개심을 요구하고 자본가와 노동자는 근본적으로 평등하다고 보았으며, 노동자는 이를 인식하고 자본가의 개심을 위해 투쟁해야 한다고 주장했다. 동시에 간디는 자본가의 파멸은 노동자의 파멸을 뜻하므로 노동자는 기업의 관리와 통제에 참여할 권리가 있고, 아울러 여가를 즐기고 건강하게 살 수 있으며 최소한의 생계비 등의 혜택을 누릴 권리를 갖는다고 주장했다. 그러나 함석헌은 이에 대해 언급하지 않았다.

간디는 개인주의적인 사회주의자였다. 곧 간디는 국가와 사회를 구별하고 사회는 개인의 최대한 발전을 위해 기회를 제공해야 하지만 무엇을 발전시킬 것인가는 개인이 결정한다고 보았다. 개인이 자유를 박탈당한다면 그 개인은 단지 폐허된 사회의 기계화된 인간에 불과하다고 했다. 간디는 개인에게 국가에 대항해 맞서 싸울 수 있는 능력이 있고, 또 어떤 환경에

오산학교 교사시절에 읽었다고 하며 러스킨이 교회주의가 아니라고 했을 뿐이었다(함석헌, 『죽을 때까지 이 걸음으로』, 앞의 책, 250쪽). 그 밖에 함석헌이 러스킨에 대해 언급한 바는 "부는 건강에서 나온다"고 한 말뿐이었다(함석헌, 『들사람 얼』, 앞의 책, 88쪽).

서는 그렇게 해야 할 책임이 있다고 주장했다. 특히 불의로 가득한 국가에 복종함은 자유를 파는 부도덕한 물물교환이라고 하면서 이에 대한 시민적 저항을 주장했다. 그러나 함석헌은 이에 대해 언급한 적이 없다.

비폭력주의적 정치행동

간디가 상징적 정치행동으로 택한 방법은 인도인에게는 매우 익숙한 종교적인 것이었지만, 그런 방법이 한국인에게도 그대로 먹힐 수는 없었다. 소위 근대화니 경제개발이 본격적으로 시작된 1961년의 한국에서 함석헌이 물레나 그 비슷한 전통적인 기계를 돌렸다면 누가 그것을 따랐을까? 사실 함석헌 자신 그런 시도를 한 적도 없는 것을 보면 그런 방식이 한국에는 먹히지 않았음을 누구보다도 잘 알았기 때문이리라. 간디의 소금 행진이나 단식은 더 말할 필요도 없다. 함석헌도 단식을 한 적은 있지만 이는 정치적 압박의 수단이었다. 그러나 간디는 그러한 정치적 수단으로서의 단식에는 반대했다.

1961년 전후로 한국의 기독교인이 전체 인구의 어느 정도였는지 알 수 없지만 4분의 1 정도는 되었다고 본다면, 그리고 나머지는 불교와 유교를 믿었다고 본다면, 인구의 대부분이 인도처럼 종교를 믿었다고도 볼 수 있다. 이처럼 한국은 현대에 유례없는 종교 번성국이므로 간디 식의 종교적 정치행동이 한국인에게 호소력을 지닐 수 있었을지 모른다. 그러나 한국의 경우 기독교나 유교는 물론 불교의 경우에도 단식은 일반적이지 않다. 물레나 소금 행진 같은 방법도 채택된 바 없다.

한국의 역사에서 상징적 정치 행동으로 의식의 변화를 초래한 것은 1960년 4·19를 촉발시킨 김주열의 죽음, 1970년 전태일의 분신자살, 1987년 박종철의 고문치사와 김한열의 데모치사 등등의 죽음이었다. 그런 의미에서 그들이야말로 한국의 간디 같은 존재였는지도 모르지만 아힘사를 강조한 간디로서는 도저히 용인할 수 없는 죽음이었을 것이다. 한국에서는 간디가 인도에서처럼 79세까지 살 수 없고, 수십 명의 20대가 1회적으로 계속 죽어가야 했다. 간디가 약 40년 동안 상징적 정치행동을 한 기간과 비슷하게 한국의 죽음 행진도 40년 정도 계속되었다. 김지하가 때려치우라고 외친 죽음의 굿판이었다.

인도에서는 간디 사후에도 비노바 바베 등에 의해 간디의 상징적 정치 행동인 비폭력주의는 토지분배 등 여러 가지 방식으로 이어졌지만 한국에서는 2000년쯤 이후에야 비로소 죽음의 행진이 끝났다. 2015년 지금도 함석헌이 말한 의미에서 인도와 한국이 비슷하다고는 할 수 없다. 이는 현대 서양이나 일본과 같은 나라들의 경우도 마찬가지다.

교육사상

간디는 학교무용론자다. 그런 점에서 현대의 탈학교론자들과 같다. 그러나 함석헌은 그런 점과는 전혀 무관한 전통적 교육론 내지 학교론자다. 함석헌도 다음과 같이 학교를 정확하게 보았지만 탈학교론에 이르지는 않았다.

> 졸업장이 있어야 출세한다는 사회제도 때문에 학교가 있는 것이지, 결코 학교가 아니고는 사람이 될 수 없다 해서 있는 것은 아니다. 누구라도 지금 학교에서 얻는 것을 학교 말고도 도서관에서도 충분히 얻을 수 있다. 그럼 지금 학교가 있는 것은 엄정히 말하면, 교육의 필요를 위해서가 아니고 다른 필요, 가령 말하자면, 지식인의 농민지배라든가 지배계급의 자기옹호라든가 그런 것 때문에 있는 것이다.[61]

간디는 교육의 의미는 이끌어냄(drawing out), 즉 잠재능력의 개발이라

---

61 함석헌, 「새 교육」, 『새 나라 꿈틀거림』, 앞의 책, 230~231쪽.

고 보았다. 인간의 능력을 정신(지성), 신체, 영혼(마음)으로 분류한 간디는 교육이란 그중 어느 하나가 아니라 셋을 모두 조화롭게 이끌어내는 것이라고 했다.[62] 이는 간디 당대의 식민지교육이 지성과 신체에 치중하고, 반면 전통 힌두교가 영혼에 치중한 것에 대한 비판이자 종합이었다.

그러나 간디가 강조한 영혼교육은 성전 연구나 종교의식 실행에 의한 것이 아니라 진실과 비폭력에 근거한 도덕적 행위의 수련을 뜻했다. 또 정신교육은 암기를 통한 정보의 축적이 아니라 스스로 생각하고 실천하는 것이고, 신체교육은 단순한 신체단련이 아니라 노동능력을 키워 민주주의에 기여하는 것이었다. 간디는 당대 교육의 문제가 영어 의존 교육에 의한 암기중심과 비현실적 교육, 즉 인구의 5분의 4가 농민인데도 농업을 가르치지 않고 직업교육을 무시한 데서 나온다고 보았다.

그래서 간디는 모국어교육과 직업교육을 중시했다. 직업교육이란 단순한 수공업 기술교육이 아니라 모든 과목을 수작업으로 가르치는 것이었다. 이는 카스트제도에 입각한 전통교육이 상층 카스트는 정신, 하층 카스트는 기술을 담당하게 하여 육체노동과 정신노동을 분리시켰고, 기술교육의 무시가 기술발전에 장애가 됐다고 비판한 것에서 비롯됐다.

간디는 수작업에 기초한 교육을 통해서만 정신과 영혼이 가장 잘 발달할 수 있다고 보았다.[63] 그는 물레 기술을 중시하면서 그 원리를 설명하고 이를 면화의 역사로, 다시 문명의 역사로 연결시키고, 실을 잣는 회수를 셈하게 하고 실의 강도와 평형도를 계산하게 하여 손과 눈 그리고 마음을

---

62 간디, 고병헌 옮김, 『간디, 나의 교육철학』, 문예출판사, 2006, 44쪽.
63 같은 책, 45쪽.

동시에 교육할 수 있다고 보았다. 따라서 교과과정의 적절한 기획이 중요하다고 보았다. 이러한 원리에서 목공, 원예, 동물사육 등의 수공업교육과 위생 등이 간디 교육과정의 중심이 됐다. 또한 아동의 노동을 위해 의무교육을 2부제로 나누어 운영해야 한다고 했다. 그리고 기술교육보다 읽고 쓰는 정신교육을 늦게 해야 한다고 주장했다. 기술을 익힌 뒤에야 읽고 쓰는 것이 더욱 빨라지고 효과적이라는 이유에서다. 간디는 직업교육이 전인적 인격을 형성하고 학비를 조달시키며 생계를 유지시켜준다고 보았다.

간디는 의무교육이 무상이어야 한다고 하면서도 학생의 학비조달에 의한 학교의 재정자립을 주장했다. 단 학생의 음식은 부모가 제공하는 것으로 보았다. 간디가 이러한 주장을 한 이유는 당시 학교 예산의 3분의 1은 주세에서 나왔으므로 음주에 반대한 그로서는 교육과 술 소비의 연결을 끊고자 했기 때문이었을 것이다. 이에 대해 사람들은 학생의 노동력을 착취할 우려가 있다고 비판했다.

함석헌과 간디

머리말에서 함석헌과 간디 두 사람 모두 위대한 종교인이자 사상가이며, 행동하는 지성인이자 비폭력 평화운동의 지도자이고, 생태주의자이자 민주주의자이며, 반국가주의의 세계시민주의자로서 20세기를 대표하는 인물들이라고 말했다.

이 같은 관점으로 본다면 3장의 머리말에서 인용한 대로 함석헌의 비폭력주의가 "구호로 그친 감이 있다"고 한 김영호의 평은 타당하다. 함석헌은 치밀한 준비와 규율이 필요한 간디의 비폭력주의운동을 상세히 구체적으로 설명한 적이 없다. 대신 종교와 정치의 일치라고 하는 점에서 추상적이고 관념적인 신학적 설명에 치중했다.

한국에서 흔히 말하는 민족주의와 간디의 그것은 매우 다르다. 가령 간디가 후반생 계속 입은 인도식 옷은 함석헌이 평생 입은 한복과 다르다. 간디의 옷은 인도 노동자 농민의 평상 옷인 반면 함석헌의 옷은 양반 선비의 옷이자 서민의 예복이다. 한편 함석헌은 비록 퀘이커이기는 했지만 정통 기독교 신자로서 그 기독교에 대한 회의, 특히 기독교가 서양 제국주의의 앞잡이 노릇을 한 점에 대한 비판적 성찰을 적어도 해방신학 수준에서 보여준 적은 없다. 간디의 경우 그의 인도는 영국이 지배한 탓으로 함석헌의 조선보다 더욱 서양적이고 기독교적이었음에 반해 기독교의 영향을 철저히 배제하고 민족종교인 힌두교에 평생 충실했다. 반면 함석헌의 사고방식은 철저히 기독교적인 것이었다. 특히 그의 한국이나 한국 역사에 대한 이해는 철저히 성경에 기초한 것이었다. 함석헌이 무교회주의자이고 다양한 종교를 보편적 시각에서 포용하고자 노력한 것은 사실이지만 그 기준은 역시 기독교였다.

반면 간디는 그런 역사관을 기독교는 물론 힌두교의 입장에서도 시도한 적이 없다. 사실 간디에게는 어떤 역사관도 형이상학도 없었다. 그는 어떤 신비주의적인 인도사상에도 빠진 적이 없다. 도리어 그는 어쩌면 대단히 영국적인 경험주의와 실용주의에 입각한다. 간디는 함석헌처럼 《사상계》 같은 지성지에 반정부적인 글을 써서 감옥에 간 적이 없다. 어쩌면 간디는 한국의 흔한 사이비 종교 교주와 같이 채식주의를 비롯한 건강 비결로 인도인의 마음을 사로잡았고, 그의 책 중에 그게 유일한 베스트셀러라고 자신도 말한 바 있다. 반면 함석헌이 당대 일반 인민, 특히 저소득층 인민에게 어떤 영향을 끼쳤는지 잘 알 수 없지만, 적어도 간디는 그 점에서 함석헌과 비교할 수 없을 정도로 그 영향력이 컸다. 물론 인민 대다수가 간디를 정확하게 이해하고 진심으로 간디를 존경했다고는 할 수 없을지 모른다. 어쩌면 간디는 그 자신이 극력 부정한 신비화의 대상으로 변해 인도 일반인의 추앙을 받았는지도 모른다.

그러나 사상의 측면에서 함석헌과 간디 사이에는 커다란 간격이 있었다. 가령 두 사람 모두 민중을 말했으나 민중의 입장에서 사회주의를 받아들인 간디와 달리 함석헌은 사회주의를 거부했다. 또 서양 기독교에 입각한 함석헌은 동서양을 철저히 구분한 오리엔탈리스트였고 한국을 비롯한 동양에 대해 열등감을 가졌으나, 간디는 서양의 오리엔탈리즘에 반대해 동서양의 구분이 문제가 아니라 현대 서양의 물질문명만이 문제라고 보고 그것에 반대했으며 인도문명에 대한 자부심으로 민중의 자존심을 고취했다. 함석헌 사상의 토대를 형성한 「성서적 입장에서 본 조선역사」는 일본의 국수주의적 기독교인의 일본에 의한 배타적 세계구제론의 영향을 받아 그 일본을 조선으로 바꾼 국수주의적인 것에 불과했다. 그러나 그 어느 것이나 당대 민중에게는 "너무나도 엄격하고 엘리트적인 것"[1]이어서 소수의 기독교인 외에는 큰 호소력을 갖지 못했다. 이러한 문제점은 해방 후에도 기본적으로 마찬가지였으나 함석헌은 우치무라나 후지이와는 달리 간디를 받아들여 자신의 사상을 어느 정도로는 수정하고 동양 전통과의 화해를 모색했다. 그러나 함석헌은 여전히 신의 섭리를 믿고 역사를 그렇게 보아 한국이 약하며 문제가 많다고 보았다. 반면 간디는 신의 섭리를 믿되 그것을 역사에 적용하지는 않았다. 오히려 인도의 민중이 힘과 능력을 깨닫고 비폭력을 실천하기 원한다고 보았고, 비폭력을 단순한 진실이 아니라 민중의 권리라고 확신했다.

함석헌의 사상에 비해 적어도 서양 중심적이거나 엘리트적이지 않은 간디 사상은 간디 사후 지금까지 인도에서는 물론이고 세계적으로도 환영받고 있다. 특히 간디의 반자본주의적이고 사회주의적이지만 자본과 노동의 공존을 주장하는 경제사상을 비롯하여 개인의 자유와 사회적 자치를 중시하는 민주주의 정치사상과 생태적 자연에 대한 존중 사상은 여전

---

1   지명관, 앞의 글, 234쪽.

히 주목되고 있다. 더욱이 간디와 함석헌은 그들이 각각 속한 인도인과 한국인의 정신적 차이에서가 아니라 치밀한 조직가인 간디가 쌓은 수십 년의 경험과 섭리사관을 믿은 엘리트 종교인의 절대적 믿음의 차이에서 크게 달랐다. 함석헌이 믿은 기독교는 선민 종교로서 경쟁에서의 승리를 강조한 제국주의적 잔재였다. 반면 간디는 제국주의의 논리에 따라 그들을 넘어서려는 경쟁의식이 자살행위임을 명백하게 자각하고 그러한 논리 자체를 거부한 비폭력을 주장했다. 반면 함석헌은 비폭력이 반제국주의에서 나오는 것임을 명백하게 자각하지 못했다.

이제 함석헌을 되살리고 한국을 되살리는 길은 간디의 사상을 더욱 완전하게, 비판적으로, 지금 여기에서 주체적으로, 그리고 현실적으로 수용하고자 새롭게 모색하는 것이다. 그래서 간디와 함께 함석헌을 뛰어넘는 것이 우리의 과제다. 그중에서도 가장 중요한 것은 우리의 전통과 역사에 대한 긍정적 태도다. 사실 이미 함석헌식의 자학사관은 그 뒤의 역사학에 의해 어느 정도 극복되었다고 할 수 있다. 가령 함석헌이 개탄한 조선시대 이후의 기술이나 중산층이나 국가사상의 부족도 역사적 사실과 달랐음이 밝혀졌다. 따라서 그러한 부분에 대해서는 더 이상 함석헌 사상을 미화하는 식으로 정당화되어서는 안 된다. 그러나 그러한 역사학은 함석헌이 입각한 서양식 가치관에 근거했다는 점에서 역시 비판이 필요하다. 그런 점에서 여전히 간디의 역사관은 우리에게 시사하는 바가 크다. 더욱더 중요한 점은 사회 전체에 대한 새로운 비전이다. 즉 동서양을 넘어 자유로운 개인이 자치적으로 이루는 사회를 자연 속에서 확보하는 것이다.[2] 그 점에서

---

2   박홍규, 「간디의 자유사상」, 영남대학교 인문연구소, 《인문연구》, 62호, 2011, 215~250쪽.

도 간디의 비전은 우리에게 여전히 소중하다. 나아가 간디의 사상을 비폭력주의에 한정하지 않고 시민저항을 위한 전략적 수단으로서 비폭력주의를 넘어서는 새로운 인권운동에 대한 고민이 필요하다.[3] 더 나아가 간디가 구상한 민주주의와 사회주의에 대한 비전에도 주목할 필요가 있다. 그것이야말로 함석헌이 수용한 제한된 간디 사상을 극복하는 길이다.

지금 우리에게 함석헌과 간디는 왜 문제인가?

무엇보다도 나는 함석헌이나 간디가 지금 우리의 문제를 모두 해결해줄 수 있는 만능약 같은 것이라고 생각하지 않는다는 점을 분명히 밝히고 싶다. 도리어 함석헌이나 간디를 따라서는 안 되는 것이 너무나 많다고 생각한다. 가령 병원 문제가 그렇다. 함석헌은 병원 가기를 싫어하지는 않았지만 간디는 병원을 무척 싫어했다. 그래서 아내를 비롯하여 많은 사람들을 병원에 가지 못하게 하여 죽음을 면치 못하게도 했다는 말도 들었다. 간디가 그들을 병원에 보냈으면 과연 살았을지 아무도 모르기 때문에 그런 말의 진위를 알 수 없지만, 분명한 것은 그가 서양의학만이 아니라 전통의학에 대해서도 믿음을 갖지 않았다는 점이다. 한국에서는 이 점을 오해하여 서양의학을 불신하고 동양의학 내지 한(국)의학을 절대적으로 신뢰하는 사람들이 여전히 많기 때문에 이 점을 강조할 필요가 있다. 이 점은 서양

---

3 박홍규, 「시민저항에 있어서 전략적 수단의 차이 연구」, 영남대학교 인문연구소, 《인문연구》, 57호, 2009, 519~548쪽.

의학만이 아니라 서양문명 전반에 대해서도 마찬가지라고 할 수 있다. 『인도의 자치』를 반서양문명은 물론 반문명으로 오해하는 사람들도 있기 때문이다. 간디 사상의 핵심은 자율이다. 건강도 배움도 정치도 경제도 가능한 한 자율적으로 해야 한다는 것이다. 이는 물론 완벽한 자율을 말하는 것은 아니다. 할 수 있는 한 자율적으로 해야 한다는 뜻이고, 건강에 대한 과학을 추구하는 의학이나 의술은 그 자율성을 보완하는 것이어야 한다고 본 것이다. 그러한 과학적 추구에 있어 간디는 서양의학이 동양의학보다 더 철저한 점을 인정하고, 동양의학이 과학적 탐구 없이 상투적 전통을 답습하는 것을 비판했다. 그리고 과학이 아닌 엉터리 만능 치료나 돈벌이에 치중하는 의사라는 직업에 대해서는 단호히 반대했다. 따라서 그가 의사라는 직업이나 의학의 필요성을 부정한 것은 아니었다.

　나아가 간디는 인도를 식민지로 지배하는 영국 내지 서양의 문화 자체를 부정하지도 않았다. 사실 그의 사상은 상대적으로 인도문화보다도 서양문화의 영향 하에 형성되었다고 할 수 있다. 이는 그가 평생 읽은 책들의 목록이 대부분 서양의 책이라는 사실로도 확인된다. 가령 위에서 말한 의학의 경우 그는 우리의 『동의보감』 등에 해당하는 인도의 전통 의학서에 의존하지 않았다. 그가 평생 읽은 인도 고전인 『바가바드기타』에 대한 그의 해석은 인도의 전통인 역사적 해석과는 전혀 다른 문학적 해석, 비유적 해석이었다. 그런 해석의 관점을 간디는 서양의 신화 해석 방법에서 배웠다.

　최대한의 자율을 전제로 하여 그 자율을 보장하는 불가피한 수준의 제도만을 인정하는 것이 옳다고 한다면, 전통적인 계급은 그런 제도라고 할 수 없는데도 간디가 카스트를 인정한 점에 대해서는 지금까지도 비판이 이어지고 있다. 물론 간디가 카스트를 고정된 계급으로서 인정한 것은 아니다. 그는 카스트를 본래적인 직업분화제도인 바르나(varna)로 인정하고, 그것이 영국의 지배 뒤에 계급화한 점을 비판했다. 특히 불가촉천민에 대한 차별에 반대했다. 하지만, 그 정도의 논의도 결국은 현존의 계급적 카스트를 인정한 것이었기에 당연히 비판할 필요가 있다. 따라서 간디 생존 당시의 암베드카르(Bhimrao Ramji Ambedkar, 1891~1956)는 물론 최근까지도 아룬다티 로이(Arundhati Roy, 1961~)를 비롯한 인도의 많은 지성인들이 간디에 대해 비판적인 것은 당연한 일이라고 할 수 있다.

그러나 간디를 카스트제도의 차원에서 비판한다고 해서 그것을 이유로 간디의 모든 것을 부정할 수는 없다. 간디는 종교인이나 학자가 아니라 정치인이었다. 그의 최대 과제는 인도의 자율성 회복이었다. 그것이 인도의 자치, 자유의 확보였다. 이를 위해 그는 인도인의 단결이 필요하다고 생각했다. 따라서 카스트를 그 본래의 직업적 분화제도 정도로는 인정하여 그 제도를 파기하지 않기를 바랐다. 흔히 간디의 사상이나 행동은 마키아벨리즘과 반대되는 것으로 여겨져 왔지만, 적어도 그의 행동은 정치적이라고 보아야 하는 경우가 많았다. 가령 그의 비폭력주의도 당시의 인도에서 벌어진 수많은 폭력행위에 대해 주장된 것임을 주의할 필요가 있고, 특히 그런 폭력행위를 그가 묵인한 경우도 있음을 주의해야 한다. 간디는 자신의 필요에 따라 말을 바꾸는 것도 두려워하지 않았다.

간디에게도 비판해야 할 점이 많다. 그러나 그럼에도 간디의 자율성 철학이나 비폭력주의에는 배울 점이 많다. 그 밖에도 서양의 물질문화로부터의 해방을 주장한 점에서도 배울 것이 많다. 특히 한국은 서양의 기술문명에 대한 신앙과 동양의 정신문화에 대한 이분법과 함께 그 각각에 대한 미신에 젖어 있다. 그 단적인 보기가 동도서기론(東道西器論)이다. 이는 한국만이 아니라 동아시아, 나아가 동아시아만이 아니라 식민지를 경험한 나라들을 비롯하여 비서양 전반에서 나타났지만, 그중에서도 한국에서 가장 깊고 지속적으로 나타났다. 그러나 그 '동도'라는 것이 기본적으로 반민주적이고 반과학적인 것인 한 '서기'의 수용에도 문제가 있게 마련이다.

'동도서기'의 예외가 전통의학인 한의학이지만, 중국이나 인도에서 전통의학이 서양의학과 융화되는 경향을 보임에 반해 한국에서는 철저히 분리되어 있으며, 극도의 마찰을 빚고 있어서 사실은 '동도'와 '서기'가 철저히 대립되고 있음을 알 수 있다.

여하튼 함석헌과 간디는 우리에게 소박한 자율의 삶이 우리가 나아갈 삶이라는 믿음을 준다. 지금 우리를 둘러싸고 있는 세계나 국가, 사회나 제도가 그러한 믿음을 갖지 말라고 강요하는 대세의 분위기이기 때문에 더욱 그렇다. 그럴수록 우리는 더욱더 그들의 생각과 삶을 모범삼아 외롭게 걸어가야 한다. 간디가 평생 애송한 타고르의 다음 시를 외우면서 말이다.

"그들이 너의 부름에 답하지 않으면, 혼자 걸어라.
그들이 무서워하며 몰래 얼굴을 벽에 대고 숨으면,
오, 불운한 자여,
너의 정신을 열고, 크고 높은 소리로 말하라."

그러면 함석헌이 평생 애송한 셸리의 「서풍」을 맞으리라.

"예언의 나팔을 불어라! 오오, '바람'이여.
겨울이 오면 어찌 봄이 멀겠는가?"

간디 연보

1869년 10월 2일 구자라트 포르반다르에서 출생

1876년(7세) 라지코트로 이사가 초등학교 입학

1881년(12세) 중학교 입학

1882년(13세) 카스투르바이 마칸비와 결혼

1887년(18세) 대학입학 자격시험 합격

1888년(19세) 9월 4일 영국 런던 인너 템플에 유학

1891년(22세) 변호사 자격을 얻고 인도로 귀국

　　　　　　 뭄바이와 라지코트에서 변호사사무실 개업

1893년(24세) 압둘라 회사 초청으로 남아프리카로 감

1894년(25세) 톨스토이를 포함해 종교서적을 공부하고 나탈 인도인 국민회의 조직

1895년(26세) 이민법안에 반대하는 청원서 제출

1896년(27세) 남아프리카에 장기 체재할 결심을 하고 일시 귀국해 인도에서 남아프리카 인도인을
　　　　　　 위해 연설

1897년(28세) 가족과 함께 다시 남아프리카로 감

1898년(29세) 차별법률에 대한 청원서 제출

1899년(30세) 보어전쟁에 간호부대를 조직해 참전

1901년(32세) 다시 남아프리카로 온다는 약속을 하고 귀국해 남아프리카에 대한 결의안을 국민회의에
　　　　　　 제출

1902년(33세) 다시 남아프리카로 감

1903년(34세) 요하네스버그에 법률사무소를 열고 주간지 〈인디언 오피니언〉 간행

1904년(35세) 러스킨 책에 감동해 더반 부근에 자급자족 농원을 건설

1905년(36세) 나탈 인도인에 대한 인두세 징수법안에 반대

1906년(37세) 줄루족 반란에 간호부대를 조직해 참전하고 아시아인 법안에 수정을 탄원하고자
　　　　　 영국에 다녀옴

1907년(38세) 인도인에게 재등록을 하지 말도록 요청하고 총파업을 해 진실관철투쟁 개시

1908년(39세) 2개월 투옥. 등록증명서 소각 선동. 등록증명서 미소지를 이유로 재투옥

1909년(40세) 다시 두 번 투옥. 영국에 갔다가 돌아오며『인도의 자치』집필

1910년(41세) 요하네스버그 부근에 톨스토이 농장 설치

1913년(44세) 진실관철투쟁 재개. 대행진 이후 투옥

1914년(45세) 정부와 협상 타결 후 진실관철투쟁 중지. 런던을 거쳐 인도에 영구 귀국

1915년(46세) 22년 만에 귀국해 사바르마티에 아슈람 개설하고 불가촉천민 가족을 받아들임

1917년(48세) 비하르 주 참바란에서 농민해방운동

1918년(49세) 아메다바드의 방적노동자 파업 지원, 케라 소작농민의 진실관철투쟁 지도

1919년(50세) 롤레트 법안에 반대해 전국 파업 지도 후 진실관철투쟁 중단

1921년(52세) 뭄바이에서 영국산 옷을 소각. 비협력운동 추진

1922년(53세) 비하르 주에서 일어난 폭동으로 비협력운동 중단. 투옥되어 6년형 선고

1923년(54세) 교도소에서『남아프리카의 진실관철투쟁』집필

1924년(55세) 1월에 맹장 수술 후 석방. 힌두, 이슬람 일치를 위한 21일 단식

1925년(56세) 캘커타 폭동 해결. 11월 말에『자서전』집필 시작

1927년(58세) 카디를 위해 전국 일주

1929년(59세)『자서전』완성

1930년(61세) 단디 해안을 향한 소금 행진 시작

1933년(64세) 불가촉제도 해소를 위해 〈하리잔〉 창간

1936년(67세) 왈다 부근 세와그람에 아슈람 개설

1941년(72세) 개인적으로 진실관철투쟁 시작

1942년(73세) 영국 정부에게 인도를 떠나라고 최후통첩

1944년(75세) 아내 사망

1946년(77세) 힌두교도와 이슬람교도 사이의 종교분쟁을 해결하기 위해 동벵골과 노아카리 지역을
방문해 해결

1948년(79세) 1월 30일 저녁 델리 비르라에서 힌두교도에게 암살됨

함석헌 연보

1901년 3월 13일 平北 龍川郡 府羅面 元城洞 출생

1906년(5세) 사립 기독교 德一小學校 입학

1916년(15세) 관립 평양고등보통학교 입학(8회)

1919년(18세) 3학년 재학 중 3·1운동 참가 후 2년간 학업 중단

1921년(20세) 오산학교 3학년으로 편입.

1923년(22세) 오산학교 졸업

1924년(23세) 東京高等師範學校 文科一部에 입학

1925년(24세) 우치무라 간조(內村鑑三) 문하생 6명 '조선성서연구회' 결성(김교신, 함석헌, 송두용,
　　　　　　　　정상훈, 양인성, 류석동)

1928년(27세) 東京高等師範學校 졸업, 귀국 후 오산학교에서 歷史와 修身을 강의

1934년(33세)~1935년(34세) 《성서조선》에 「성서적 입장에서 본 조선역사」 연재

1940년(39세) 평양 松山農事學院 인수, 계우회 사건으로 1년간 구치

1942년(41세) 《성서조선》 사건으로 서대문 형무소에 미결수로 1년간 복역

1945년(44세) 평북 자치위원회 문교부장, 신의주 학생사건-소련군 사령부에 체포 50일간 구금

1946년(45세) 소련군에 의해 1개월간 옥고

1957년(56세) 씨알농장 시작

1958년(57세) 「생각하는 백성이라야 산다」(《사상계》)로 인해 서대문 형무소에 20일간 구금

1962년(61세) 미국 국무성 초청으로 3개월간 미국 여행. 10개월간 퀘이커학교에서 공부

1963년(62세) 서독에서 여행 중단 귀국

1970년(69세) 《씨알의 소리》 창간

1973년(72세) 모산의 구화 고등 공민학교를 시작

1974년(73세) 윤보선, 김대중과 함께 민주회복국민회의 동참 시국선언

1978년(77세) 부인 사망

1979년(78세) 스위스에서 열린 퀘이커 세계대회 참석

1979년(78세) 박정희 저격사건을 듣고 귀국

1980년(79세) 《씨알의 소리》 폐간

1988년(87세) 서울 올림픽 평화대회 위원장으로서 서울평화선언 제창

1989년(88세) 2월 4일 사망